隋末乱世风云

北溟玉 著

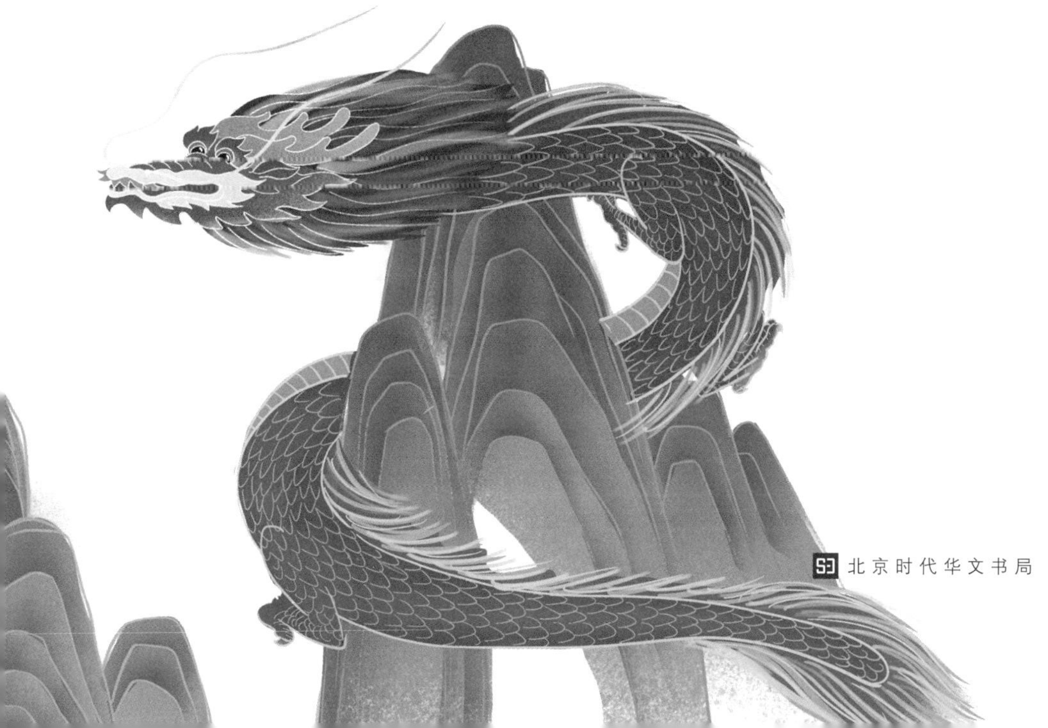

北京时代华文书局

图书在版编目（CIP）数据

隋末乱世风云 / 北溟玉著 . -- 北京 : 北京时代华文书局， 2020.2
ISBN 978-7-5699-3462-5

Ⅰ. ①隋… Ⅱ. ①北… Ⅲ. ①中国历史－隋唐时代－通俗读物 Ⅳ. ① K241.09

中国版本图书馆 CIP 数据核字 (2020) 第 009069 号

隋末乱世风云

SUIMO LUANSHI FENGYUN

著　　者 | 北溟玉

出 版 人 | 陈　涛
选题策划 | 梁明德
责任编辑 | 周连杰
封面设计 | 格林文化
责任印制 | 刘　银

出版发行 | 北京时代华文书局　http://www.bjsdsj.com.cn
北京市东城区安定门外大街 136 号皇城国际大厦 A 座 8 楼
邮编：100011　电话：010－64267955　64267677
印　　刷 | 河北盛世彩捷印刷有限公司　0318-6658666
（如发现印装质量问题，请与印刷厂联系调换）
开　　本 | 165mm×230mm　1/16　印　张 | 15.75　字　数 | 239 千字
版　　次 | 2020 年 5 月第 1 版　印　次 | 2020 年 5 月第 1 次印刷
书　　号 | ISBN 978-7-5699-3462-5
定　　价 | 45.00 元

目　　录

第一章

风云板荡

【本章提要】：隋炀帝登基以后，对内穷奢极欲，横征暴敛，开大运河，八次出巡，三下江都；对外军事扩张，穷兵黩武，三打高丽，屡战屡败，屡败屡战。老百姓苦不堪言，怨声载道。一系列的暴政昏政，最终引起了百姓及官僚的普遍反对。大业七年三月，齐郡邹平农民王薄占据长白山，起兵反隋。大业九年六月初三，隋礼部尚书杨玄感在黎阳起兵造反。轰轰烈烈的隋末乱世就此拉开了序幕。各路草莽英雄如翟让、窦建德、杜伏威、辅公祏之流，庙堂潜龙如李密、李渊、李世民、王世充之辈，纷纷登场亮相。隋炀帝倚重亲信大臣王世充及表哥李渊，并在对未来的美好憧憬中，迎来了大业十三年的第一缕阳光……

1. 隋炀帝来了

我们的故事始于一桩著名的历史疑案……

大隋仁寿四年（公元 604 年）七月十三日这一天，已经在病床上躺了三个多月的隋朝开国老大——文帝杨坚突然收到了一封信。写信人是他最最宠信的大臣杨素，收信人则是大隋帝国的明日之君——太子杨广。负责送信的宫人许是脑袋被驴踢了，抑或撞猪身上了，居然把信误送到杨坚这里来了。

这是一个错误，但这个错误并不美丽。这一点，从杨坚看完信后的表现就可以看得出来，“上览而大恚”。因为，在这封信中，他一直信任有加的杨爱卿居然对他家老二（杨广是杨坚的次子）说：“殿下，刚才你问我，万一你爹死翘翘了，咱们该怎么办。我告诉你哦，你就要一二三如此这般……”

杨坚本已脆弱不堪的小心肝儿在瞬间就被扎成了马蜂窝。什么情况？朕还没死呢，你就迫不及待地想当皇帝了？这还是朕那个仁慈孝顺的广儿吗？经过一番痛苦的思想斗争，杨坚决定：召杨广来问个究竟。

正在此时，他的宠妃宣华夫人慌慌张张地闯了进来。杨坚定睛这么一看，只见他的宝贝疙瘩儿脸蛋儿绯红，衣衫不整。有情况！老杨忙问她怎么了。宣华夫人眼中噙满泪水，却只是摇头不语。禁不住杨坚一再追问，她才嗫嚅着说刚才遭到了一个男性的猥亵，未遂的那一种。

杨坚听了，无比震惊，这天底下居然有人敢动朕的女人，便厉声喝问道："那个混球是谁？朕为你做主！"

宣华夫人如实回答："太子无礼！"

此言一出，杨坚如闻惊雷，怎么又是广儿呢？往事仿佛如决堤的洪水从眼前汹涌而过，许多原本貌似毫无牵连的事情，此时却宛然形成了一个有机的整体。刹那间，杨坚明白了：这么多年来，杨广其实一直都在伪装。

无尽的愤怒与悔恨涌上杨坚的心头，他捶床大骂："我真是瞎了眼了，居然会把江山社稷托付给这个畜生！老太婆啊老太婆（已故皇后独孤伽罗），你可把我坑苦了！"许久，杨坚的情绪终于平静下来。痛定思痛，他给随行的大臣柳述和元岩下了一道命令："把我儿子叫来。"

柳述、元岩这哥俩儿有点儿懵，陛下本有五个儿子，死了一个老三秦王杨俊，现在就剩下废太子杨勇、现太子杨广、蜀王杨秀和汉王杨谅哥儿四个了，这叫的是哪一个啊？哦，对了，此时只有太子杨广在仁寿宫伴驾，想来应该是叫太子了。"陛下，我们这就去传太子"，哥俩儿扭头就走。

杨坚一听，急了："是勇儿。"

柳述、元岩对望了一眼，心想陛下你这葫芦里面究竟卖的什么药啊，前太子杨勇不是已经被你废为庶人了吗？看文帝的脸色不好，这哥俩儿也不敢多说什么，赶忙出去传令。

杨坚以为这件事儿只有天知、地知、柳述知、元岩知、他知。岂料，还有一个人也探到了风声，此人就是杨广的死党杨素。杨素在文帝身边经营多年，宫中哪怕是芝麻绿豆大点儿的小事儿都休想瞒得了他。多年宦海浮沉的经验告诉杨素：情况紧急，老杨很有可能是想在最后关头颠倒乾坤。事不宜迟，他赶紧将这一情况报告给了杨广。

杨广接报大惊，这个老不死的居然想在最后一刻翻盘？！他一面假传圣旨，将柳述、元岩二人逮捕入狱；一面将东宫将士调来戍卫仁寿宫，严禁任何人员出入。

这两件事儿办完以后，杨广命亲信张衡进入大宝殿，伺候文帝，殿中所有人员都被清了出去。不一会儿，被西方人誉为中国最优秀统治者的隋文帝杨坚就去向玉皇大帝报到了。

以上就是北宋史学家司马光著作《资治通鉴》第一百八十卷记载的最后的隋文帝。隋文帝究竟是怎么死的？对此，司马光还是比较谨慎的，只说“中外颇有异论”。但透过字里行间，我们不难看出，他的潜台词是说：杨坚在生命的最后时刻发现了杨广的伪善，他决定改正错误，重新立杨勇为太子；可惜谋事不周，这记最后的乾坤大挪移被扼杀在摇篮之中，杨坚也被杨广害死。

司马光不仅是人名，更是名人;《资治通鉴》不仅是书名，更是名书。千百年来，因为司马光和《资治通鉴》的“品牌效应”，上面这个故事得以广泛流传，并被历代民众所普遍接受。比如说《隋唐演义》、《说唐》和《兴唐传》这三大演义均接受了《资治通鉴》的观点，都认为隋文帝因为想在最后一刻翻盘而遭到杨广的毒手。

这其中，《隋唐演义》和《说唐》还算隐晦，基本沿袭了《资治通鉴》的风格，没有明说是怎么回事儿。但《兴唐传》可就比较直白喽，在《弄阴谋晋王谋东宫、逞弑逆杨广登大宝》一回中，以生动细致的笔触记述道：“再说张衡把原来伺候皇上的太监、宫女都打发走以后，殿内只留下自己带来的太子近侍，接着独自转到屏风之内。开始，还听得皇上喃喃自语。突然，就听一声撕裂人心的惨叫。噗，璞，一大块一大块的血渍溅落在屏风的帷幕之上。这时候，只见张衡从屏风内走了出来，这些太子的近侍知道大事已毕，留下几个人封锁殿门，其余人都跟着他出离了大宝殿。”

看看，不仅有帮凶，有惨叫，还有血块，描述得那叫一个细腻啊！那么，这是真的吗？隋文帝杨坚真得想在最后一刻翻盘吗？杨广又真得杀了自己的父亲吗？小玉认为，未必！

依据另一权威史籍《隋书》的记载：七月初十这一天，隋文帝就预感到自己命不久矣了，他在仁寿宫的龙榻之上与百官举行了告别仪式。在仪式上，杨坚与群臣依依话别，又是握手，又是掉泪，场面十分感人。三天之后，杨坚驾崩于大宝殿。不过，死前他留下了一道遗敕。

在遗敕中，杨坚回顾并总结了自己光辉的一生：“拨乱反正，偃武修文，天下大同，声教远被。”在提到继承人时，他诚恳地说：“古人有言：‘知臣莫若于君，知子莫若于父。’若令勇、秀得志，共治家国，必当戮辱遍于公卿，酷毒流于人庶。今恶子孙已为百姓黜屏，好子孙足堪负荷大业……皇太子广，地居上嗣，仁孝著闻，以其行业，堪成朕志。”这么看来，杨坚并没有动翻盘的念头。相反，他对杨广还是十分满意的。

当然了，有人肯定会说，这份遗敕有可能是杨广伪造的啊！换言之，《隋书》故意抹去了这一段。可问题是，《隋书》完全没有抹掉这一段的必要。大家知道《隋书》的主编是谁吗？是魏征！魏征又是谁呢？相信大家都知道，是唐太宗李世民的小弟。李唐是通过暴力夺取大隋江山的，为了使暴力夺权披上合法外衣，李唐应该且必须对隋炀帝进行最大程度的抹黑，否则就无法说服群众。这叫作，以坏衬好，方显李唐本色。试想，如果杨广杀父篡权一事属实，那李唐的史官们又怎么会放过这块儿猛料呢？但我们在《隋书》当中并没有看到类似《资治通鉴》的记载。也就是说，《隋书》倾向于认为，隋文帝没有动过废立的念头，杨广也没有杀害自己的父亲，杨坚其实是自然死亡的。

好了，现在《资治通鉴》和《隋书》发生了冲突，这就衍生出一个问题：两者谁更靠谱呢？

依小玉之见，当然是《隋书》更为可信一些。道理十分之简单，你们说，是民国的人对清朝了解多一些呢，还是今天的我们对清朝了解多呢？《隋书》成于唐代，《资治通鉴》成于宋代，宋人没理由比唐人更了解隋朝。别忘了，唐宋之间还隔了一个五代呢！当然了，这只是小玉个人的看法。隋文帝之死依然是中国古代史上的一桩悬案，有待于考古学家和史料学者来为我们解开这个疑团。

好了，撇开这个谜团，不管真相到底如何，隋文帝杨坚的时代都结束了。在他死后的第八天，杨广终于登上了梦寐以求的皇帝宝座，因为他死后的谥号为“炀”，所以后世都称他为隋炀帝。中国历史上臭名昭著的大暴君、大昏君隋炀帝就此走上了历史的前台。翌年正月，隋炀帝正式改元为大业。

一个波澜壮阔、精彩纷呈、豪杰辈出的年代就此进入了倒计时……

2. 一半海水一半火焰

咱们中国人在评判一个人的时候特别喜欢以偏概全。表现在横向上，就是看到某人一个突出的优点，就把这个优点无限放大，把他夸得完美无瑕；看到某人一个突出的缺点，也把这个缺点无限放大，把他贬得一无是处。表现在纵向上，则是以一个人后半生的表现来评判其一生，只要他后半辈子恶贯满盈，那么他前半辈子的所有功绩与亮点就统统归零了，这叫作“盖棺定论”。

上述习惯性思维在评价杨广的问题上就表现得很明显。那么，一个真正的、丰满的杨广又是怎样的呢？依小玉的理解，杨广这个人很像一部热门电影的名字——《一半海水一半火焰》，兼有天使与魔鬼两种面孔，是一个矛盾的统一体。

先来说说天使杨广。

首先，杨广长得很帅，而且非常聪明，这是遗传所致。杨广的姥爷独孤信是北朝出了名的大帅哥，一顾倾人城，再顾倾人国，帅到掉渣，连史官都忍不住称呼他为“璧人”。所以，杨广出众的相貌应该是遗传独孤信的基因。至于他过人的智商，则十有八九是来自于他那个鬼头鬼脑的父亲杨坚。

其次，杨广很有才华，尤其喜欢作诗，且文笔极佳。《全隋诗》一共辑录了四十多首隋炀帝的诗歌。其中，最能够代表他艺术水平的是《饮马长城窟行》，其曰：“肃肃秋风起，悠悠行万里。万里何所行，横漠筑长城。岂合小子智，先圣之所营。树兹万世策，安此亿兆生。讵敢惮焦思，高枕于上京。北河见武节，千里卷戎旌。山川互出没，原野穷超忽。撞金止行阵，鸣鼓兴士卒。千乘万旗动，饮马长城窟。秋昏塞外云，雾暗关山月。缘严驿马上，乘空烽火发。借问长城侯，单于入朝谒。浊气静天山，晨光照高阙。释兵仍振旅，要荒事万举。饮至告言旋，功归清庙前。”听听，“秋昏塞外云，雾暗关山月”、“浊气静天山，晨光照高阙”，这小词儿甩得真给力！

后世文人对隋炀帝的诗作给予了相当高的艺术评价，说他的《饮马长城窟行》“通首气体强大，颇有魏武之风”，还说什么“混一南北，炀帝之才，实高群下”、“隋炀起敝，风骨凝然”、“隋炀从华得素，譬诸红艳丛中，清标自出”、“隋炀帝一洗颓风，力标本素，古道于此复存”等等不一而足。当今的很多学者认为，隋炀帝开启了盛唐边塞诗的先声。岑参、高适等唐代边塞名家其实都是踩着他的脚印儿成长起来的。

最后，杨广有着出众的军事统帅能力，有二事为证：

一是开皇九年（公元 589 年），年仅二十一岁的杨广被拜为隋朝兵马都讨大元帅，携贺若弼、韩擒虎等名将，统领五十一万大军，南下进攻陈朝。在杨广的统一指挥下，隋军一举攻灭陈朝，结束了魏晋南北朝长达三百七十年（从公元220年东汉灭亡到公元589年）的分裂割据，在中国历史上第二次实现了大一统。

二是开皇二十年（公元600年），杨广率军北上，一举击溃东突厥铁骑的主力。这一仗打出了十五年的和平。一直到大业十一年（公元615年），突厥人都不敢南下侵略中国。突厥的一哥启民可汗甚至在大业三年（公元607年）同隋炀帝的一次会面中表示愿为“臣民”，并请求“变改衣服，一如华夏”。

既能文，又能武，长得帅，还是个帝二代，这哪里是人啊，分明就是不慎遗落人间的天使嘛！

在很多人的印象当中，隋炀帝似乎是一个胸无大志、贪图安逸的昏君。真实的情形刚好相反，隋炀帝恰恰是中国历史上最富进取精神的帝王。他的雄心壮志丝毫不亚于秦皇汉武，甚至有过之而无不及。杨广这辈子，始终都已成为一个卓越的帝王为奋斗目标，且从未发生过动摇。

他不仅是这样想的，更是这样做的。

老杨到了晚年的时候，就有点儿老糊涂了，“不悦儒术，专尚刑名”。仁寿元年（公元601年）的夏天，他借口现在的学校多而不精，就“废天下之学，唯存国子一所，弟子七十二人”。想想真是有点儿让人哭笑不得，偌大一个国家，居然只有一所学校，且学校里面只有七十二名学生！猪撞树上了，老杨撞猪上了。

老杨不喜欢文化，但是阿广喜欢啊。于是，他就在登基的第二年，也就是大业元年（公元605年）的秋天，颁下了一道诏书，强调“君民建国，教学为先”。听听，这和我们今天所说的“穷啥都不能穷教育”基本上就是一个意思。阿广还说了，无论你是在家自学，还是在学校学习，只要“学行优敏，堪膺时务”，他就会“随其器能，擢以不次”。于是，各地的学校又陆陆续续地恢复了，大隋的天空下又能听到朗朗的读书声了。

不仅如此，阿广还十分重视图书的管理和整理工作。从大业三年（公元607年）开始，隋炀帝就不断充实秘书省（国家图书馆）的力量。到大业十一年（公元615年），秘书省的工作人员已经增加到117人了。当时，西京大兴（就是今日的西安）的嘉则殿中有图书37万卷，阿广命秘书省认真整理，最终筛选出“正御本”37000卷，藏于东都洛阳的修文殿。他还让秘书省抄写了50份副本，分为上、中、下三品，分别收藏在大兴、洛阳的宫、省、官府。虽然此举不像开疆拓土那样引人注目，但绝对是功在当代，利在千秋。咱们应该向隋炀帝竖个大拇哥儿。

在政治军事方面，大业五年（公元609年），隋炀帝亲率大军击败青海的吐谷浑，之后他继续西行，横穿祁连山，经大斗拔谷北上，最后到达河西走廊的张掖郡。这次出行绝对不是为了游山玩水，因为没啥好玩儿的，入眼所见，不是荒滩，就是沙漠，且气温常在零度以下。在行进过程中，隋军多次遭到暴风雪的袭击，士兵冻死大半，官员大都失散，阿广本人也吃尽了苦头。在整个中国历史上，皇帝西巡到达这么远地方的，只有隋炀帝一个。

阿广的苦没有白吃，到达张掖之后，西域二十七国的君主与使臣纷纷前来谒见，表示愿意做大隋的小弟。这样，自东汉末年封闭了三百多年的古丝绸之路被再次打通。而这个继张骞之后的打通者赫然便是大隋帝国的第二任皇帝杨广。为了炫耀中华盛世，阿广在张掖举行了盛大的万国博览会。诗作《饮马长城窟行》就是在这次博览会上写下的。

至此，大隋王朝达到了鼎盛时期。有多盛呢？小玉的回答是：远远超过了唐朝的鼎盛期——“开元盛世”。

农耕时代，衡量一个国家强盛与否的标准主要有两个：第一是人口数量；第二是田地数量。我们就用这两方面的数据来说话。

先说人口。隋文帝登基之初，全国人口大约是400万户，而到了隋炀帝登基之时，人口总数已经飙升到890万户。按每户有六口人（那时可不施行计划生育）的标准来计算，全国人口当不下5000万。也就是说，早在隋朝时期，我国就已经是世界上第一人口大国了。

单纯的罗列可能显得有些单调，我们不妨通过对比来感受感受。唐朝的鼎盛时期自然是“开元盛世”了。那么，当时的人口有多少呢？小玉告诉大家，760万户，合4500万人。也就是说，盛唐的人口居然都赶不上隋炀帝登基之初的数量。

再说田地。隋文帝开皇九年（公元589年）之时，全国已垦耕地数量是1944万顷。到了隋炀帝大业中期，这个数字已经上升至5585万顷。不到二十年的时间，竟翻了近三倍之巨。与之相比，唐朝天宝十四年（公元755年）的已垦耕地数仅为1430万顷，还不及隋文帝时期的数量，不到大业年间的三分之一。

综上所述，观杨广之所为，简直就是一代圣主明君，完全可以和秦皇汉武、唐宗宋祖一较高下，这和后来那个暴戾恣睢、刚愎自用的魔鬼隋炀帝相比，简直是一天之涯，一海之角，判若云泥也。但令人奇怪的是，天使是他，魔鬼也是他，那究竟是什么原因促使他从天使走向魔鬼的呢？

有一个英国贵族——阿克顿勋爵说对了：绝对的权力导致绝对的腐败。是滴，正是对绝对权力掌控的欲望，逐步改变了杨广的性格，使他最终变成了一个虚荣、固执、自私、冷酷的人；而对绝对权力掌控的实现，使得本已性格变异的杨广日益膨胀，最终在绝对权威的温室中走向变态。

隋炀帝干了很多富有争议的事情，其中最出名的有两件，第一件就是开凿大运河。

很多人想当然地认为，开凿大运河是隋炀帝的专利。其实，最先想到开凿大运河的是杨广他爹杨坚，最先落实为行动的也是老杨。小杨只是在沿着老杨开辟的道路继续前进而已，只不过他的决心更强、动静更大而已。

隋文帝时期，隋都大兴城（今陕西西安）人满为患，以至于粮食供应成了政府的沉重负担。为了解决这么多人的吃饭问题，老杨于开皇四年（公元584年）命人从大兴城开凿了一条渠到潼关。这条渠就是在中国水利史上占有重要地位的广通渠（又名富民渠）。广通渠全长三百多里，将关中地区和关东地区的漕运连接了起来，有效地解决了大兴城的粮食危机。

到了隋炀帝时，虽然名义上的国都仍然是大兴，但实际的政治中心已经东移到了洛阳。可是，洛阳的人口也很多，同样存在着严重的粮食问题。这个问题摆上了隋炀帝的案头。

今天的很多人倾向于认为，隋炀帝开凿大运河只是为了方便自己到南方游玩。其实，这种看法有失公允。方便游玩固然是开凿大运河的诸多好处之一，但却并非是隋炀帝开凿运河的主要原因。他主要还是想解决北方的粮食供给问题。此外，正如现在的很多官员喜欢通过形象工程来提升自己的政绩一样，好大喜功的隋炀帝也想通过这样一个庞大的工程来彰显自己的雄才伟略。

正是基于以上种种考虑，阿广分别于大业初年（公元605年）、大业四年（公元608年）、大业六年（公元610年）开凿了通济渠、永济渠和江南河。这三段水渠连接起来就构成了全长两千五百多公里的京杭大运河。

在那个工程技术极度不发达的年代，大运河的成功开凿是人力征服自然的伟大壮举。大运河将长江流域、淮河流域和黄河流域连成一个有机体，使中国出现了第一条贯穿南北的交通大动脉，极大地方便了漕运，同时也大大地便利了文化交流，强化了政治控制，进而有效地巩固了国家政权。

唐代诗人皮日休以煽情的笔触评价道：“尽道隋亡为此河，至今千里赖通波。若无水殿龙舟事，共论禹功不较多。”瞅瞅，都把阿广和大禹相提并论了。

历经岁月的扰攘，现在的大运河仅剩一千七百九十四公里，但它仍然是世界上最长的运河，仍然在发挥着不可替代的作用。可见，开凿大运河确实是件好事儿。可问题是，做事的方式方法不对，最终导致了背离预期目标的不良后果，功在后世，罪却在当代。在这件事儿上，杨广至少犯了以下三个大错误：

首先是无条件地征集大批人民服徭役。开凿通济渠时，杨广就在河南、淮北一带征集了一百多万民工；开凿永济渠时，他又从河北征集了一百多万民工……大批农民脱离农业生产，以至于北方的农业生产经营活动基本陷于停滞。与此同时，因为要照顾北方的缘故，南方的农业生产压力陡然增大，国家经济格局的平衡被打破，农业整体受到了严重的冲击。

其次是残暴地剥削、虐待民工。隋炀帝任命历史上臭名昭著的麻叔谋担任监工。这个麻叔谋生性残忍，爱吃小孩肉，以至于当时的父母在哄孩子的时候，都说：“别哭了，要不然麻老虎就来吃你了”。小孩子听了，马上就不哭了。让这么一个人做监工，民工的处境可想而知。不到一年，三百六十万民工中，就有二百五十万死亡，累累白骨遍布运河两岸。错误虽然是麻叔谋犯下的，但最终买单的还得是隋炀帝。

最后是贪婪腐化，穷奢极欲。大业元年八月，隋炀帝从通济渠南下江都。单是他乘坐的龙舟，就有二十四丈近八十米之高，船上建有四层高的楼阁。此外，还有专门为嫔妃们建造的舟船，同样是不惜工本。算上为随行大臣、仆人、将士们建造的船只，隋炀帝下一次江都，动用的舟船就在六千艘以上。如此庞大的船队绵延近一百公里，除了由骑兵护卫外，还有八万名纤夫拉纤。所过州县，方圆五百里以内“皆令献食，极水陆珍奇”，吃不完，“将发之际，多弃埋之”。即便在今天，哪个国家领导人出行也没有这么大的排场。如此庞大的船队，其花费之巨，小玉连想都不敢想。

隋炀帝爱出风头，喜欢那种前呼后拥的感觉。自大业元年一下江都后，他就迷上了出巡，在位的十三年间，居然先后出游八次，其中三次是去了江都。巡游过程中，隋炀帝大讲排场，奢侈浪费极其严重，广大人民群众饱受摧残。

有朋友问了，他这么胡来，就没人出来劝谏吗，大臣们都是吃干饭的啊？这个问题该怎么回答呢，只能说早先有，后来就没有了。因为阿广这个人特别不喜欢别人给他提意见。他“恃才矜己，傲恨明德”，“除谏官以掩其过”，在中国古代帝王当中是数一数二的。阿广曾经明目张胆地对大臣虞世南说：“我这个人生性不喜欢别人进谏。位望已经显达的人还想用谏诤来沽名钓誉，我不能容忍；至于地位低下的人，虽然可以宽恕，但我终不让他有出头之日！”说实话，中国古代绝大多数皇帝都不喜欢大臣进谏，但如此恬不知耻明说的，只有杨广一个。

隋炀帝由着自己的性子一味胡搞乱搞，大臣们为了保位保命，缄口不言。结果，问题不仅没有解决，反而越积越多。于是，不堪忍受的人民愤怒了。

大业六年（公元 610 年）正月初一，建国门外突然来了一队几十人的僧侣。这些僧侣“皆素冠练衣，焚香持华”，自称是弥勒佛。卫兵一听是弥勒佛，赶紧稽首参拜。岂料，“弥勒佛们”突然发难，抢夺武器。正好隋炀帝的二儿子齐王杨暕打这里经过，顺手平息了这场突如其来的暴乱，否则后果不堪设想。隋炀帝很生气，下令严查此事，“都下大索”，无辜受到牵连的群众竟达千余家。“弥勒门事件”是《隋书》中记载的第一件民变，可以说是后来的隋末农民大起义的先声。

尽管如此，隋炀帝还是没有吸取教训。十四天后的元宵节，他尽集各国酋长及使者，盛陈百戏，表演艺人多达一万八千人，声响远传数十里之外，灯火把黑夜照耀得如同白昼。演出活动通宵达旦，一直持续到正月底。

各国商贾都希望到洛阳东市进行贸易，炀帝就下令东都商户家家整饰店面，广积珍货，商人要衣饰华美，卖菜也得先用龙须席铺地，然后再摆菜蔬。外邦商客经过酒食店，店主须得盛情邀入，不仅不收一个铜子儿，而且还得喊口号：“中国丰饶，酒食例不取值。”所有的树木都要用绸帛缠饰。有些外商就不明白了：“中国亦有贫者，衣不盖形，何如以此物与之，缠树何为？”可怜国人无以言对。

六月，雁门人尉文通聚众三千造反，旋即被政府军镇压。十二月，砵崖人王万昌举兵作乱，也遭镇压而失败。

明眼人都看得出来，人民的反抗已经星星点点地涌现出来，再不加以控制，恐怕就会形成燎原之势了。到了这个节骨眼儿上，按说隋炀帝也该警醒了。可是，他不但不节制自己的欲望，反而变本加厉，又做了一件更大的蠢事。

终于，大隋的天空被捅了一个大大的窟窿。

3. 大隋流行音乐榜 Top 2

这一年年底，隋炀帝起驾巡游北疆，重点对突厥进行了友好的国事访问。在突厥考察期间，隋炀帝与启民可汗举行了会晤，双方就双边关系及共同关心的地区和国际问题深入交换了意见，并签订了一揽子的经贸协议。

应该说，这是一次团结的会晤，胜利的会晤，进步的会晤。然而，会晤结束后，隋炀帝却在启民可汗的大帐中发现了一个令他很不爽的人——高句丽的使者。一见有高句丽人，隋炀帝的脸当时就黑了，要多难看有多难看。为啥呢？他和高句丽有仇！啥仇？国仇！

公元七世纪的朝鲜半岛正处于“三国时代”。那时的半岛上有三个国家，分别是新罗、百济和高句丽。百济地处半岛西南角，隔黄海与大隋相望；新罗地处半岛东南角，隔日本海与日本相望；而高句丽则占据了半岛北部的大部分地区和我国的辽东地区。

当时，高句丽在一哥高元的带领下，正处于全盛时期，大有吞并新罗、百济，一统朝鲜半岛之声势。新罗和百济磕不过高句丽，只好投到大隋的门下，寻求庇护。而隋朝呢，自然也不希望周边出现一个强大的邻居，所以就经常出面给这两小弟撑腰。再加上帝国东北边境和高句丽接壤，双方在边境上摩擦不断。大隋和高句丽的矛盾由此而生，并越积越深。

老杨在位的时候，曾经要求高句丽承认大隋的宗主国地位，岂料却遭到了高句丽方面的坚决拒绝。高元不仅拒绝了老杨的要求，反而还向隋朝提出了领土要求。开皇十八年（公元 598 年），高元见索土不成，竟悍然发兵入侵辽西，后被隋军驱逐出境。

这件事儿可把老杨给气坏了，他立即发兵三十万攻打高句丽。可气的是老天爷不照应，三十万隋军连高句丽国十长啥样都没见过，就被狂风大雨加疾病给拍了回来，减员比例高达 80%，而且还都是非战斗减员。

从志在必得到惨淡收场，尴尬的结局让老杨恨不得找个地缝钻进去。高元听说这个消息后乐坏了，不过他并不想与隋朝全面开战，便主动派人送来了一份谢罪表，也算是给了老杨一个台阶。老杨恨不得将高元活吞了，但现在无力再战，只得强咽了这口鸟气，接受了高元的“谢罪”。场面上的虚礼毕竟掩盖不住问题的实质，大隋上上下下都将征讨高句丽失败之事看作国耻。

杨广这个二杆子登基以后，就开始琢磨着怎么收拾高句丽了。本来，他正想着如何找茬儿呢，岂料天遂人愿，竟让他在启民这里意外地碰见了高句丽使者。这下，隋炀帝可逮着机会了，牛掰哄哄地对高句丽使者说：“你知道朕为什么会在这儿吗？因为启民诚心地尊奉我大隋，所以朕才会亲自来看他！明年，朕还会去涿郡。你回去告诉你们老大，只要他好好报答朕的养育之恩，朕会像对待启民这样对待他。但是，丑话说在前头，假如他不来朝见朕的话，我就要带着启民去巡视（这个词用得蛮考究的）你们的国土了！”

然后呢，高句丽的使者就回去了；再然后呢，高元却没有来。再再然后，隋炀帝就坚定了一个信念：一定要打败高句丽，而且要以巨石砸小蛋之势，一劳永逸地解决问题。

从启民那儿回来后不久，隋炀帝便着手进行战争准备了。

他强令天下富人为国家购买军马。部分马商趁机囤积居奇，哄抬物价，政府宏观调控不给力，结果一匹军马的价格竟然涨到十万钱；与此同时，隋炀帝又命令各地官吏细心挑选、查验兵器，“务令精新”，如果发现有粗制滥造的，负责检查的人一律斩首。

大业七年（公元 611 年）二月十九日，隋炀帝坐龙船从江都出发，北上涿郡。二十六日，他在北上途中颁布敕书，要求全国军队向涿郡集结，“于是四远奔赴如流”。

东莱（今山东莱州市）领受了造船三百艘的艰巨任务。阿广催逼主管官吏，主管官吏催逼各级监工，监工就催逼民工。结果，民工们夜以继日地泡在水里，很多人腰身以下竟腐烂生蛆，死亡者十之四五。运送军需及粮食的民工有数十万人，史载民工队伍“填咽于道，昼夜不绝”，以至于“死者相枕，臭秽盈路”，于是“天下骚动”。

离涿郡最近的山东，因为“地利之便”，自然受到了隋炀帝的特别“眷爱”。皇帝陛下那如大海一般的“爱”简直就成了山东百姓生命所不能承受之重。恰逢洪灾突降，田园毁坏，物价飞涨，偏偏官吏又是横征暴敛，百般压榨，老百姓怨声载道。于是，整个山东变成了一个大大的火药桶。

不在沉默中爆发，就注定要在沉默中消亡。现在，这个早已经干得不能再干的火药桶，就等着那么一颗小火星了。

终于，在那个注定的年注定的月——大业七年三月，这颗火星出现了，他的名字叫作王薄。王薄本是齐郡邹平（今山东邹平西北）的一个农民。因为不堪忍受政府的横征暴敛，他聚集数百群众，占据长白山（此长白山非大家所熟知的长白山，而是今天山东章丘境内的一个地名），正式举起了反隋的大旗。轰轰烈烈的隋末农民大起义就从这一刻拉开了序幕。

王薄给自己取了一个绰号，叫作“知世郎”，意思是说他无所不知、无所不晓。为了吸引更多的群众入伙，他还特地创作了一首《无向辽东浪死歌》，翻译成现代汉语就是《别去辽东白白送死之歌》。歌词是这样滴：“长白山头知世郎，纯著红罗锦背裆，长矟侵天半，轮刀耀日光。上山吃獐鹿，下山吃牛羊。忽闻官军至，提剑向前荡。譬如辽东死，斩头何所伤。”

说实话，这首歌的文采有点逊，但是立意特别大胆，风格十分独特，给沉闷已久的大隋乐坛带来了一阵清新的空气。于是乎，王薄在一夜之间火了，他的肖像很快就贴遍了山东各州府郡县的城墙，那颗原本不值钱的脑袋现在也变得有市无价了。凭借着这首主打歌，王薄奠定了自己在大隋乐坛无可撼动的领袖地位，其《无向辽东浪死歌》连续几年都高高占据大隋流行音乐排行榜的 top2。

偶像的力量是巨大的。受王薄的感召，越来越多的人民群众揭竿而起，唱着他们的主打歌，投身到反对隋炀帝暴政的斗争中。王薄就好比是一串鞭炮上第一个被点燃的炮仗，他的爆炸引起了后面的连环爆炸。起义的烽火好似雨后春笋一般，一簇接一簇地冒了出来。

清河鄃县人张金称、信都蓨人高士达、平原人刘霸道、东郡人翟让、清河漳南人孙安祖、窦建德、齐州章丘人杜伏威、辅公祏等相继聚众起兵，竖起了反隋的旗帜。史载：“自是所在群盗蜂起，不可胜数。”

但不管怎么说，这些起义的规模都非常小，严格说来，似乎称为群体性事件要更加合适一些。阿广压根就没把这些小规模的民变放在心上。此时，他的心中就惦记着一件事儿：消灭高句丽，消灭高句丽，消灭高句丽……

4. 杨玄感黎阳起兵

大业八年（公元 612 年）正月初二，隋炀帝在涿郡发布东讨敕书，正式起兵攻打高句丽。

全军共分二十五路人马，合一百一十三万三千八百人，号称两百万，创下了中国历史上出征人数的最高纪录。时过百年，宋代的司马光在提到这段历史时，依然由不住得惊呼：“近古出师之盛，未之有也！”这一百多万人还仅仅是士兵，此外还有负责后勤补给的民工，人数更多，约有近三百万人。也就是说，阿广为了征讨高句丽，一共动用了四百多万人。不要说中国历史了，整个人类历史上都没有这么大的手笔。

有人问了，高句丽弹丸小国，犯得着动用这么多人马吗？说实话，真犯不着，但大隋人都知道，咱家皇帝是一个好大喜功、讲究排场的人。一个弹丸小国居然敢和泱泱中华叫板，这让阿广很震惊很生气。打败高句丽，这是必须的了。但是，阿广觉得，这还远远不够，他要的不仅仅是胜利，而是征服。他要让高句丽人乃至周边的其他国家部族，以后听到大隋、听到他杨广这个名字就两腿发软，魂飞魄散。

然而，六个月后，隋炀帝讨平高句丽的宏伟梦想就被无情的现实给击了个粉碎。在关键的萨水战役当中，隋军遭到决定性惨败，参加该战役的三十万大军仅剩下两千多人。七月二十五日，万般无奈的隋炀帝只得下令班师回朝。第一次东征就此草草收场。

事实再一次无可辩驳地证明，阿广绝不是那种善罢甘休的人。大业九年（公元613年）正月初二，也就是一讨高句丽一周年纪念日这天，他再次发布了征讨高句丽的敕书。

敕书一出，天下人都抓狂了，靠，还来，有没有搞错？于是乎，一些性格火暴的群众便开始组织群体性暴力事件了。平原人李德逸、灵武人白瑜娑、齐郡人孟让、北海人郭方预、平原人郝孝德，河间人格谦、勃海人孙宣雅、济北人韩进洛、济阴人孟海公先后聚众造反。一时间，遍地开花，警报迭传。

隋炀帝可没想到民间的反战情绪会这么强烈。世界如此美妙，你们却如此暴躁，动不动就搞群体性事件，这样不好，很不好！为了安抚人心，他宣布大赦天下。但无论如何，征讨高句丽这件事儿，阿广是一定要做的，不打败高句丽，他死不瞑目。

四月二十七日，隋炀帝率军渡过辽河，第二次隋高大战开始了。

隋炀帝头也不回地走了，有一个人却阴恻恻地笑了。此人姓杨名玄感，官居礼部尚书，是前司徒杨素的长子。

帮助杨广登上皇帝宝座后，杨素也着实风光了几天。但好景不长，大业二年他就病死了，时年六十二岁，不算高寿。说起来，杨素其实是活生生吓死的，死亡原因就是中国历史上经常出现的那六个字儿：狡兔死，走狗烹。隋炀帝一直想烹杨素，只是碍于主客观等多方面的条件不成熟，才一直没烹了。杨素心知肚明，天天生活在极度的忧虑和恐惧当中，撑了两年，没撑住，死了。

果然，他死后，隋炀帝不仅没有一点儿悲伤，反而幸灾乐祸地对侍臣说：

“假使杨素不死，最终也得被诛灭九族。”世上没有不透风的墙，这句话很快就传到了杨玄感的耳中。杨玄感十分害怕，我擦，老子虽然死了，儿子啥的都还在啊，看来狗皇帝迟早会对我们杨家下手。狗急了还跳墙呢，就更别说是人了。于是，杨玄感就和六个弟弟暗中策划谋反。

时机说来就来，第二次征讨高句丽的战争即将发动，杨玄感趁机请求隋炀帝说：“我家世世代代蒙受国恩，我愿意主动请缨，前去征讨高句丽。”隋炀帝听了，意外之余也感到十分高兴，连声夸赞杨玄感：“好啊好啊，人说，将门必有将，相门必有相，果然不假。”

隋炀帝实在是太了解杨家人了。杨家七个葫芦娃当中，就数大娃杨玄感最为成器，他“好读书，便骑射”，德智体美劳全方面发展，堪称全方位复合型人才。不过，话也说回来了，老杨家“四海知名之士多趋其门”，再让杨大娃去前线建功立业，扩大影响？这种赔本儿买卖咱阿广可不干。所以，出发前夕，隋炀帝就让杨大娃留在黎阳（河南省浚县）搞后勤工作了，负责督运军资。岗位虽然重要，但永远都是幕后英雄，上不了台面。

杨大娃特会装，表面上失望万分，心中却是欣喜欲狂。隋炀帝前脚刚走，他后脚就开始准备谋反。要说杨大娃也挺狠的，利用职务之便，给隋炀帝来了个釜底抽薪：故意迟滞漕运，不按时发运军资。

前线隋军总是缺少粮草，士气萎靡不振。隋炀帝当然很着急啊，一而再再而三地派使者前来催促杨大娃。每到这个时候，杨大娃总是装出一副无可奈何的样子，说什么水路上暴民很多，很难按时发运。阿广也没办法。

在正式起兵之前，杨大娃郑重地做了一件事儿：派使者去大兴请一个人，李先生。

六月初三，杨玄感率军进入黎阳，正式誓师起兵：“皇帝无道，丝毫不休恤百姓，天下纷扰不休，死在辽东战场的人数以万计，现在我要和你们起兵去拯救天下的苍生，你们愿意吗？”杨大娃说出了大家的心里话。众人皆山呼万岁，大事就这么成了。

仪式结束后不久，有人来报，李先生来了。

杨玄感拊掌大笑，大事可成矣！

5. 一号人物闪亮登场

隋末唐初第一号人物——李密就此登场。

贞观名臣魏征在其主编的《隋书》当中，对李密给予了相当高的评价："密多筹算，才兼文武，志气雄远，常以济物为己任。"客观地讲，这个评价相当中肯。李密确是这样的人。

李密的出身非常好，他的父亲李宽官至上柱国，封蒲山公，乃隋朝名臣。父亲死后，李密得以荫受为左亲侍。左亲侍大致相当于今天的中南海保镖，是给大隋一哥隋炀帝站岗放哨的。

话说大业年间，大兴的市里坊间突然流传起一首《桃李歌》。这首歌的歌词极短，翻来覆去其实只有六个字："桃李子，有天下"。相信大家一眼就看出来了，《桃李歌》的内容相当之大逆不道，预示着一个姓李的男人将会拥有天下。

很快，这首歌便传到了大隋疆土的每一个角落。小玉在前文中曾说过，《无向辽东浪死歌》虽然很流行，但也只是大隋流行音乐排行榜的第二名而已，排第一的正是这首《桃李歌》。

隋炀帝听到这首歌后，直气得嘴歪眼斜，暴跳如雷。发完飙之后，他就开始寻思：谁会是歌谣当中所说的姓李之人呢？

也是合该李密倒霉，这天，阿广闲来无事，在宫中溜达，无意中看到了站岗执勤的李密。他一下子就想到了《桃李歌》，眉头不由地皱了起来，问身旁的许国公宇文述："左边仗下站着的那个黑不溜秋的小子是谁？"

宇文述回答说："哦，那个后生是已故蒲山公李宽的儿子李密。"

隋炀帝当然知道那个小子是李密了，他鸡蛋里挑骨头地说："这小子东张西望，不像个好玩意儿，让他滚蛋。"

宇文述和李宽交情比较好，不好意思让李密直接卷铺盖卷儿回家，但是，陛下嘱咐的事儿咱还得办不是？如何才能既完成皇帝交给的任务，又不伤与李密的和气呢？宇文述有办法，他忽悠李密说："老弟你这么聪明，应当靠着自己的才学求取功名，在这里站岗放哨，能有什么前途呢？"

李密那时还很年轻，社会经验严重不足，听了宇文述的话，高兴坏了，欢天喜地地回家读书去了。而且，他还找了一个借口，说身体有病。真是傻到了家的程度！

这小子回家后，还真是"两耳不闻窗外事，一心只读圣贤书"了。一次，他骑着牛去拜访名儒包恺。李密惜时如金，连路上的时间都不肯浪费，把整套《汉书》往牛角上一挂，捧起其中一本，在牛背上看得津津有味。

正赶上杨大娃他爹杨素下班回家，看到这个场景后，杨素十分感动，骑马从后赶上，问道："你是哪里的书生，居然如此爱好学习？"

李密抬头一看，原来是当朝红人——尚书令杨素杨大人，赶紧下牛参拜，道出自己的姓名。杨素又问他读什么。李密回答说《项羽传》。

杨素大感兴趣，就和李密攀谈起来。这一谈不要紧啊，李密这小子是真有才啊，滔滔不绝，如数家珍。两人聊得非常投机。意犹未尽的杨素回到家中，依然赞不绝口，他略带不满地对自己的儿子们说："你们的才学和气度都比不上李密。"

杨玄感听后，便与李密"倾心结托"。他曾经偷偷地问李密："当今圣上猜疑多忌，大隋的国祚不会很长。如果有朝一日机会来临，你和我谁先谁后啊？"听听，这就有点儿曹孟德青梅煮酒论英雄的意思了。杨大娃也不害臊，他和人家李密根本就不是一个重量级的，真好意思自抬身价。

李密回答得挺实在："要是在两军阵前交战，大怒喝喊，使敌人震惊慑服，我不如你；要是指挥天下贤士俊杰，各自施展才能，使远近归附，你就不如我了。"

现在，这个自信能"揽天下英雄驭之，使远近归属"的李密就站在杨玄感的面前。杨玄感迫不及待地问李密："你常常以拯救百姓为己任，现在是时候了！咱们下步该怎么办？"

李密胸有成竹，娓娓道来："如今，天子御驾亲征，远在辽东，其地离幽州有千里之遥，南面是大海，北面是强胡，中间只有一条道路，且地势险峻。您应该出其不意，率兵长驱入蓟，凭借险要地形，扼住皇帝的归路。不出一个月，军资粮秣必定会耗尽。届时，高句丽军肯定会随后追击，隋军必定溃败。这是上策。"

隋炀帝要是知道李密出了这么一计，肯定会对李密唱："你好毒，你好毒，你好毒毒毒，你越说越离谱，我要啃掉你的骨……"

杨玄感想了一下，问还有没有别的计策。

李密接着说："关中地形险恶，四面都有天然的要塞屏障，简直就是天府之国。刑部尚书卫文升（主持大兴工作的大臣）能力一般，不足为虑。您可以挥军向西，沿途一城不攻，直取大兴。进入大兴后，收拢豪杰，安抚士民，固险而守。即便皇帝从辽东回来了，但是他的根基已经丢失了。我们可以以关中为根据地，逐步蚕食天下。这是中策。"

杨玄感又想了想，问还有没有别的计策。

李密无奈，只得说："还有一个下策。挑选精兵强将，昼夜兼程，攻取东都，号令四方。但是，如果我们在三个月之内拿不下东都，各路援军就会从四面八方赶来。届时，胜负就不是我能预料的了。"

咱们详细分析一下李密的平隋三策：上策最毒，见效最快，但实施起来最困难；中策虽好，但是见效太慢；下策最为简便易行。小玉相信，下策绝对是大众的选择。智者和聪明人的区别就在于，聪明人永远都想着走捷径，而智者总是能看到问题的实质：最简单易行的计策未必就是最好的计策，利益最大化的计策才是最好的计策。

杨玄感的一句话道出了他和李密的本质区别："你的下策，正是我的上策。如今文武百官的家属都在东都，如果拿下东都，就会扰乱他们的心。而且，如果路上一城不取，怎么能显示我军的威风呢？"

事到如今，李密也不好再说些什么了。杨大娃说干就干，立即率军向东都洛阳进发。一切似乎都很顺利，仅仅用了十天时间，杨玄感便兵临洛阳城下。在洛阳城外的旷野上，杨大娃再次举行了盛大的誓师仪式："我官居上柱国，家资巨万，对于富贵，已无所求。我之所以要冒着灭族的风险起兵，正是为了拯救天下的黎民百姓于水火之中啊！"

不管杨玄感自己信不信，反正老百姓是信了。父老乡亲们争着抢着给杨大娃的军队送肉送酒，有的干脆把自家的耕牛都牵来了，最后甚至发展到了送人的地步，父亲送儿子，妻子送丈夫。送来干啥？革隋炀帝的命，打反动军队呗！据载："父老争献牛酒，子弟诣军门请自效者，日以千数"。杨玄感的军队很快就发展到了五万之众。

说实话，阿广真应该亲眼看一看这种情形，他一直在那儿美呢，觉着自己是堪比尧舜的有道明君，殊不知，天下人早把他看成是桀纣一样的昏君、暴君了。

面对此情此景，杨大娃心中就不免有些飘飘然了，一连串的胜利更让他坚信自己当初的抉择是对的，同时对李密也开始有点儿小小的轻视了。更何况，此时他的身边又多了一个智囊——内史舍人韦福嗣。

韦福嗣其实是被智囊的，他率军抵抗杨玄感，结果战败被俘，杨大娃听说他鬼点子多，所以就收他做了智囊。自打有了韦福嗣，杨玄感就不怎么听李密的了。

韦福嗣是被迫上贼船的，内心还在犹豫观望。所以，他每次出谋划策的时候，都出那种两可两不可、似是而非的点子。起初，李密也没有看出来。

直到有一次，杨大娃让韦福嗣写一篇声讨隋炀帝的檄文，布告天下。韦福嗣还想站到政府一边，死活不肯写，左推右脱，理由一大堆。

杨大娃倒没当回事儿，不写就不写吧。可李密看出门道了，韦福嗣这家伙摆明了是怕自绝于隋炀帝嘛！所以，他力劝杨大娃杀掉韦福嗣。岂料，杨大娃根本不听，一句“何至于此”就把李密给噎了回去。

李密既无奈又忧虑，他对自己的亲信说：“楚公（对杨玄感的尊称）造反，却不知道取胜之道，咱们怕是要当俘虏了！”

6. 你咋还不称帝呢？

隋炀帝阿广现在做着和杨大娃同样的事情——围城，只不过杨大娃围攻的是他的东都洛阳，而他围攻的则是高句丽的辽东城。眼看着，辽东城唾手可得。可偏偏就在此时，一道紧急奏疏拯救了高句丽。不用说大家也猜到了，没错，上报杨玄感造反的奏疏到了。

隋炀帝看了奏疏，简直都不敢相信自己的眼睛，没想到杨玄感这厮居然敢造反？他以为人家杨玄感是他案板上的一块肉儿，他想切成肉丁就切成肉丁，想切成臊子就切成臊子。岂料，人家不干，要革他的命了。

惊讶之后则是深深的恐惧，阿广明白，高句丽虽强，但毕竟不会对自己的统治构成致命威胁，而这个杨玄感就不同了，他们杨家世代显宦，门生故吏遍布天下，杨玄感登高一呼，从者无数，这才是心腹大患。

二十八日二更时分，隋炀帝突然升帐开晚会。

诸将个个睡眼惺忪：“不知陛下有何指示？”

阿广从牙缝里面挤出来一个字儿：撤。

什么？撤兵？现在？军械怎么办啊？

后院起火了，咱们得赶快回去了，再晚了，恐怕就回不去了。东西就别要了，咱们大隋相当有钱，还在乎这点儿东西？

是夜，隋军大营沸反盈天，人喊马嘶，兵找不到将，将寻不着兵，乱成了一锅粥。这么大的动静，城中的高句丽军当然听到了。但是，他们摸不准隋军葫芦里面到底卖的什么药，不敢出城试探，只是在城中击鼓呐喊。于是，隋军趁着夜色，一窝蜂地撤退而去。

一直到第二天的中午时分，高句丽军才敢出城查探。隋军大营中，粮草码得齐刷刷的，兵器堆得跟个小山似的，一顶顶的帐篷连绵不绝，望不到个头。什么都有，就是没有人。现在，这些无主物统统归高句丽所有了。据说，后来高句丽人抵抗唐太宗李世民的时候，用的就是隋炀帝给他们留下来的武器。

阿广就是慷慨！

第二次征讨高句丽的战争就这么戏剧性地戛然而止了。现在，在隋炀帝的心目中，神马高句丽之类的都是浮云，只有杨玄感最是给力。回到涿郡以后，阿广立即颁发了敕书，调大将屈突通、宇文述、来护儿等率军讨伐杨玄感。

李密的担忧果然变成了现实，杨大娃兵锋虽盛，但就是攻不破洛阳。与此同时，隋朝援军正从各地赶来。杨大娃虽然屡战屡胜，他的部队虽然日日扩编，但处境却越来越危险。

很快，隋军的第一路援军就赶到了。这四万隋军是由杨广的三孙子——西京留守代王杨侑派出的，统兵的正是李密瞧不上眼儿的刑部尚书卫文升。在来洛阳之前，卫文升顺道去了趟华阴，因为那里有杨素的坟墓。将杨素的尸体挖出来挫骨扬灰以后，他才挥军出崤谷，过渑池，直抵东都北门外。

望城兴叹的杨大娃心情本来就不好，祖坟被刨，他的愤怒可想而知，正好拿卫文升泻火。卫文升的忠诚没得说，但是他的军事指挥能力实在让人不敢恭维。这娃挺有意思，八成有点儿受虐狂的倾向，虽然每隔一两天就要被杨玄感捶一次，但他就是不肯后撤。你打吧，你打吧，有种你就打死我，我就不走。

人家杨玄感的部队天天都在扩编，而他的部队却天天都在减员。一来二去，他带来的那四万人马已经伤亡了一大半了。不带这么欺负人的，卫文升终于发了火，索性率军进驻邙山南麓，要和杨玄感决一雌雄。

一天之内，双方你来我往，交锋十余次。眼看着这点儿可怜的隋军就要被杨玄感吃掉了，就在这时，一支华丽丽的小箭正中杨家三娃杨玄挺的要害，杨三娃当场阵亡。杨大娃无奈，只得收军回营。

杨大娃刚刚处理完弟弟的后事，就有一个老朋友登门拜访了。来者名叫李子雄，曾官居右武侯大将军。现在，他的身份是逃犯。李子雄同志苦苦这么多年，怎么就一朝回到解放前了呢？因为，他得罪了一个人，当朝皇帝阿广。

其实呢，李子雄和阿广的关系原本挺和谐的，但他美好的前途却因为一首《桃李歌》而急转直下。继李密之后，李子雄又成了阿广眼中“预言之子”的可能人选。所以，阿广硬是给李子雄安了一个莫须有的罪名，将他除名为民，发配至东莱，在来护儿手下效命。

但就是这样，阿广还是不放心，他在回军途中给来护儿发了一道密旨，让来护儿派人将李子雄押送到自己的行营。李子雄毕竟在阿广身边多年了，他知道，这回去了，恐怕就再也回不来了。所以，他就在路上干掉了押送人员，转而来投靠好友杨玄感。

李子雄见到杨玄感的第一句话就是：“你咋还不称帝呢？”

杨玄感说：“我没想到啊！”

李子雄劝：“还等啥，赶紧吧！”

杨大娃目前确实还没想过称帝的事情，但这个东东实在是太诱人了，他有些拿不准，便来征求李密的意见。

李密听了，忙不迭反对：“不行，不行，现在不行。你想啊，咱们起兵以来，虽然屡次获胜，但是郡县一级的官吏并无一人响应。况且，洛阳还没有打下，各地的隋军正陆续赶来，咱们正面临着危险。当前，我们最应该做的事是果断采取措施，解决面临的困难。可你却急着称帝，这只会让天下人说你目光短浅。”

杨玄感听了十分尴尬，只好笑着掩饰了过去。不过，称帝这件事儿不了了之了。

7. 不杀光不足以警戒后人

李密最最担心的事情还是发生了。很快，隋军屈突通、宇文述、来护儿部先后渡过黄河，往洛阳而来。与此同时，洛阳城中的隋军则一反常态，频频出击。卫文升上蹿下跳，闹得也很欢。情势不容乐观。

李子雄提议，舍弃洛阳，西入关中。说实话，这就是当初李密所提中策的翻版。杨大娃这回变得听话了。七月二十日，他解除了对洛阳的包围，掉头西逃。屈突通、卫文升、宇文述听说杨大娃要西入关中，都着了慌，赶紧在后面追赶。

杨大娃大军到达弘农（今河南陕县）后，被当地的一帮老百姓拦住了去路。这帮热心的老百姓给他出主意：“来打弘农吧。弘农城中粮食特多，而且城里现在十分空虚。你来打吧，一打一个准儿。”

杨大娃听了，怦然心动。他不知道，这帮老百姓其实都是托儿。谁的托儿？弘农太守杨智积的托儿。杨智积是隋朝宗室，受封蔡王，是老杨的亲侄子。这是个明眼人，听说杨玄感要入关的消息后，杨智积就对自己的下属们说：“杨玄感这个小子很狡猾。他久攻洛阳不下，见朝廷援军将至，便想西入关中。这个计划要是得逞了，咱们以后就不好对付他了。依我看啊，咱们应该想法拖住杨玄感，不出十天，他一定会失败。”

不久之后，杨玄感大军就到达弘农城下了。杨大娃想了又想，还是决定不打弘农了，赶路要紧。刚要拨转马头，隐隐约约听见有人似乎在问候他的母亲，杨玄感定睛一瞧，可不是嘛，城头上确实有人在问候他母亲。骂人者正是杨智积。

杨大娃暴怒，传令大军停止前进，全力攻城。

李密急了：“咱们现在后有追兵，还是赶紧走吧，屈突通他们说不定啥时候就追上来了！”

杨大娃不听：“不行，你没听见他问候我妈呢嘛！”于是，大军停了下来，奋力攻城。

杨智积见杨大娃果然中计，乐屁了。他早有准备，怎么会怕杨玄感呢？一天，两天，三天，整整三天过去了，杨大娃始终没有攻破弘农。此时，杨玄感的理智终于回归了。他害怕了，不敢再做停留，赶紧收拾人马，向西而去。

但是，一切都晚了，他浪费了至为宝贵的三天。八月初一，当杨玄感大军走到阌乡（今河南灵宝西北文乡）这个地方时，被宇文述、卫文升、来护儿、屈突通等四路隋军追上了。

还跑个啥，没法跑了。双方在皇天原（即董杜原，在今河南灵宝市西北）摆开阵势。隋军卫文升部居中，来护儿部与宇文述部猛攻杨玄感前军，屈突通则趁杨玄感不注意，猛攻杨玄感后军。终于，杨玄感的军队全盘崩溃，十万大军顿时作鸟兽散。

杨玄感仅带十余骑逃往上洛（今陕西洛南东南）。一路上，隋军精骑穷追不舍。走到葭芦戍时，杨玄感忽然停了下来。他知道，走不掉了，生命的最后时刻即将来临。杨玄感惨然一笑，对七娃杨积善说：“我不能忍受别人的侮辱，你杀了我吧！”说罢，他闭上双眼，泪水已悄然从眼角滑落。

杨积善也是泪眼婆娑，咬着牙，狠了狠心，抽刀劈死了自己的大哥。随后，他也挥刀自戕，但并未刺中要害，被随后赶来的隋兵抓住了。

屈突通等人将杨积善和杨玄感的尸首火速送到高阳的隋炀帝行营。虽然杨玄感已经死了，但阿广依旧将他的尸首处以车裂之刑，在闹市示众三天后，才剁碎焚烧。

二娃杨玄纵在董杜原一战中被俘，已在洛阳问斩；三娃杨玄挺阵亡于洛阳城下；四娃杨玄奖官拜义阳太守，为下属所杀；五娃杨万石从辽东逃归，半路被抓，在涿郡处死；六娃杨仁行是朝请大夫，在长安被处死；只剩下一个七娃杨积善。阿广不是可怜老杨家，要给他们家留个杨积善，他是在等李密等人都送到了，一起杀头。

此时，东都方面已经抓到了李密、李子雄、韦福嗣等造反骨干，并派人将他们解送高阳。还是李密鬼点子多，他悄悄地对其他人说："咱们要是到了高阳，肯定死无葬身之地。趁着在路上，咱们赶紧想法子逃啊！"几个人商定了计划，便开始实施了。

哥几个当中，有一个比较有钱。李密就让他把钱送给押送官："我们都是快死的人了，钱对我们已经没什么用了，就全都留给您吧。您把我们安葬了，剩下的就都是您的了。"押送官见钱眼开，乐坏了，忙不迭地答应下来。

常言说得好，拿人家的手短，押送官也不好意思把几个濒死之人看得太紧了。李密趁机请人买来酒菜，哥几个每天晚上都要吃喝一顿。如是几次，押送官也习惯了。走到邯郸的时候，出事儿了，李密等人把押送官灌了个烂醉，凿穿墙壁，逃了。

只有一个人没逃，就是韦福嗣。本来李密叫他一起走，但韦福嗣不干，头仰得老高，我和你们不一样，你们是乱臣贼子，我是朝廷忠臣，陛下顶多就是骂我一顿，要逃你们逃吧。李密见他这么执拗，无奈地叹了一口气，带着其他人跑了。到了高阳，韦福嗣傻眼了。宇文述参了他一本，说不杀韦福嗣，不足以警醒后人。阿广就回了四个字儿：任你处置。

十二月十五日，在高阳野外，阿广举行了隆重的杨玄感反革命集团分子处决大会。除杨积善和韦福嗣之外的其他人员，都被绑在了木桩上，用车轮卡住脖子。阿广规定，凡在高阳的九品以上官员都要亲手射击反革命分子。结果，受刑人身上的箭多得像刺猬的毛一般，惨不忍睹。最惨的是杨积善和韦福嗣，均处以车裂之刑，尸体被挫骨扬灰。至此，杨素全家灭门。

这还不算啥，阿广说了："杨玄感振臂一呼，天下就有十万人响应他，这还了得？我早就说过，人一多就会作奸犯科。如果不把这些人杀光，根本就不能警戒后人。”结果，三万多人被杀，六千多人被流放边疆，家产全部被没收。凡是接受过杨玄感粮米的百姓全都被坑杀在洛阳城南。这次第，怎一个“狠”字了得！

但杀戮真得管用吗？如果说王薄是普通民众中第一个站出来反对隋炀帝的人，那么杨玄感就是官员队伍中公开向隋炀帝叫板的第一人了。两人的共同点是：他们的造反行为对各自的集团起到了“不良”的示范作用。两人的不同点是：王薄站了出来，并且站住了，千千万万个王薄紧跟着他的步伐站了出来；杨玄感也站了出来，但是他倒下了，不过千千万万个杨玄感很快就要站起来了……

8. 长了三个奶头的皇表哥

弘化留守元弘嗣也上了阿广的黑名单。其实，元弘嗣并没有参与杨玄感的造反，但谁让他的亲家公——兵部尚书斛斯政在阿广回军前夕投降了高句丽人呢？所以，阿广一定要办他。派谁去合适呢？阿广左思右想，最后一拍大腿，有了，就派我表哥去吧！

阿广的这位表哥，大家都认识，他的名字叫作李渊。李渊是什么人，就不用小玉饶舌了吧？他怎么成了隋炀帝的表哥呢？这就要从老李家的家族史讲起了。

已知最早李渊直系祖先是东晋十六国中西凉王国的缔造者李暠。论辈分，李渊应该称呼李暠一声“太太太太太爷爷”。此人文韬武略，十分了得，一生以恢复汉族正统为己任，虽然称王，却仍然对偏安江南的东晋王朝奉表称臣。李暠死后，他的继承人李歆“繁刑峻法”，“大兴土木”，搞得西凉“人力凋残，百姓愁悴”，仅维持三年即为北凉所灭。李歆生子李重耳，李重耳生子李熙，李熙生子李天锡，李天锡生子李虎，李虎生子李昞。李渊正是李昞的儿子。

李渊后来能登上皇帝宝座，其实最应该感谢的人是他的爷爷李虎。因为，正是这位李虎为老李家的雄起打下了坚实的基础。老李家世代行伍，是关陇地区的军事贵族——只是小贵族。然而，这种情况在李虎这一代发生了变化。李虎参与了好友兼领导宇文泰的政治投机。结果，宇文泰的事业像滚雪球一样越做越大，李虎沾了光，也是水涨船高，不断升迁。公元 550 年，西魏皇帝颁布诏书，将“柱国大将军”这一光荣称号授予八名高级军事将领，时人称为“八柱国家”。李虎正是其中的一根大柱子。北周建立的时候，李虎已经去世六年了，但他仍然被宇文氏列为开国第一功臣，赐姓大野氏，追封唐国公。李唐的国号就是来源于李虎。

有这么牛掰的父亲，李昞顺理成章地成为北周的骠骑大将军。后来，他和一个名叫普六茹那罗延的年轻人都娶了八根大柱子之一的独孤信的女儿做老婆。再后来，他协助连襟普六茹那罗延发动政变，夺取了北周的国家政权。再再后来，普六茹那罗延登基称帝，改国号为隋，并且恢复了自己的汉族姓名——杨坚。杨坚投桃报李，册封连襟李昞为唐国公。

李昞育有四子一女，长子李澄、次子李湛、三子李洪全都早死，只留下老四李渊和女儿同安公主。小玉一直怀疑，李渊这厮命太硬，克人。他有三个哥哥，按说唐国公的封号怎么也不会轮到他的身上，但是，三个哥哥竟然全都英年早逝了。紧接着，在七岁那年，老爹李昞也死了，小屁孩儿李渊便承袭了唐国公的爵位。真是邪乎了！

讲到这里，大家也该明白了吧，李渊是文帝和独孤皇后的亲外甥，他和阿广是亲亲的姨表兄弟。

有这么牛掰的裙带关系，李渊的仕途之顺可想而知。开皇元年（公元581年），年仅26岁的李渊即被授予千牛备身的职务。啥是千牛备身呢？小玉曾在《血色玄武门》中说过，千牛备身就是皇帝卫队的卫队长。

紧接着，李渊被下放外地锻炼，先后干过谯、陇、岐三州的刺史（相当于市长）。隋炀帝大业初年（公元605年），李渊百尺竿头更进一步，在荥阳、楼烦两郡干了一段时间的太守（相当于今日的省长）后，便迅速进入中央，担任殿内少监。八年后，李渊已经是正三品的卫尉少卿了。

现在，要对付元弘嗣了，阿广就搬出了表哥李渊。他派李渊到弘化传旨，将元弘嗣就地关押，并接任留守一职，节制关西十三郡的军队。李渊性格比较好，为人“倜傥豁达，任性真率，宽仁容众”，所以他到任后，“无贵贱咸得其欢心”。

很快，这个消息就传到了阿广的耳中。隋炀帝这个人就见不得别人比他强，听了之后是醋意翻滚。猛然间，他意识到了一个问题，表哥也姓李啊，莫非他就是预言之子？联想到表哥长了三个乳头的怪事（史载李渊“体有三乳”），阿广的怀疑之心就越来越重了

阿广后悔了，便派人去召李渊来高阳谒见。可巧，李渊当时偶感风寒，

正卧病在床呢。他也没多想，以为表弟要请他去喝酒呢，便以身体不适为由，婉拒了阿广。阿广还以为李渊做贼心虚，疑心更重了。

李渊妹妹同安公主的女儿王氏是阿广的小老婆。一天，阿广在行宫中溜达的时候，无意中碰到了王氏，便问道："你舅舅怎么不来啊？"

王氏如实回答说："我舅舅生病了。"

阿广听了，气就不打一处来，吹胡子瞪眼睛地说了一句相当真诚的话："他能死吗？"

当然了，重要的不是事件本身，而是这件事儿后李渊的反应。听说皇帝龙颜大怒后，李渊十分恐惧，他明白自己已经引起了隋炀帝的不满和猜忌。如果换做一般人，可能早已经吓得手足无措了，而后便是绞尽脑汁、想尽办法地要解释、要弥补。李渊的不同凡响之处在此时得到了最大程度的体现。

史书是这么曰的："高祖闻之益惧，因纵酒沉湎，纳贿以混其迹焉。"什么意思呢？就是说李渊听了之后十分害怕，不过他却并没有解释辩白，而是终日纵情声色，饮酒作乐，并且收起了黑金。关键是这个"混"字，相当有内涵。中国文字的博大精深之处就在于：有时候，一个简简单单的字背后却隐藏着无数引人深思的韵味。

李渊之所以沉迷于声色犬马，醉心于收受贿赂，并非本性使然，而是为了作秀给隋炀帝看：表弟你可瞧好了，表哥我是一个生活奢侈、贪污腐化、没有什么进取心的人，我这样一个胸无大志的人对皇帝陛下您能有什么威胁呢？

他的装蒜也确实收到了效果。阿广觉得，他的这个表哥不可能是那个预言之子，就把疑心收了起来。

9. 这货是个逛鬼

腊尽春回，转眼已是大业十年（公元 614 年）。

群臣百官在极度的忐忑当中熬过了正月初二（前两份东征诏书都是在这一天发布的），一个个喜笑颜开，好啊，陛下不会去征讨高句丽了。但是，他们错了。二月初三，阿广召集群臣开会，爱卿们呐，你们大家伙儿都说说，咱们这次该怎么征讨高句丽？

此话一出，群臣当时就被雷倒一片，呀，还来？不过，虽然怨言满腹，但大家伙儿谁都不敢说出来。于是，这一次百官超有默契地行使了集体沉默权。这种无声的抗议一直延续了十七天。最后，阿广坐不住了，啥意思，不同意是吧，朕告诉你们，反对无效！二十日，阿广再次下敕，征发全国军队，分百路并进，三打高句丽。

在路上，阿广才发现反战情绪已经由民间扩展到军队当中了。这一路走来，士兵擅自逃离军队的事件天天都在发生，搞得军心大动，士气不振。三月二十五日，车驾到达临渝宫后，阿广临时拍板儿，要在这个地方整顿一下军队。

他先是在野外举行了隆重的祭祀黄帝仪式，给全军将士讲了一通“我们都是炎黄子孙”、“大汉民族勤劳、善良、勇敢”、“团结就是力量”之类的理论。随后，阿广当场命人斩杀了数名被抓回的逃兵。有理论说教，还有反面警示，政治工作搞得很好很强大，但效果却很一般。杀鸡给猴看，岂料猴根本就不怕，逃亡现象依然不止。

逃亡的负面效应终于在七月的时候显现出来。十七日，隋炀帝驾临东征大本营怀远镇。根据事先拟定的计划，这个时候全军都应该集结完毕了。可现实是，有相当数量的隋军仍未到达。这下，阿广的头都大了，咦，这可咋整啊？

好在来护儿比较争气，毕奢城一战，隋军大败高句丽军。隋军士气复振，正准备直取平壤呢，七月二十八日，高句丽那边来人了。来使向隋炀帝递上降表，请求归顺朝廷。一切都发生得这么突然。这是怎么一回事儿呢？

原来啊，阿广过分执着的举动把高元给搞烦了。马克思说得好，经济基础决定上层建筑。打仗这事儿，最终还是得落到综合国力上去。像隋朝这样的大国、富国、强国都受不了连年的战争，更何况是高句丽这样的小国、穷国、弱国呢？再这么下去，高句丽就算不被打败，迟早也得被拖死。高元仔细斟酌了一番，还是决定向隋炀帝低头。

高元的服软让隋炀帝十分受用。好了，目的已经达到，还打个啥啊，撤吧。八月四日，阿广从怀远镇班师回朝。走到邯郸的时候，发生了一段小插曲，差点儿没把他给气死。当地义军领袖杨公卿竟然在光天化日之下公然对堂堂大隋天子实施抢劫，并成功抢走了四十二匹御马。

十月二十五日，阿广终于回到了西京大兴。随后，他下敕召高句丽国王高元入朝觐见。高元降隋本就是权宜之计，你说他会来吗？阿广傻了，这时才明白，着了高元的道了。暴怒不已的阿广下令将帅们准备行装，择日四讨高句丽。

但这个时候，天下已经大乱了，起义的烽火由山东、河北扩展到全国各地。唐弼占据扶风，张大虎占据榆林，刘迦论占据延安，刘苗王占据离石，王德仁占据汲郡，彭孝才占据东海，左孝友占据齐郡，卢明月占据涿郡，各拥众十数万，横行一方。隋朝地方政府遭到涤荡，中央的政令已经难以畅通了，阿广心有余但力不足，第四次东征计划只得流产。

隋炀帝这个人和作家路遥《平凡的世界》中的王满银有得一拼，是个典型的逛鬼，让他在一个地方待住，除非太阳打西边出来。十二月初九，他又跑到了东都洛阳。勉强待了八个月后，他又想去塞上溜达溜达了。

10. 李世民的处子秀

大业十一年（公元615年）八月初五，隋炀帝从洛阳启程，巡游北塞。消息一经传出，立刻引起了一个人的高度重视，此人便是突厥的一哥始毕可汗，启民可汗的长子。

自启民时代起，突厥与大隋一直保持着友好的双边关系。始毕可汗即位之初，依旧奉行对隋友好政策。但是，有一个隋朝大臣，接连做了两件事情，把始毕可汗给惹毛了。此人名叫裴矩，表字弘大，河东闻喜（今山西闻喜东北）人氏。他的官职偶就不提了，大家只要记住一点：此人是隋朝专门研究制定对突厥政策的大臣。

裴矩发现，在始毕可汗的带领下，突厥正日益走向强盛。作为一个有责任心的大臣，他绝不能容忍突厥的实力膨胀至威胁大隋安全的程度。于是，他给隋炀帝出了个点子，建议将宗室女嫁给始毕可汗的四弟叱吉设（突厥称掌兵官为设），并且封叱吉设为南面可汗。

依着裴矩的想法，在大隋金钱和美女的双重诱惑之下，叱吉设一定会接受南面可汗的封号。一山难容二虎，届时，他和大哥始毕可汗之间将不可避免地爆发内战。这样，大隋就可以坐山观虎斗，尽享渔人之利了。

隋炀帝也不糊涂，对裴矩的建议深以为然，于是就安排他全权负责此事。但裴矩做梦都没有想到，叱吉设不仅拒绝了大隋朝的“美意”，反而将这件事情报告给了大哥始毕可汗。始毕可汗听了，脸当时就黑了。但是，此时突厥的实力尚不足以与大隋抗衡。于是，始毕可汗就强把这口鸟气咽了下去。

他倒是消停了，但裴矩却不肯罢休，又策划了一个行动。始毕可汗麾下有一谋臣，名叫史蜀胡悉。此人善于谋略，经常给大隋添堵。裴矩假意要和他做买卖，约他到马邑（今山西朔县）交易。史蜀胡悉一听说有钱赚，乐坏了，屁颠儿屁颠儿地赶到马邑。结果，钱没赚到，反而把脑袋丢了。

事后，裴矩派人将史蜀胡悉的脑袋送了回去，并且忽悠始毕可汗说："大汗，您可得好好整顿整顿内部了。这个史蜀胡悉居然背叛您来投降，我已经替您把他处死了。您不用谢，咱们都是邻居，这点儿小事儿是应该的。"

始毕可汗以断绝两国邦交的行动回应了裴矩的"善意"。从此以后，始毕可汗天天都琢磨着怎么黑隋炀帝一把。可是，阿广远在内地，他终究是鞭长莫及，只能望南兴叹。可巧这一次隋炀帝要北巡了，始毕可汗接到情报之后，乐屁了，咱突厥人啊今晚上真呀真高兴。

八月初八，始毕可汗召集亲信开会，策划袭击隋炀帝。他可能是过于兴奋了，以至于忽略了一个人。这个人是隋朝的和亲公主——义成公主。义成公主有两个身份：第一个身份，启民可汗的小老婆，始毕可汗的后娘；第二个身份，始毕可汗的可敦，也就是老婆。突厥人延续了草原民族的古老风俗：父亲死了，儿子可以迎娶后母。

始毕可汗正陶醉在生擒阿广的美好畅想之中，完全忘记了他老婆骨子里仍是一个隋朝人的事实。义成公主听说老公要袭击表哥隋炀帝，急坏了，赶紧偷偷派人将这一消息告诉了隋炀帝。

隋炀帝接讯大惊，哪还顾得上欣赏什么北国风光，下令前军加速前进，于十二日进入雁门郡郡治雁门城。他的二儿子齐王杨暕则率领后军进驻了崞县。入城以后，阿广以为他终于可以松一口气了。

岂料，始毕可汗的行动非常之快。第二天一大早，他便率领十万突厥骑兵包围了雁门城。阿广一夜之间就变成了瓮中之鳖。始毕可汗朝思暮想，就想着喝王八汤，命令士兵猛攻雁门。

这下，阿广可傻了眼了。城外有十万突厥精骑，而全城军民加起来还不到十五万人，粮食仅够供应二十天的。没过几天，突厥大军就攻下了雁门郡四十一座城池中的三十九座，阿广和杨暕被分割包围在雁门和崞县。阿广吓得要死，抱着三儿子赵王杨杲整天抹眼泪，眼睛哭得跟泡泡糖似的。

二十四日，隋炀帝下敕，招募天下义士，共襄国难，勤王救驾。此敕一出，全国各地的官吏立刻行动起来。

话说这日，屯门将军云定兴正在苦思冥想营救皇帝的办法，突然有卫兵来报告，说是营门外有个少年要求投军。国难当头，正是用人之际，云定兴赶忙命人引人。

少顷，来了一个器宇轩昂的少年。云定兴就问他：“你姓甚名谁？”

少年微微一笑，说道：“我爸是李渊，在下李世民。”

陕西武功，坐落在渭水北岸。这座城市虽然不算大，但却是渭河平原上农牧业发达的富饶之乡。大隋开皇十八年十二月戊午日，也就是公元599年1月23日，李渊的二儿子就诞生在武功的一座别馆内。当时，老李刚刚卸任谯州刺史，正在赶往岐州上任的途中，武功别馆正是李渊一家的中途落脚之所。

据史书记载，生李二的那天，发生了神奇的超自然现象：不知从什么地方冒出两条顽皮的龙，在武功别馆外打闹嬉戏个不停，整整折腾了三天，才意犹未尽地离去。（据小玉之见，此事纯属扯淡。）

李二四岁那一年，突然有个书生要求见李渊。书生说了，他擅长看相，要给李渊看一看。李渊欣然接受。这个书生对李渊是左看，右看，上看，下看，最后得出一个结论：原来这个男人他不简单。该书生倒吸了一口冷气，失声叫道：“哎呀，你可是贵人之相啊！不止如此，您的儿子也是贵不可言啊！”

不一会儿，活尿泥的李二被牵了进来。这个书生猛地一瞅，惊出一脑门子汗，再仔细一瞅，惊出一身冷汗：“呜呼呀，这个娃娃不简单，别看他现在玩尿泥，长大后可了不得啊，有龙凤之姿，天日之表，不到二十岁，他就可以济世安民了！”

李渊慌了：“嘟，打住，太大逆不道了，现在是太平盛世，老百姓安居乐业，济的什么世，安的哪般民？”于是，他赶紧给了书生一点儿钱，将其打发走了。书生走后，李渊是越想越怕，担心书生将刚才的那番话外泄，引来杀身之祸。想到此处，他便派人去追杀那个书生。但是，神奇的事情又出现了，那个书生居然“忽失所在”。事后，李渊想想，这或许是冥冥中的天意吧，于是就以书生所说的“济世安民”，给李二取名为世民。

这个李二从小就古灵精怪，滑头滑脑的，而且他主意特别正，别人根本就不知道他在想什么。依当时的教育标准来看，这厮算不得什么好孩子，调皮捣蛋，不爱学习。这一点，李世民自己都承认：“朕少不学问，唯好弓马。”

兴趣是孩子最好的老师。十来岁的时候，李世民已经阅尽了古今兵法，而且还揣摩出一套具有李世民特色的用兵之道。他整日里东游西荡，到处结交朋友，轻财仗义，有侠士之风。

这不，听说皇帝表叔被围困在雁门，李世民便跑到云定兴这里来投军了。云定兴见他是个小毛孩子，心中便有几分轻视，但仔细一打听，才知他是李渊的儿子，马上变了脸，将他接纳下来。李世民年轻气盛，没眼力见儿，非要给云定兴出谋划策。云定兴无奈，只得硬着头皮听着。

李世民侃侃而谈："始毕可汗之所以敢这么做，是料定咱们仓促之下无力救援陛下。依我之见，咱们应该玩儿疑兵之计。白天的时候，咱们广设旌旗，连绵数十里不绝；夜晚的时候，咱们就不停地鸣金敲鼓。这样，始毕可汗那个老东西一定以为有大批援军赶来，必定会望风而逃。"

云定兴的眉头渐渐舒展开来，听的是心花怒放，眉飞色舞，拍案连声叫好，当即依言实行。始毕可汗果然中计，真以为大批隋军赶来救援，当时就慌了神。同时，义成公主及时放出了一条假消息：北部边境告急。始毕可汗担心两头受敌，便于九月十五日率军撤退了。雁门之围至此解除。经此一事，阿广已成惊弓之鸟，于十月初三仓皇奔回洛阳。

让你丫的再瞎逛！

11. 混血胡儿王世充

指望隋炀帝浪子回头，无异于让老母猪学会爬树。

洛阳虽好，但毕竟是北方，风光远不如江都那般旖旎秀丽。这不，阿广又把持不住了，动起了三下江都的念头。但是，下江都所用的龙船早就被杨玄感付之一炬了。于是，阿广就给江都方面下了一道敕书，让他们再造一批龙船。江都官员不敢怠慢，加班加点赶制龙船。大业十二年（公元616年）七月，龙船完工，送到洛阳。阿广一见，喜上眉梢，乖乖，这批新龙船规模比原来的还要大，装修比原来的还要豪华。

隋炀帝还没咋地呢，宇文述倒坐不住了，上蹿下跳地劝阿广赶快南下江都。其实，宇文述本人并不是个驴友，对旅游不感冒，他之所以要这么做，无非是想借机讨好隋炀帝。果然，阿广十分高兴，下令即日起程。

正要出发的时候，右候卫大将军赵才站了出来，坚决反对："如今百姓疲惫劳苦，国库空竭，盗贼蜂起，禁令不行，希望陛下返回京师，安抚天下百姓。"

阿广很生气，你爷爷个腿儿，局势哪有你说得那么危险，个别小毛贼不自量力，迟早会被消灭，现在最大的事儿就是朕要旅游。他将赵才下入大牢，关了十几天。但建节尉任宗就没有赵才的好运气了，他也坚决反对隋炀帝南下江都，结果当场就被乱棍活活打死了。

七月初十是驴友隋炀帝再下江都的好日子。临行之前，阿广命令二孙子越王杨侗与光禄大夫段达、太府卿元文都、右武卫将军皇甫无逸、右司郎卢楚等人共同负责留守东都之事。奉信郎崔民象不甘心，专门跑到建国门封堵阿广。阿广勃然大怒，先让人摘掉了他的下巴，继而又将他处死。

干掉崔民象之后，阿广吟咏着“我梦江都好，征辽亦偶然”的诗句，踏上了南下的龙船。阿广以为，再也没有人敢站出来反对他南下江都了，但他错了。船队到达汜水后，奉信郎王爱仁终于忍受不住了，他上表请求隋炀帝返回大兴。隋炀帝暴跳如雷，又弄死了王爱仁。

连番的劝谏终于在梁郡达到了最高潮。这一次，站出来的不是官员，而是一个平头老百姓。这个勇敢的无名氏说得很直接：“陛下若是一定要巡游江都，天下就将不是陛下的了！”隋炀帝很干脆地命人将他就地正法。从此以后，再也没人站出来反对了。

七月底，隋炀帝终于到达了梦寐以求的江都。他很高兴，但此时的他并不知道，他再也回不了大兴了，连洛阳都回不去了。

隋炀帝到江都后，所做的第一件事情就是接受江、淮各郡官员的谒见。这件事本无可厚非，但是当阿广张口就问官员进献了多少礼品的时候，问题就变质了。更为出格的是，隋炀帝竟然把送礼的多少作为调整官吏的主要依据，“丰则超迁丞守，薄则率从停解”，送的多就加官晋爵，送的少就地免职。皇帝都带头这么干了，国家不亡那才真是邪门儿了呢！仅此一点，就可以得出：大隋不亡，天理难容。

一众送礼的江都地方官员中，最大的赢家是江都郡丞王世充，因为进献了一个铜镜屏风和一批江淮美女，由郡丞直接升为通守。

王世充？

没错，就是评书演义中那个大名鼎鼎的王世充！

在任何一部关于隋末唐初历史的文学作品和影视剧当中，王世充都被想当然地塑造成一个黑头发、黄皮肤、黑眼睛的汉人。现在，小玉告诉大家一个石破天惊的消息：王世充根本就不是汉人，他是胡汉混血儿。真实的王世充应该是这么一副模样：身材高大健硕，体毛旺盛，皮肤白皙，亚麻色的头发，深褐色的瞳仁，坚挺的鹰钩鼻，棱角分明的嘴巴周围满是浓密的胡子。

另外，王世充原来也不姓王，他本姓支。王世充的父亲本名支收。支收的父亲早亡，风韵犹存的支母只好带着年幼的他，改嫁给霸城的汉族豪强王粲。寄人篱下的支收只得随了王家的姓。后来，王收娶了一个汉族媳妇，生了六个儿子，其中的老五就是王世充。

王世充为人勤奋好学，儒法兼修，喜欢研读史书，尤其痴迷兵法和占卜。长大后，王世充考取了国家公务员。他还真是块儿当官的料儿，仕途十分顺利。到了隋炀帝大业六年的时候，他已经是江都郡的郡丞了。

江都郡郡丞这个职位基本上就相当于今天的上海市市长，在当时可是个大大的美差：一来，江都地区风光旖旎，经济发达，在这样的地方当官，又风光又有油水；二来，皇帝陛下经常驾临江都，如果把他老人家伺候好了，那仕途可就真是不可限量了。

王世充就是这么干的。隋炀帝曾先后两次驾临江都（算上这一次是三次了），他荒淫无度、奢侈享乐的形象深深地镌刻在了王世充的脑海里。善于察言观色的王世充马上就涌起了一种强烈的感觉：人生的转机又一次来临了，能不能百尺竿头更进一步，就要看自己能否赢得皇帝陛下的心了。

打这以后，王世充便用心揣摩阿广的心思，阿谀奉承，投其所好。隋炀帝爱讲排场，他就为阿广盛修宫室台阁，不惜工本，极尽奢华；隋炀帝喜欢珍宝和美女，他就不辞辛劳地从全国各地搜罗宝物和美女……说实话，这样的人，不论在哪个时代，不论在什么社会，都是非常吃得开的。

果不其然，阿广十分受用，对王世充宠爱有加，还让他兼任了江都宫的宫监。但隋炀帝也不是笨蛋，此时的王世充在他的眼中，充其量只是一个弄臣，还算不上是股肱之臣。

质的变化固然需要量的积累，但更需要机遇。机遇说到就到，大业九年七八月间，江南人刘元进、管崇、朱燮分别聚众起义，响应杨玄感。十月，三股势力合流，公推刘元进为天子，正式建立起了反隋政权。隋炀帝先后调动多路人马征讨，但全都功败垂成。派谁去合适呢，阿广扒拉扒拉身边的人，想来想去，也只能让小王去试一试了。

王世充从阿广那儿讨了一道敕书，招募了数万淮南兵。然后，十一月他就带着这支新的军队在群臣质疑的目光中走上了前线。一个月后，刘元进义军被彻底消灭。

当前线的捷报传来时，满朝文武发现，他们应该重新看待王世充这个人了。王世充再接再厉，又于大业十年十二月成功瓦解了长白山孟让义军十多万人马对江都的进攻。这不，隋炀帝到江都后不久，他又击溃了河间郡起义军十余万人，并成功击毙义军领袖格谦。

在每次的捷报当中，王世充都会把获胜的功劳完全（请注意这个程度副词）归于自己的部下。缴获的物资大部分送给同僚（你们懂的），其余的则分给了士兵，他本人分毫不取。士兵们很高兴，大臣们很高兴，当然了，最高兴的还是隋炀帝，事实证明，自己果然是英明神武，居然发现了一颗明日之星。

12. 是曙光？还是夕阳？

除了王世充，隋炀帝又发现了一颗明日之星，这个人就是李渊。

早在去年的四月，隋炀帝就任命表哥李渊为山西、河东抚慰大使。山河大使的权力非常之大，最主要的有两项：第一，有权决定山河境内各郡县所有文武官员的升迁贬退；第二，有权征发山河境内所有军队，以讨伐反贼。李渊刚一上任，就给皇帝表弟送上了一份大礼：在龙门大败毋端儿率领的起义军。紧接着，他又于十二月底成功地消灭了绛郡的敬盘陀义军。

隋炀帝非常满意，抵达江都后不久，即于十二月下敕，擢升李渊为北疆军事重镇——太原（今山西太原）的留守，兼晋阳宫宫监。李渊就此迎来了一生中最为重要的转折点。

原因有二：首先，太原是帝国北疆的重要藩篱，与附近的马邑互成掎角之势，是遏制突厥的两个重要据点，所以，隋朝在建造和经营太原上真正做到了不遗余力、不惜工本，太原的城墙建得又高又大，护城河挖得又深又宽，守卫太原的是帝国正规军中的精锐，粮草更是充足得不得了；其次，太原建有晋阳宫，是隋炀帝在北方的行宫，所以，太原的实际政治地位相当于帝国陪都，具有极强的政治号召力。以上这两条为后来李渊的起兵奠定了坚实的人力、物力、财力和政治基础。

隋炀帝之所以要把李渊安置在太原，是为了消除一近一远两个祸患。

“一近”是指活动于太原附近的甄翟儿义军。大业十一年二月，上谷人王须拔和魏刀儿聚众起兵，很快就发展到十余万人。主帅王须拔自称漫天王，副帅魏刀儿自称历山飞，称霸一方。十二年四月，历山飞魏刀儿派部将甄翟儿率众十万人攻打太原。甄翟儿虽然没有攻破太原，却就地打起了游击，严重威胁着太原的安全。

“一远”则是指北方草原上虎视眈眈的突厥。突厥对大隋的不臣之心早已有之，早在大业九年，他们便偷偷地支持灵武地区的白瑜娑起义军。十一年，他们开始支持支持漫天王王须拔和历山飞魏刀儿。雁门之围以后，始毕可汗干脆公开了自己的反隋立场，谁反对隋朝，他就支持谁。与此同时，突厥大军开始公然入侵隋境。

所以，隋炀帝把李渊安置在晋阳，就是为了让他对付甄翟儿和始毕可汗。李渊刚到任便卖力地干起活儿来。不到一个月的时间，他就消灭了甄翟儿起义军，并先后多次瓦解突厥人的进攻，给隋炀帝送上了两份满意的新年礼物。

一个王世充，一个李渊，一个是亲信，一个是亲戚，隋炀帝对他们的信任和器重之情溢于言表，他觉得，有这两人的辅弼，大隋朝的江山一定会千秋万岁地传下去。可惜啊，他没有未卜先知的本领，否则的话，他一定会把这两个人干掉。没错，这两个人都是明日之星，但很可惜，不是他的。后来发生的事实证明，正是这两个人使他的大隋朝最终变成了一个历史符号。

大业十三年的第一缕阳光即将降临，隋炀帝以为自己看到的是希望的曙光，殊不知，那是他和他的帝国所能看到的最后一抹夕阳……

第二章

帝王之路

【本章提要】：大业十三年是隋末乱世的最高潮。正月，杜伏威、辅公祏起义军占据历阳；窦建德称长乐王；鲁郡人徐圆朗占据东平起兵。二月，朔方鹰扬郎将梁师都起兵；马邑鹰扬府校尉刘武周造反；瓦岗寨义军领袖李密自号魏公，建立反隋割据政权。四月，金城府校尉薛举起兵。七月，武威鹰扬府司马李轨起兵。十月，罗川县县令萧铣起兵。但本年度最重要的事情则是李渊父子晋阳起兵。从七月发兵西进，到十一月攻破隋都大兴，李渊仅用了不到半年的时间便成就了大业。翌年三月，隋炀帝被宇文化及、司马德戡叛军杀于江都。五月，李渊称帝建唐。十一月，李世民成功消灭了盘踞在甘肃西部地区的薛举、薛仁杲势力，迈出了大唐统一大业的第一步。

1. 昔日阶下囚，今日大哥大。

局势失控之快，让隋炀帝瞠目结舌。

一连串的反隋斗争终于在大业十三年（公元617年）达到了最高潮。

仅正月，就传来三份警报：初一，杜伏威、辅公祏起义军击败江都隋军陈棱部，破高邮，占历阳，横行江淮；初五，河北义军领袖窦建德在河间乐寿县称长乐王；紧接着，鲁郡人徐圆朗也占据东平起兵。

一月糟糕，二月更糟糕，总的来说，二月似乎称为“杨玄感月”更为合适。因为在这个月，许多帝国官吏都加入到了反隋大军的队伍当中。初一，朔方鹰扬郎将梁师都杀死郡丞唐世宗，起兵反隋。初八，马邑鹰扬府校尉刘武周杀太守王仁恭，聚众造反。不过，这个月的关键词既不是梁师都，也不是刘武周，而是李密。

话说李密自邯郸逃脱以后，先后去投靠平原的郝孝德和长白山的王薄，但却接连碰壁。有那么一段时间，他一度沦落到以树皮充饥的悲惨地步。后来，李密跑到淮阳乡下隐居起来，化名刘智远，聚徒教授，聊以度日。

但李密毕竟不是那种甘于平淡的人，他的血管里始终流淌着寻求冒险、追求刺激的血液，这是骨子里带出来的东西，谁都无法改变，包括他自己。就这么过了几个月，李密受不了，成天长吁短叹，顾影自怜，慨叹天妒英才。在郁郁寡欢的极度苦闷之中，他写下了一首五言诗，借以抒发自己未酬壮志、虚度年华的痛苦和失落。

“秦俗犹未平，汉道将何冀？樊哙市井徒，萧何刀笔吏。一朝时运会，千古传名谥。寄言世上雄，虚生真可愧！”这首诗借古抒怀，虽然格调悲愤，但大气磅礴，任何看过的人都会觉得诗作者其志不小。没过多久，这首诗竟然由偏僻的小山村传到了太守大人的耳中。太守一听急了，哎哟喂，这分明是首反诗嘛，赶紧给我把这个大逆不道之徒抓来。

李密的警觉性倒是蛮高的，一听有风吹草动，立马啪啪地撩了。他又去投奔自己的妹夫——雍丘（今河南杞县）县令丘君明。丘君明是朝廷命官，怎敢私自窝藏钦犯，便把李密安置在好友王季才（一说王秀才）家中。王季才是一个侠肝义胆之士，不仅欣然接纳，而且还把女儿许配给李密为妻。

岳丈的器重和新妻的呵护渐渐温暖了李密那颗冰冻已久的心，他忽然觉得，就这么生活下去也未尝不可。但枭雄的人生注定是不平凡的，上天执意要让他走上另一条道路。丘君明的堂侄丘怀义是个游手好闲的古惑仔，整天山吃海喝，到处敛财。时间一长，他就了解到李密的真实身份了。

为了获取赏金，丘怀义向政府告发了李密。当地政府立刻调兵遣将，包围了王季才家。也是李密命大，当时刚好不在家中，这才躲过了这一劫。但王季才和李王氏就没那么幸运了，全部被捕。不久之后，王、丘两家几十口人全被处死。

李密悲愤交加，再次踏上漫漫的流亡之路。一次次的挫折终于使他认识到：他与隋朝势同水火，隋朝一天不灭，他就一天别想过好日子。所以，他必须要推翻隋朝。

希望在哪里？

希望在这里……

在今天河南省安阳市滑县最南部紧挨新乡的地方，有一片方圆百里的土地。这片土地坐落在黄河岸边，所以水气十分充沛，草木丛生。从军事学的角度来讲，此地进可攻，退可守，实在是逃难避祸、落草为盗的不二之选！

所以，大业七年，东郡韦城（今河南滑县东南）人翟让犯事儿之后，就带着一帮兄弟跑到这里落了草。他们搭建了一个简单的寨子。不过，这时的翟让怎么都不会想到，眼前的这个避难所竟会在不久的将来成为名满江湖的天下第一寨。

翟让是一个平凡到有些平庸的人，有肉吃，有酒喝，有妞泡，有钱花，他就已经很满足了。在他的字典里，是找不到“逐鹿中原”、“雄霸天下”这样的词汇的。所以，发轫之初的瓦岗寨其实就是一土匪窝，专门批量生产车匪路霸。由于靠近荥阳（今河南荥阳）、梁郡（今河南商丘南）等富庶地区，瓦岗寨日入斗金，资本原始积累的速度非常之快。有钱就不缺人，瓦岗寨的人马很快就发展到一万多人。

钱有了，人有了，规模也上去了，下一步就该整合资源，实现跨越式发展了。可是，很遗憾地说，翟让缺乏高瞻远瞩的战略眼光以及支撑这种眼光所必需的能力和魄力。是的，尽管他已经有了刀枪，有了地盘，有了资本，可他偏偏缺了一种至关重要的东西，那就是问鼎天下的志向。没有这个东东，就不可能实现资源整合，也不可能进行产业升级，更不可能成为行业的龙头老大。

翟让没有，但李密有啊！李密一眼就看中了瓦岗寨，他向翟让递交了入寨申请书。翟让毕竟是公务员出生，要比郝孝德、王薄知书达理一些，便接纳了李密。就这样，李密又一次实现了人生的不华丽转身，说得好听点儿，就是由朝廷钦犯变成了啸聚山林的好汉，说难听点儿，就是一个贼。

和翟让不同，李密可是一个胸怀远大抱负的人，吃饱喝足混日子这根本就不是他想要的生活，他以时不我待、只争朝夕的精神迅速投入到反隋伟业当中。信任初步建立，李密便迫不及待地向翟让推销自己消灭隋朝的价值观：当今正是刘邦、项羽那样的枭雄们奋起的良机。以翟公您的雄才大略（戴高帽），以瓦岗寨的精兵良将，我们足可以席卷东西二京，诛灭暴君，覆亡隋朝啊！

翟让听得目瞪口呆，这样一个肩不能扛、手不能提的书生居然有着改朝换代、吞食天地的野心？他凭什么？是不是有点儿不自量力了呢？就凭我们这些人，真的能推翻一个王朝吗？这简直太荒谬了！良久，他悠悠地对李密说："我们只是一群强盗而已，每天都在草丛里过着苟且偷生的日子。你说的那些不是我们这些人所能想到的。"言下之意，想都不敢想，更别提干了。

钉子！软钉子！放弃吗？绝不！瓦岗寨是附近各路人马中实力最为强大的，行不行都是它了。有条件，要上；没有条件，创造条件，也要上！李密决心推动翟让向着自己期待的方向转变，他看中了翟让的军师贾雄……

这天，翟让召见贾雄，询问他应否采纳李密的建议。贾雄的回答既简洁又迅速："吉不可言。"紧接着，他话锋一转："不过，如果您自立为王，恐怕未必能够成功。但如果拥立李密为王，事情就一定能够成功。"

翟让一听，心里老大不情愿了，凭啥把我的交椅让给他，他不以为然地反问道："照你这么说，蒲山公（对李密的尊称）大可自立为王，又何必来追随我呢？"

贾雄神秘兮兮地说："世间之事都是相互联系的。李密之所以要来投奔你，是因为将军你姓翟，翟是泽的意思，蒲草非泽不生。So，he need you."

翟让是个土包子，平时就迷信阴阳风水，听了贾雄的话，竟然频频点头，深信不疑。从此以后，他与李密"情好日笃"。

蒲草非泽不生，这是自然的法则。但是，李密真得离不开翟让吗？

有了贾雄的铺垫，李密再次劝说翟让争夺天下。这一回，翟让听了。自此以后，瓦岗军频频出击，荥阳郡各县相继落入瓦岗军的手中。阿广一看打不死的小强李密居然东山再起了，大为恼火，便于大业十二年十月调荥阳通守张须陀围剿瓦岗军。

关于张须陀此人，大家记住一点就好了，这是个猛人。自参与镇压反贼以来，张须陀先后与王薄、孙宣雅、石秖阇、郝孝德、裴长才、郭方预、左孝友、卢明月等起义军交过手，结果就两字儿：完胜。二十七日，猛人张须陀在大海寺和李密干了一仗，结果很惨，百分百的胜率被瞬间归零，死了。一时间，天下震惊。

在跟着李密从一个胜利走向另一个胜利之后，翟让日渐觉得，对于李密而言，没有什么是办不到的。大海寺战役结束后不久，翟让即主动提出，李密可以建立自己的营署，单独统帅一拨人马，就叫蒲山公营。此提议正中李密下怀，蒲山公营就此挂牌成立。

为啥说大业十三年二月份的关键词是李密呢？因为在这个月，李密干两件大事儿：

第一件，率军一举攻占了天下第一大粮仓——洛口仓（今河南省巩义市东)，散粮救民。

大运河完工后，隋王朝在沿线的一些重要地段设置了不少粮仓，以方便中转漕粮。在配套的众多粮仓当中，规模最大的有两个：一个是位于东都洛阳城北七里处的回洛仓，此仓实际上就是洛阳的专用粮库；另一个就是位于洛河与黄河接口边上的洛口仓，二十多里的范围内，“穿三千窖，每窖容八千石”，“置监官并镇兵千人守卫”，全仓储米约有二千四百万石，规模最为庞大。

时人将洛口仓称为“天下第一仓”，一方面是因为洛口仓的规模最大，另一方面则是由于洛口仓的战略地位最高。洛口仓是大运河上最重要的物流中心，南方运来的漕米，绝大部分都储存在这里，由此向西则可转运至洛阳、长安；而用兵东北时，又可以由此仓运粮渡过黄河，继而经永济渠运往东北。

二月初九，李密、翟让突然率七千人马攻占了这个“天下第一仓”。瓦岗军打开粮仓，听任百姓取粮，想拿多少就拿多少。附近的老百姓听说这个消息之后，简直都不敢相信自己的耳朵，他们扶老携幼，或牵着牲畜，或推着小车，浩浩荡荡地赶来领粮。消息传来，东都朝野震惊。

第二件，在翟让的拥戴之下，李密当上了瓦岗军的最高领导人，自号魏公，建元永平，正式建立起反隋的割据政权。

十一日，李密一举击溃了东都方面派来收复洛口仓的虎贲郎将刘长恭所部两万五千人马。战后，翟让想起了当年贾雄对他说的那番话，便主动提出将主公之位让给李密，并且要给李密上尊号为魏公。

李密听了，心中狂喜，但表面上却一再推脱。如是三次，李密才“无可奈何”地接受了翟让的意见。十九日，李密于洛口正式即魏公位，并改元永平，大赦天下。

打下了天下第一大粮仓，又建起了独立政权，有了这两条，魏公李密的国内影响力迅速飙升。赵魏以南、江淮以北的各路势力莫不群起响应，前来归降的人络绎不绝，如流水一般。李密的部众在很短的时间内便增长至几十万人。河南的绝大多数郡县都为瓦岗军所有。

至此，瓦岗寨已经成长为天下各路反隋势力当中实力最为雄厚、势力最为庞大的一支力量了，而魏公李密则俨然已是天下群雄的精神领袖了。昔日阶下囚，今日大哥大。可见，有的时候，河西与河东的转化根本用不了三十年。

莫非李密就是那个预言之子，隋炀帝陷入了深思。

2. 唐公的艰难抉择

太原留守李渊最近比较烦。

本来呢，他在“大隋号”这艘顶级豪华巨轮上干得好好的，但世易时移，“大隋号”的运营状况日益恶化，业绩一天不如一天。之前，李渊从未怀疑过自己手中的饭碗是铁做的，然而现在，他有些拿不准了。李渊很不安，很躁动。因为，对他这样的贵族来说，失业就意味着死亡。

同事杨玄感起兵造反一事，更是把他雷得死去活来。李渊做梦都没有想到，像杨玄感这种根红苗正的高干子弟都会造反，这是否预示着大隋已经气数将尽了呢？他的天子表弟对杨玄感造反的事情震怒万分，下令严加查办，凡是和这件事儿沾上边儿的官员，一个不留，很多人无故送命。隋炀帝的狠辣，让包括李渊在内的很多官员都感到害怕。

“不是我不明白，而是这世界变化太快”，这句歌词可谓是李渊此时心态的最佳写照，剧变的时事不断刺激着他紧张而敏感的神经。眼看着“大隋号”就要触礁沉没了，是与之共存亡呢，还是另谋出路呢？李渊和他的家族终于走到了历史的十字路口。

隋炀帝觉得他的这位表哥应该是个理想主义者，但事实上，李渊是一个彻头彻尾的现实主义者。他算是看穿了，大隋灭亡那是迟早的事儿。想要他为了个“忠孝”的虚名做行将倾覆的“大隋号”的陪葬人，门儿都没有！面对现实，李渊产生了一个大胆的念头：再造一条船，自己开。

想法是有了，但想法毕竟是想法，从想法到行动之间还有一个相当漫长的过程。没错，老李确实动了另起炉灶的念头，但事到临头，他却犹豫起来。

这是因为造反是一条极其危险的不归路，赢了，什么都有了；输了，荣华富贵，项上人头，乃至身后名声，就什么都没有了。而且，一旦迈出了第一步，就再也无法退缩了，除非走出个“柳暗花明新天地”，否则就只能一条道走到黑了。起兵造反，是不是一定会赢呢？这个李渊可不敢保证。另外，他身边有隋炀帝的卧底，而且还不止一个，是两个：一个叫高君雅，一个叫王威。这两人名义上是李渊的左膀右臂，实际上就是隋炀帝派来监视老李的眼线。如果谋事不周，被这两人窃取了天机，那可就麻烦了。

诚然，所谓“富贵险中求”，世间种种利益往往都带着风险，包赚不赔之事实在是凤毛麟角。承担风险是需要勇气的。可是，并非所有人都有这样的勇气，比如李渊。

那该怎么办呢？

答案很简单：帮他树立信心，增添勇气。

于是，在这风云动荡的关键时刻，有三个人站了出来，帮助李渊重拾了自信。这三个都是牛人，而且一个比一个牛：第一个名叫刘文静；第二个名叫裴寂；第三个就是老李的二小子李世民。

史载：刘文静“伟姿仪，有器干，倜傥多权略”，是一个诸葛亮、刘伯温式的人物。大业年间，刘文静靠着祖先的福荫，出任晋阳令。在晋阳，他结识了一个让他前半生爱、后半生恨的朋友——裴寂。

裴寂，表字玄真，和刘文静一样，他也是个“官三代”。不过，起点时的裴寂可比刘文静差多了，他很小的时候就没了爹娘，成了一个破落户，是几个哥哥将他拉扯大的。十四岁的时候，靠着先人用血汗挣回来的功劳，裴寂才补了一个州主簿的位置。

大业年间，裴寂终于熬到了晋阳宫副宫监的位置。他就是在这个时候和刘文静结为朋友的。两人都将对方视为知己，交情好得不得了，晚上睡一个被窝，都嫌不够亲密。

裴寂曾遥望城头的烽火，仰天长叹：“唉，你看看我这一辈子，家道中衰，穷困潦倒，又四处颠沛流离，还有什么前途啊！”

刘文静比较乐观，笑着回答说：“只要你我二人意气相投，还用担心将来会卑贱吗？”

果然，上天并没有让他们等待太久。大业十二年底，改变他们一生命运的那个人来了。这个人就是李渊，李渊调任太原留守兼晋阳宫宫监，成为晋阳的最高长官。

通过一段时间的观察，刘文静发现李渊其志不小，便主动向李渊接近。在李渊他们家做过一次客之后，他才发现，老李家牛掰的人实在太多了，其中最具潜质的就是李渊的二小子李世民。

从遇见李世民的那一刻起，刘文静就被这个年轻人的气质所征服了。这种感觉怎么说呢，就好像《武林外传》里面的一段儿插曲：“自从那天在同福客栈遇到你，就像那花儿开在春风里。”从此以后，刘文静坚定了一个信念：誓死追随李世民，直到天荒地老。当然，鬼精鬼精的李世民也一眼看上了他。“你选择了我，我选择了你”，两人就这样走到了一起。

刘文静按捺不住心中的喜悦，悄悄地对好哥们儿裴寂说：“老裴啊，你发现没有，李二这小子可不是一般人啊！你看他，从容大度好像汉高祖刘邦，英明神武仿佛魏太祖曹操，年纪虽小，但将来必非池中之物。”

这是一个相当高的评价，但后来的历史证明，对于李世民，这个评价还是有些低了。

裴寂听了，却大不以为然：“哪有你说得那么玄乎？我看老大建成似乎更优秀一些。”

要说起眼光，裴寂还真不如刘文静。刘文静说得不错，李二确非池中之物。现在，李二那颗年轻的心正在不安地躁动着。

在云定兴手下实习的半年多时间里，李世民算是看透了，隋王朝的腐朽已经无药可救。尤其是在听说隋炀帝因为执意要去江都而杀了好几个忠直的大臣之后，他对大隋、对炀帝彻底绝望了：“当今圣上居然昏庸到这种地步！我待在这里还有什么意义呢？”于是，他辞别云定兴，回到了河东的家中。不久之后，李渊职务调整，李世民就来到了晋阳。

李世民少年老成，虽然年纪不大，但是想得比他爹还要远。他断定，隋朝不久必亡，天下不久必乱。面对艰难的时局，李世民在担忧之中竟含着几分喜悦。乱世马上就要降临了，现有的一切都将被打乱，重新洗牌。而这次重新洗牌或许就是老李家和他本人命运发生质的飞跃的不二良机。李世民觉得，应该尽快举义，再晚了，胜利果实就要被别人抢走了，一步差的结果，很有可能就是步步差。

可问题是，他这么想完全没用，矛盾的主要方面在他老爹那里。李世民可不知道老李已经动了造反的念头，还以为老爹仍要做大隋的忠臣呢。他很着急，却不知道该怎么办。

就在他着急上火的这段日子里，刘文静却出事儿了。说实话，老刘挺冤的，但谁让他摊上了李密这么个亲家呢。隋炀帝从江都给李渊发来一道敕书，大意是说：刘文静和李密是亲家，应该连坐，你接到敕书后要立即将他革职下狱。李渊不敢怠慢，当即将刘文静关入大牢。

这下，李世民就更坐不住了，赶忙跑到大牢里面探视刘文静。刘文静见李世民来了，当时就乐了，因为他知道李世民为什么会来，索性开门见山：“天下已经大乱，除非有商汤、周武王、汉高祖、光武帝这样的人，否则是无法平定的。”

李世民也笑了：“你怎么知道现在没有这样的人呢？恐怕是常人看不出来吧？明说吧，我是来与你商量大事的，请你为我出出点子。”

刘文静等的就是这一刻，他拊掌大笑道：“好！好！好！我果然没有看错人。”其实，刘文静心中早有丘壑了，他侃侃而谈：“现在，李密正在围攻洛阳，皇帝被困于江都，大大小小的各路人马不可胜数。各地的百姓为了躲避战乱，纷纷逃入太原，只要你们父子能够应天顺人，登高一呼，马上就可以招来大批的英雄。再加上你父亲本身就有的精兵强将，咱们乘虚入关，直捣大兴，用不了半年，就可以成就帝业了。”

秀才不出门，便知天下事，此言不虚也。刘文静蛰伏晋阳，却对天下大势了如指掌。瞅瞅这阵势，整个一唐朝版的隆中对。不，确切地说，应该是牢中对。

李世民听了，茅塞顿开，欣然表示同意：“君言正合人意。”但紧接着，他又犯了愁：“想法倒是不错。只是，我担心我爹不同意，这该怎么办啊？”

刘文静微微一笑：“这有何难？你去找他啊！”

“谁啊？”

刘文静一字一顿：“裴－寂－裴－玄－真！”

刘文静为什么如此推重裴寂呢？因为裴寂和李渊的关系非常好，好得不得了。

小玉在前文中说了，李渊除了太原留守的职务外，还有一个兼职——晋阳宫宫监。他的副手，也就是副宫监，正是这位裴寂裴大人。两人处得非常和谐，官方的表述是这样的：“延之宴语，间以博弈，至于通宵连日，情忘厌倦。”乍听乍看之下，“情忘厌倦”，似乎好像仿佛很高雅似的。其实，如果翻译成白话文的话，你就会发现这俩家伙儿待在一起根本就没干什么正事儿：在酒席上侃大山，侃累了就开始赌钱，赌累了之后，接着再侃大山，一玩起来就没个正形，通宵达旦，连着好几天。名副其实的酒肉朋友！但话也说回来了，酒肉朋友未必就不是真朋友。老李和裴寂虽然没干什么正事儿，但他们的确结下了深厚而真挚的友谊。

当此关键时刻，为了增加说服李渊的成功几率，刘文静就想到了裴寂这层关系。李世民从自己的小金库里拿出数百万钱，交给马仔高斌廉，让他当陪赌员，专门负责输钱给裴寂。裴寂回回赢钱，心情大好，还真以为自己赌技出众呢！他每天都像个跟屁虫一样黏着李世民。如是几次，李世民看火候差不多了，就将自己的想法和盘托出。裴寂略一沉吟，便一口答应了下来。毕竟是造反这样的大事儿，裴寂也不敢直接和李渊明说，他灵机一动，想了一个损招……

话说这日，裴寂在晋阳宫设宴，请老李来吃饭，老李欣然赴宴。两人觥筹交错，喝得不亦乐乎。裴寂一边劝酒，一边偷眼儿瞧老李的脸色。见李渊已经有五六分醉意了，他便拍了拍手。

李渊听得背后有脚步声传来，回头这么一看，眼睛当时就直了。乖乖，迎面而来的居然是两个丰满性感的漂亮美眉，你看她们鬓若层云，眉若远山，瞳若秋水，面若朝霞，肌若凝脂，手若柔荑，体若春柳，步出莲花，端的是倾国倾城的天香国色。常言说得好，酒为色媒，已经半醉的李渊瞧见这两个人绝色美人，眼珠子差点儿没瞪出来，那魂儿早就不知飞到哪里去了。

这两妞儿不仅长得火爆，行为更火爆，她俩一左一右紧挨着李渊坐了下来。檀口一开，莺声燕语，老李的身子当时就酥掉了半边，哪里还顾得上问她们的来历。两个美眉轮流劝酒，不一会儿的工夫，老李就被灌到桌子底下了。

是夜，神女会高唐，襄王登巫峡，龙凤谐欢，熊罴叶梦，行云布雨，其乐可知。

你们懂的。

第二天，李渊醒来之后就懵了。一觉醒来，身边睡了两妞儿，这种事儿换谁谁都懵。李渊仔细一瞅，吓得魂飞魄散，亲娘咧，这不是晋阳宫中皇帝“御用”的张美人和尹美人嘛！李渊扯上衣服，夺门而出。

裴寂正在外面儿候着他呢。

李渊扯住裴寂，不住地埋怨他：“玄真啊玄真，你可把我害惨了！”

岂料，裴寂相当淡定，跟个没事儿人似的，他笑着对李渊说：“唐公，你的胆子未免也太小了吧？且不说是一两个宫人了，即便是大隋的江山，想要拿来也很容易啊！”

老李听了，吓坏了，四下瞅瞅无人，压低声音对裴寂说：“你不要命了？咱俩都是大隋的臣子，怎么能说这种话呢？”

裴寂索性摊了牌：“你家老二已经开始聚集兵马，打算起兵了。之所以让我老裴出此下策，其实是因为事态紧急。现在天下大乱，城门之外，到处都是盗贼。如果您还要执着于小节，恐怕很快就要大祸临头了。但是，如果您能起兵举义，肯定能够拥有天下。大家已经达成了一致意见，您看怎么样啊？”

岂料，李渊这个老东西居然油水不进：“我世受国恩，不敢变志。”

裴寂着了慌，正要说些什么的时候，突然有一卫兵跑入报道：“留守大人，不好了，突厥大军突然在马邑出现。”

李渊闻讯大惊，也没工夫和裴寂饶舌了，赶忙回去调兵，派高君雅领兵万人，前去援救马邑太守王仁恭。岂料，人家突厥这次是有备而来，王仁恭和高君雅连战连败。老李本来就在为睡美眉的事儿而发愁，现在好了，军事上连连失利，他的那个郁闷就别提有多深了。

李世民趁机相劝："我说爹啊，当今圣上昏庸无道，百姓苦不堪言，晋阳城之外处处都是战场。此时，下有盗贼流寇，上有严刑峻法，您要是再固执于小节，恐怕就要大难临头了。依我之见，咱们不如也反了吧？"

李渊故作吃惊："你个浑小子，怎么能说这种话！我现在就要大义灭亲，把你抓起来，交给朝廷。"

李世民也急了："我仔细分析研究了当前的形势，才敢说这样的话。你是我爹，你要是想告发我，就尽管做吧。"

李渊慌了："你是我儿子，我怎么忍心告发你呢？但是，你要管住自己的嘴，不要随便乱说。"

这天晚上，李渊失眠了。

第二天一大早，李世民又来了："爹，现在群雄并起，你能讨伐得过来吗？到最后，你还是一样会获罪。退一万步来说，就算你把这些人都剿灭了，又能怎么样？李氏当有天下的童谣已经传遍了天下，皇帝能不起疑心吗，能不对付你吗？只有我昨天说的那些话，才能使咱们老李家躲过灾祸。希望您不要再犹豫了！"

李渊眨着熊猫眼，长叹一声："昨天晚上，我一直在想你说的那些话。你说得很有道理，就这么办吧。不过，咱的家属当下都在河东的家中，为了他们的安全，咱们还不能立即起兵。"

李世民抑制不住自己的兴奋："爹，你就放心吧，我即刻派人通知他们来晋阳。"

李渊点了点头。

正在这时，突然有江都的圣旨传到。李渊听完之后，差点儿没晕过去。原来，阿广认为：李渊这个太原留守相当不称职，相当无能，居然连个突厥都挡不住，他老人家很生气，不仅派人来斥责老李，还准备把他押到江都问罪。

李渊急坏了，赶紧找李世民和裴寂商量。李世民暗呼天助我也，趁机劝老李速速起兵："当今圣上是个大昏君，跟着这样的人，能有什么前途？胜败乃兵家常事，他却借题发挥，要对付你，太让人寒心了！现在已经到了火烧眉毛的紧要关头，咱们不能再等了！”

李渊还是很犹豫：“万一不成功咋办？”

裴寂跳了出来：“怎么会不成功呢？晋阳军队兵强马壮，宫中积蓄的军资财物更是不可胜数，有这么丰厚的家底儿，还有什么可担心的？再说了，西京留守代王杨侑还是个小孩子，关中的豪杰正蠢蠢欲动呢，只要您大张旗鼓地向关中进军，他们必定望风而附。我就搞不明白了，你怎么甘心受一个使者的节制，等着被杀头呢？”

李世民、裴寂你一言我一语，小双簧唱得那叫一个和谐啊。良久，李渊终于艰难地点了点头。裴寂和李世民相视一笑，嘿嘿，搞定！

可但是，但可是，就在他们沾沾自喜的时候，不走寻常路的“邦威哥”阿广又出手了。这一次，他老人家又变了卦，下旨赦免了李渊和王仁恭，还让他们官复原职，戴罪立功。

李渊本来已经被阿广给逼到悬崖边上了，可是紧要关头，阿广又把他给拉回来了。阿广一变卦，李渊也跟着变卦了：“事情还有回旋的余地嘛，犯不着铤而走险嘛，再等等看吧！”

摊上这么个优柔寡断的人，裴寂和李世民感到很无奈，很乏力。可就在这个时候，很多李渊的死党都站了出来，劝他速速举兵。裴寂和李世民这才发现，其实他俩并不孤单。这里面有大理司直夏侯端、鹰扬府司马许世绪、前太子左勋卫唐宪以及他的弟弟唐俭，还有一个是行军司铠武士彟。知道武士彟的人可能并不多，但说起他的女儿武则天，中国人，尤其是中国女人，恐怕没有不知道的。

监狱里面的刘文静也坐不住了，一个劲儿地催促裴寂：“老裴啊，你难道没有听说过‘先发制人，后发制于人’的古训吗？唐公夺取江山，那是上天的安排，为什么要一而再再而三地推迟呢？你应该劝说他尽早起兵。”刘文静可能是太着急了，居然还威胁裴寂说：“可别忘了，你身为宫监，居然拿皇帝的女人去招待唐公，这可是死罪啊！你死了倒无所谓，可别耽误了唐公啊！”

裴寂见刘文静急了眼，十分害怕，拼命劝说李渊起兵。李渊见众意已决，终于下定了决心。

“今日破家亡躯亦由汝，化家为国亦由汝矣”，李渊对李世民说。

3. 万事俱备

李渊主意一定，李世民立刻就将刘文静从狱中捞了出来。

直到这个时候，众人才发现，老李简直就是搞造反的天才。他让刘文静伪造了一份隋炀帝的敕书，大意是说："太原、西河、雁门、马邑等地二十岁以上、五十岁以下的男丁全都要应征服役，年底之前在涿郡集结完毕，而后讨伐高句丽。"

这道敕书一发，四地的老百姓人心惶惶，群情激愤，恨不得将阿广生吞活剥了。李世民和刘文静这才明白，老李此举意在为起兵营造舆论环境。哎呀妈呀，真是太有才了，上辈子是个裁缝吧？

也是天意成全，偏偏就在这个时候，隔壁的马邑出事儿了。二月初八，鹰扬府校尉刘武周发动兵变，击杀太守王仁恭，扯起了反隋的大旗。三月十七日，刘武周攻占了汾阳宫。他将宫中的宫人统统献给了始毕可汗。始毕可汗十分满意，赠给刘武周一面狼头纛，并册立他为定扬可汗。刘武周嫌可汗的名头不够响亮，索性自封为天兴皇帝。

刘武周雄起代北的消息成为李氏父子借机扩大势力的挡箭牌。

这日，老李忽然召集手下众将开会。在会上，他说了："刘武周这个狗贼居然把汾阳宫都占了。根据大隋律的规定，作为马邑近邻的咱们难辞其咎，论罪该当灭族。你们说，咱们该怎么办啊？"其实，这话就是说给副留守王威一个人听的。

果然，王威很着急，但他也没有什么好办法，只能表态说一切都遵从留守大人的安排。

李渊故作为难："只是有一条，根据大隋律的规定，咱们指挥军队，无论行止进退，都要向陛下禀告，但此时敌人近在咫尺，陛下却远在江都。这可如何是好啊？"

王威果然上钩，反倒给李渊出起了点子："古人说得好，将在外，军令有所不受。要是干等陛下的回复，那黄花菜都凉了。您既是我朝宗室，又是闻名天下的贤人，为了剿灭贼人，临时专一下权，也是可以理解的嘛！"

李渊要的就是这句话，听了心中窃喜。不过，他还是伪装出一副不得已的样子："哎呀，既然你都这么说了，那我也只好如此了。我觉得当务之急应该是多招募点儿军队。"

王威脑袋点得跟小鸡啄米似的："那是自然。"

于是，李渊立即命李世民、长孙顺德（长孙无忌和长孙皇后的族叔）、刘弘基等人分头募兵。

此令一出，王威便不由得满腹狐疑起来。为什么呢？因为长孙顺德和刘弘基二人的身份不一般。这两人原本是隋炀帝身边的中下级军官，阿广执意要去攻打高句丽，他俩儿不愿去，便逃亡到了晋阳，在李渊手下做事。

派谁去不行啊，为什么非要选这两个人？王威感觉有点儿不对劲儿，散会之后便去找武士彟商量："老武啊，长孙顺德和刘弘基都是朝廷逃犯，唐公为什么要让他俩征兵呢？我想把这俩家伙抓起来。"

他以为武士彟是他的人，实际上武士彟早就和老李穿一条裤子了。武士彟闻言，心中一惊，表面上却说："不好吧！这两人都是唐公的门客，你要是拿他俩，唐公肯定会站出来反对。你这不是自寻烦恼吗？"

王威仔细一想，觉得武士彟说得在理，便打消了念头。

话分两头表，长孙顺德和刘弘基的征兵工作开展得十分顺利，不到十天的时间，就有近万人来投军。李渊把新招募来的士兵全都交由他二人统带，这就越发加重了王威的疑心。王威认为：种种迹象显示，李渊似乎很不正常。

恰在此时，他的拍档高君雅回来了，王威便去找高君雅商量。高君雅的智商要比王威高一些，他断定，李渊这厮想造反了。哥俩儿商量了一番，决定先发制人。可巧，眼下就有一个现成的机会。这一年，晋阳遭受了罕见的春旱，留守李渊宣布将于近日去晋祠祈雨。王威、高君雅哥俩儿合计，就利用李渊到晋祠祈雨的机会，率兵逮捕他。

但是，他俩毕竟只是副职，无权调动一兵一卒。还是高君雅脑子快，灵光一现，想到了一个人——晋阳乡长刘世龙。身为乡长的刘世龙有权调动民兵，而民兵和李渊的隶属关系薄弱，正好可以为他二人所用。

于是，哥俩儿便找到刘世龙，并将行动计划全盘托出。刘世龙把胸脯拍得哐哐响："二位大人，你们就把心放到肚子里吧！为国除贼，我刘世龙义不容辞。"

王威、高君雅十分满意，高高兴兴地回家去了。他们做梦都不会想到，刘世龙扭头就将这件事情报告给了李渊。李渊一听，先是一惊，继而又乐了。好啊，正想着怎么办你们呢，天堂有路你们不走，地狱无门却偏要闯进来。他将李世民叫了过来，如此这般，这般如此……

第二天，也就是五月十五日，李渊一大早便派人去召王威和高君雅，说是要开紧急会议。二人不敢怠慢，匆匆赶来开会。

正在商谈的时候，突然来了一个人——开阳府司马刘政会，说是要告状。李渊就让王威去接状。岂料，刘政会不给，还振振有词地说："我告的是王威和高君雅，状纸只有唐公可以看。"

王威、高君雅哥俩儿当时就傻了。

李渊还佯作惊讶："不会吧，居然会有这种事儿？"他接过刘政会的状纸，上面就一行字儿："副留守王威高君雅潜引突厥入寇。"李渊"震怒"，将状纸扔给王威。

王威看了，大吃一惊，赶忙辩白："大胆狂徒，居然敢陷害朝廷命官？"

李渊冷笑道："真是陷害吗？"

此时的王威、高君雅二人就算是浑身长满了嘴，也说不清了。他们明白了，这回着了老李的道了。二人索性不做辩解，一同下堂而去，才走到门口，便走不下去了。因为，李世民已经带着一帮人拦住了去路。王威、高君雅被当场拿下。

要说这哥俩儿的点儿也确实够背的。两天后，突厥大军突然出现在晋阳城下。李渊巧施妙计，于十九日成功吓退突厥人。事到如今，全体晋阳人民一致认定，王威和高君雅二人确实是内奸，就是这两个坏东东把突厥人招进来的。李渊心里面都乐屁了，顺势将以通敌罪名二人处死，悬首示众。

也是天佑李渊，他刚刚处死了王威和高君雅，一众家眷便从河东赶到了晋阳。

李渊与正妻窦氏育有四子一女：长子李建成、次子李世民、三子李玄霸、四子李元吉和三女平阳公主（这是后来的封号，名字不详）。窦氏体弱多病，已于大业九年（公元 613 年）去世。翌年，年仅十六岁的三子李玄霸也夭亡了。

这个李玄霸就是演义中大名鼎鼎的李元霸。有人问了，他到底叫啥啊，怎么一会儿玄霸，一会儿元霸的？事情是这样的：李三从娘胎里面出来后，便叫李玄霸，一直到满清康熙朝以前，历代的史书和人们都管他叫李玄霸。但是，到了康熙帝的时候，情况就发生了变化。大家都知道，康熙的名字叫爱新觉罗·玄烨。在那个年代，皇帝名字里的每一个字儿都是禁字，除了皇帝他妈能叫，其他人连说都不能说。也正是因为这个缘故，李玄霸就变成了李元霸。

根据《说唐》的记载，李元霸不是人，他是天上的大鹏金翅鸟投胎转世，"年方十二岁，生得尖嘴缩腮，一头黄毛束在中间。戴一顶乌金冠，面如病鬼，骨瘦如柴，力大无穷。两臂有四象不过之勇，捻铁如泥，胜过汉时项羽。一餐斗米，食肉十斤。用两柄铁锤，四百斤一个，两柄共有八百斤，如缸大一般。坐一骑万里云，天下无敌”。

李元霸不仅长得奇怪，而且武功极其高强，在隋朝十八好汉当中排名第一，没人能在他的手下走上三个回合，真正是打遍天下无敌手。四明山一战，他击败十八路反王二十三万大军，打死大将五十员，赤手撕裂伍天锡、宇文成都两员猛将。紫金山一战，李玄霸面对一百八十万军队毫无惧色，一对金锤好似苍蝇拍，只杀得尸山血海，迫使李密交出玉玺，十八路反王献上降表。

再然后，这位牛人在回家路上就被老天爷给干掉了，“只见风云四起，细雨霏霏，少顷虹电闪烁，雳雳交加。那雷声只在元霸头上响，犹如打下来的光景。元霸大怒，把锤指天大叫：‘呔！你天为何这般可恶，照少爷的头响？也罢！’把锤往空中一撩，抬头一看，那四百斤重的锤掉将下来，‘扑’的一声正中在元霸脸上，翻身跌下马来”。

如此看来，这李元霸是个典型的武夫，四肢发达，头脑简单。确切地讲，他不是头脑简单，而是个彻头彻尾的白痴。诸位想啊，正常人谁会用锤子去打天？这么看来，这李元霸简直就是傻蛋兼无敌猛霸王。

真的吗？真的——才怪！

《新唐书》对李元霸只有短短一段的记载：“卫怀王玄霸字大德。幼辩惠。隋大业十年薨，年十六，无子。武德元年，追王及谥，又赠秦州总管、司空。以太宗子泰为宜都王，奉其祀，葬茳阳。泰徙封越，更以宗室西平王琼子保定嗣。薨，无子，国除。”

但仅从这一段当中，我们就可以推出如下两点：首先，李元霸不是傻蛋，他的智商其实是非常高的，“幼辩惠”，不仅聪明，而且口才也很好；其次，李元霸根本就没有参与隋末群雄的纷争。大业十年的时候，他已经死掉了。此时，很多反王尚未形成气候，他爹还没有造反呢。

话也说回来了，李元霸死的时候很年轻，只有十六岁，纵然他真有惊天地、泣鬼神的本领，可惜时不与之，英年早逝，徒唤奈何啊！

除去窦氏及其所生的四子一女外，李渊还有以万氏为首的几个小妾以及五女一子。五女即长女长沙公主、次女襄阳公主、四女高密公主、五女桂阳公主和六女万春公主。一子即庶出的第五子李智云，母万氏。李智云的年龄虽然不大，但却是李渊诸子当中最出类拔萃的一个。据史书记载，李智云兼有大哥李建成的文才和二哥李世民的武功，堪称全方位复合型人才。

李世民随李渊在外，五个女儿随夫家在外，河东的李渊家眷只有几个小妾、长子李建成、四子李元吉、五子李智云和六女万春公主。接到李世民的信后，李大便带着一大家子人火速赶往晋阳。

此时，李渊诛杀王威与高君雅的消息已经传到了河东。河东的地方官吏嗅觉十分灵敏，立即派人缉拿他们。在逃亡途中，除李智云不幸掉队外，其余人都安然无恙。李建成走到半路碰到了妹夫柴绍（平阳公主之夫），便结伴赶来晋阳相会。

家人团圆本是其乐融融的喜事，但因为李智云的生死未卜，所以欢聚中尚带着三分悲悼。李渊愁眉紧锁："五儿智云今年只有十七岁，我好担心他啊！"

众人只好宽慰他，说什么李智云吉人自有天相，一定不会有事的。

李渊自个也晓得，干着急无济于事，只得派人去河东打探李智云的消息。

4. 晋阳起兵

家人一到，李渊再无后顾之忧，立即召集众人商议出兵计划。

岂料，有一个人却站了出来，说了一句相当雷人的话："主公，当务之急并不是出兵。"

李渊定睛一瞧，赫然便是刘文静。李渊反问他："那是什么？"

刘文静微微一笑，一字一顿地答道："突厥。"

此言一出，众人均深感认同。是嘞，突厥人隔三岔五就要来晋阳袭扰一番。背后有这么一个强盗式的邻居，试问大家如何能放心地西进呢？

刘文静接着陈述道："我认为，当务之急并非出兵西进，而是要以结盟的形式稳住突厥人。这样，我们在西进的时候，就不用担心突厥人在后院放火了。当然了，这只是权宜之计。毕竟，与狼只能共舞一时，却不能共舞一世。"

刘文静想得确实长远，他这一番话是说到李渊的心坎儿里面去了。李渊当即拍板儿，派使者带着他的亲笔信和金银珠宝出使突厥。

数日后，始毕可汗在自己的王庭接见了李渊的使者。使者呈上了李渊的亲笔信。始毕可汗展开信笺，只见上面写道："欲大举义兵，远迎主上，复与突厥和亲，如开皇之时。若能与我俱南，愿勿侵暴百姓；若但和亲，坐受宝货，亦唯可汗所择。”大概意思就是说：“我李渊想要大举义兵，去江都迎接主上。一旦成功，我将建议皇帝恢复文帝开皇年间的传统，继续与贵国和亲。可汗想和我一同南下也可以，只要贵军不侵扰百姓就行。当然，可汗也可以坐等我奉上珍宝。”

始毕可汗平生最恨的人就是隋炀帝，他对各部酋长们说：“隋朝皇帝的为人，我是再清楚也不过了。如果把他接回来，不仅会加害唐公李渊，而且还会调兵攻打咱们突厥。所以啊，绝不能让李渊把他接回来。此外，我还要给李渊加一剂猛药，让他和皇帝彻底决裂，斗个两败俱伤。这样，给李渊回信，就说只要他肯自称天子，我就会带大军帮助他夺取天下。”

七天后，使者带着始毕可汗的信回到了晋阳。看完信后，众人都十分高兴，他们纷纷请求李渊答应始毕可汗的要求，顺天应人，登基称帝。

当皇帝啊，多好的事儿啊！可是，老李却把脑袋摇得跟拨浪鼓似的。

裴寂和刘文静由不住提醒他：“唐公，长孙顺德和刘弘基的征兵工作搞得不错，咱们当下倒是不缺兵。可是，咱们战马奇缺。突厥大兵我们可以不要，但突厥战马我们必须得要。再拖延着不回信，恐怕始毕可汗就要变卦了。”

李渊还是不同意：“难道除了称帝就没有别的法子了吗？你们没看出来吗？始毕可汗没安好心，他这是逼我和大隋一刀两断呢！我要是称了帝，天下人会怎么想我？我军前进的道路上将会因此而遭受巨大困难。”

裴寂略一沉吟，想了一个点子：一方面，尊隋炀帝为太上皇，扶立大兴的代王杨侑为帝，以安定隋朝王室和各级吏民；另一方面，改换旗帜颜色，以此向突厥示意与隋室不同。这么做，两边儿就都不得罪了。

李渊满意地笑了：“这分明就是掩耳盗铃嘛！不过，形势所迫，这也是没有办法的办法了。就照玄真（裴寂的字）所说的办吧！”

于是，使者又将李渊的决定通知了突厥。

突厥那边的消息还没回来，李渊只能按兵不动。趁着这阵工夫，他多次派人到河东打听李智云的下落。说实话，还不如不打听呢？因为，传回来的是一个噩耗：李智云掉队后，遭到逮捕，由河东地方官吏解送大兴，为留守阴世师所杀。

老李生平最宠爱的就是五子李智云，岂料转瞬之间却是父子殊途、天人永隔了。李渊哭得哗哗的，一连几天都吃不下饭。

正当老李悲痛万分的时候，西河郡郡守高德儒却给他添上了堵。晋阳周围各郡官吏，不管主观上是否愿意，反正是都投靠了李渊。唯独只有这个高德儒不听招呼。老李本来心情就不好，听说这个消息后，气得嗷嗷狂叫。

六月初五，他派李建成、李世民率军进攻西河。二李上阵，仅用了五天的时间就攻克了西河，斩杀了高德儒。四天后，哥俩儿就率军返回了晋阳。

干掉了高德儒，李渊的心情才算是多云转晴了。智云的死深深地刺激了李渊，如果说之前的他还有一丝儿犹豫的话，那么现在，随着李智云的逝去，这点儿犹豫便荡然无存了。李渊决定，不等始毕可汗的消息了，即刻起兵。

是的，作为一个父亲，他决不能让儿子的鲜血白流。

六月十四日，老李正式建立起造反司令部——大将军府，并将所部划分为左、中、右三军：以李大为陇西公，领左领大都督，统辖左三统军；以李二为敦煌公，领右领大都督，统辖右三统军；老李自己亲领中军。

此外，老李还授予大批造反骨干分子以官职，以裴寂为大将军府长史，刘文静为司马，唐俭和温大雅为记室，武士䂮为铠曹，殷开山为府掾，长孙顺德、刘弘基、窦琮、王长谐、姜宝谊等分为左右统军。

十八日，始毕可汗的使者康鞘利来了。始毕可汗与其说是政治家，倒不如说更像个商人，一听说老李要起兵，他立马派康鞘利送来了一千匹战马。当然，不是白给，是送货上门，估计价格还不低。为了让李渊把战马都买下，始毕可汗还表了态：他会派兵送李渊入关（潼关），想要多少人由老李说了算。

始毕可汗的小算盘打得不错，李渊现在的确缺战马。但他没有想到，李渊的算盘比他打得还要好。李渊虽然用很高的规格招待了康鞘利，但他仅购买了一半战马。刘文静、裴寂等人想不通：“咱不是缺马吗？始毕可汗送马上门，虽然价格贵了点儿，但咱们正在用马之际，应该全买下来。”他们还以为老李缺钱，就请求用自己的私钱买下其余的马匹。

李渊笑了笑，说出了心里话：“突厥人有的是马。始毕可汗算准咱们急着用马，为了趁机谋利，才送马上门。我之所以没全买，不是买不起，而是担心全买了以后，他们会一批一批地送马来，到时候恐怕就真买不起了。所以，我就只买一半，向他们示穷。真要买，也是我出钱，不需要你们出钱。”

马的事儿就这样了，但还有一个问题：是否接受突厥派兵。人家始毕可汗已经表态了，想要多少人马你们说了算。于是，老李就让刘文静和康鞘利一起返回突厥。

临走之前，老李偷偷地把刘文静叫到了一旁：“小刘啊，跟你交个底儿吧，其实我不想让突厥派兵。因为，这些个土贼居心不良，他们一旦进入内地，肯定会纵兵抢掠。但是呢，为了不让刘武周和他们勾搭在一起，袭击咱们的后方，我还必须得向始毕可汗借兵。不过，你记着，突厥兵少要，有个三五百人充充门面就可以了。突厥马可以多要一些。人吃粮，咱养不起，马吃草，遍地都是。”

刘文静领命而去。

隋炀帝大业十三年（公元617年）七月初五，正值仲夏时分，太原城锣鼓喧天，鞭炮齐鸣，红旗招展，人山人海。一代枭雄李渊在今日正式起兵，但不反隋。

今天的很多人都认为，李渊在晋阳起兵之时就名正言顺地反了。这是一种相当错误的看法。实际上，从始至终，李渊都没有说自己起兵的举动是造反。相反，他一直都把自己打扮成一副忠臣模样，始终把自己的起兵行为解释为匡扶社稷的义举。

什么是政治？这就是政治！

在起兵仪式上，老李先是发表了自己对时局的看法，继而又义愤填膺地批评了自己的混蛋表弟：虽然你是皇帝，虽然你是我表弟，但是，这样下去是不行滴，是会危及到咱大隋的江山社稷滴。

最后，老李表了态：作为大隋朝最最忠心的臣子——偶唐国公李渊，有责任也有义务为复兴大隋尽一分力量。所以呢，我要组织“义兵”，进京匡扶社稷，拥立英明聪睿的表孙代王杨侑做天下的共主。老李也对隋朝的官吏们提出了期望。他热切地希望沿路的官吏能够理解他的一番苦心，要积极地响应和帮助自己。当然，如果实在不能理解的话，最起码也不要对“义军”横加阻拦。

忽悠，简直就是个大忽悠。

李渊立于高台之上，看着身边文武大臣们热切而满含期待的目光，望着台下气吞山河的队伍和欢呼雀跃的百姓们。此时的他，心情无比复杂。

他想到了自己的父亲为了大隋鞠躬尽瘁，死而后已，他想到了自己也曾为大隋挥洒热血，驰骋疆场。而如今，他却走上了一条与初衷相背离的道路，所谓“南辕北辙”，大抵如是。造化真是往死里弄人啊！

从诞生到现在，他的人生一直很顺。但是，从这一刻起，他的明天就变成了一个大大的未知数。只因为，他参加了一个惊天大赌。他把合族老小和万千子弟兵的性命全部压上，只为了那个诱人的赌注——皇位。

在登上高台之前，他当然也有过一丝的彷徨与犹豫。但是，从这一刻起，他再无任何的顾虑。来吧，接受命运之神的安排吧！向西，向西，向着大兴城的方向前进吧！

李渊在晋阳起兵仪式上的一番鬼话迅速传到了西京留守代王杨侑的耳中。

代王杨侑，隋炀帝的第三个孙子，这一年，他只有十三岁，但早在四年前，他就已经是西京大兴的留守了。有人说了，让一个孩子去撑起帝国的半边天，阿广莫非脑袋被驴踢了？关于这一点，大家还真是误会阿广了，他也不想，但他没办法，真的。

在历朝历代皇室当中，隋朝皇室的人丁不旺是数得着的。

隋文帝杨坚只有五个儿子，分别是长子杨勇、次子杨广、三子杨俊、四子杨秀和五子杨谅。杨俊很早就病死了，杨勇和杨谅则都被杨广给干掉了，仅剩下一个杨秀。

隋文帝儿子少，隋炀帝的儿子更少，只有三个：长子杨昭、次子杨暕和幼子杨杲。杨昭在大业元年即被册立为太子，但第二年就去向爷爷老杨报到了。杨昭给父亲留下了三个孙子：燕王杨倓、越王杨侗和代王杨侑。老二杨暕为了当太子，曾经搞过一些小动作，结果惹怒了隋炀帝，父子关系势同水火。他倒是给隋炀帝生了两个孙子，但现在才刚刚断奶。幼子杨杲生于大业七年，这一年仅七岁，还没有他的侄子们大呢。

杨秀和杨暕让阿广很不放心，不能用。杨杲还是个乳臭未干的小毛孩子，没法用。能用的就是燕王杨倓、越王杨侗和代王杨侑这三人了。这一年，杨倓十五岁，杨侗十四岁，杨侑十三岁。三人当中，阿广最喜欢长孙杨倓，走到哪里都要把杨倓带上。所以，只能让杨侗和杨侑承担起重任了，杨侗当了东都留守，杨侑则当了西京留守。

谁说只有穷人家的孩子早当家的？

当然了，隋炀帝也知道杨侑年纪小，没什么经验，所以他给杨侑配了三名辅政大臣，他们分别是：刑部尚书兼京兆内史卫文升（打过杨玄感）、左翊卫将军阴世师（李智云就是他杀的）和京兆郡丞滑仪。

李渊的一番鬼话骗骗杨侑还可以，想骗卫文升等人，门儿都没有。卫文升等人研究了一番，决定给李渊准备两份大礼。这两份礼物比较特殊，是两个人，两员名将，第一个名叫宋老生，第二个大家都认识，就是参与镇压杨玄感叛乱的屈突通。

5. 攻拔霍邑

三万义军一路西进，于十四日抵达灵石县，在贾胡堡安营扎寨。前方五十里处便是卫文升等人为他们设置的第一道障碍——霍邑（今山西霍州市西南十六里）。大隋虎牙郎将宋老生及其麾下两万铁骑早已在此等候多时了。

面对来势汹汹的义军，宋老生选择了坚守。千万别以为他胆子小，事实上老宋有自己的小九九：一来，义军士气正盛且人数占优，若与之硬碰硬，恐怕是自讨苦吃；二来，义军远道而来，粮草肯定撑不了几天，一旦耗尽，士气必定衰落，届时，他就会率军出击，以秋风扫落叶之势一举歼灭之。

然而，有一点，宋老生却是万万没有料到，那就是：老天爷居然会站出来帮他。一场连绵的夏雨竟然不期而至，而且看样子短期内根本就没有停的意思。大雨滂沱，道路湿滑，仗根本没法打。宋老生无所谓，乐得婴城自守，养精蓄锐。

城外的李渊可就苦逼了。宋老生估计得没错，李渊确实没带多少粮食。老李本指望着迅速打下霍邑，就地补充给养，岂料竟被一场大雨给搅黄了。眼看着三万多人马坐吃山空，李渊如坐针毡。没办法，他只得命人回晋阳运粮。

运粮队刚走，始毕可汗的使者就来了。话说刘文静抵达突厥以后，将李渊的意思原原本本地告诉了始毕可汗：“若入长安，民众土地入唐公，金玉缯帛归突厥。”说实话，这句话的厚颜无耻程度足可与老佛爷的“量中华之物力，结与国之欢心”一较高下。但考虑到老李只是在放空炮，咱就不与他计较了。什么，金银财宝都归我？始毕可汗见李渊居然开出这么高的价码，都快乐疯了，立刻派使者先行赶到霍邑，通知李渊：突厥军队已经上路了。

这算个好消息，但这个好消息仍然解不开李渊的愁思，因为雨 直下。再这么耗下去，粮草就真得要用光了。李渊是白天想，夜里盼，就等着放晴呢，但老天爷似乎和他杠上了，就是不给面子。李渊急得像热锅上的小蚂蚁，团团转。

话说这日，一名军校呈入了一篇檄文。李渊打开一看，赫然是瓦岗军一哥李密发布的声讨隋炀帝的檄文。

原来啊，李密自当上魏公以后，即对东都方面发动了大举进攻。双方围绕回洛仓展开激烈争夺。四月二十七日，李密做了一件名扬千古的伟大举动：他让部下祖君彦起草了一份檄文，细数隋炀帝的十宗罪，并公告天下。

祖君彦乃有隋一代天下闻名的大才子，文字功底相当了得，这篇檄文被他写得文采飞扬，酣畅淋漓。在檄文中，祖君彦书列了隋炀帝弑父、乱伦、嗜酒、劳民、滥赋、兴役、征辽、滥诛、卖官、无信等十大罪恶，并指出："有一于此，未或不亡。况四维不张，三灵总瘁，无小无大，愚夫愚妇，共识殷亡，咸知夏灭。"最给力的是最后一句："罄南山之竹，书罪无穷；决东海之波，流恶难尽。愿择有德以为天下君，仗义讨贼，共安天下。"没错，成语"罄竹难书"就是出自于此。

李渊看到此处，也不由得拍案叫好。但再看文尾所署的年月日，竟然是永平元年四月二十七日，老李当时就怒了，好你个李密啊，真够嚣张的，居然都建元了，下一步是不是该称帝了？生过气之后，李渊却动了一个念头：招降李密。

说实话，这个念头着实有点儿可笑。要知道，老李刚刚起兵，手下满打满算只有三万多人马。且不说李密了，就是王薄、郝孝德这些不入流的小角色，手下人马都是他的好几倍。在这样一个靠实力说话的年代，李渊目前根本排不上个儿。

现在，这个排不上个儿的人却想招募天下最大的造反派头头李密。他凭啥？凭交情！啥交情，同僚之情吗？不是。而是，世交之情！

小王在前文中曾提过，李渊的爷爷李虎是北周八位柱国大将军之一。其实，八根大柱子当中还有一个姓李的，名叫李弼。这个李弼就是李密的曾祖父。自李虎、李弼这一代起，两个李家就结下了深厚的交情，延续至今已近百年。按资排辈，李密理应称呼李渊一声"世叔"。

李渊就想凭这份交情将李密拉过来，他让部下温大雅给李密写了一封信，希望李密能归附他。

李密看完信之后就笑了，你手下才几万人啊，居然想招降我这个反隋盟主，真是可笑之极。略一思考，他便命祖君彦回了一封信给李渊："我和哥（注意，没有叫叔）你虽然家世不同，但咱们都姓李，五百年前是一家。我自认才德微薄，但是四海之内的英雄偏要公推我当盟主。如果能和哥你相互扶持，同心协力，干掉隋炀帝这个大坏蛋，岂不是盛事一桩吗？"李密还提了一个具体建议：让老李亲自率领数千骑兵到河内郡结盟。说了这么多，其实无非是表达了两个意思：第一，我是不会臣服你的；第二，你应该臣服我。

李渊接到信后，着实费了一番踌躇。答应吧？不行，自己在起兵时信誓旦旦地向天下宣称：只反暴君，不反大隋。虽说是装大瓣蒜，可是如果真和这个重量级造反头头结盟的话，那就相当于自己抽了自己一个响亮的大耳光，不仅前功尽弃，而且在西进的路途上也会平添许多不必要的麻烦和困难。不答应吧？也不行，你看李密连叔都不叫了，已经动了暗火，如果不答应，万一他率军杀过来怎么办？

是啊，怎么办？这么办！

李渊对部下们说："李密这个人妄自尊大，不是简简单单一封书信就能招来的（你才知道）。如果我们马上与他断绝来往，只会多树一个敌人。我看不如用阿谀奉承之语吹捧他，使他心志骄横，让他替我们牵制东都之兵。这样，我们就可以专心一意地西征了。待到关中平定以后，我们一边养精蓄锐，一边静看鹬蚌相争，再坐收渔人之利也不迟。"

众人都说好。于是，老李又让温大雅回了一封信给李密。在信中，他"推心置腹"地说：自己生是隋朝的人，死是隋朝的鬼，如今社稷倾斜，危在旦夕，他也看出大隋的覆亡只是时间问题。但是，作为一个世代蒙受浩荡皇恩的忠臣，他愿意做最后的努力。虽说现在遭到了隋军的误解，但他相信误会是一定会消除的。

当然，这样说明显是把自己摆到李密的对立面了。于是，李渊又话锋一转，说自己才具微薄，只想为大隋抛洒一腔热血，没有其他的野心。他还大拍李密的马屁，说什么"天生蒸民，必有司牧，当今为牧，非子而谁"。其实，整封信当中，具有实质内涵的就是八个字儿："盟津之会，未暇卜期。"啥意思呢？河内结盟我是去不了了。

李密收到了李渊的信。在读信时，他依稀看到了眼泛泪光、满目真诚的李渊在对他说："弟弟，你可要好好干啊！"在李渊忽悠大法加马屁神功的冲击下，一代枭雄李密马上被轰得五迷三道，不知南北东西。喜令智昏的他甚至说："唐公见推，天下不足定也？！"于是，李密默许李渊向大兴进发，把自己的注意力完全转向了东都方面。

李渊可以摆得平李密，却摆不平老天爷，大雨还是没有停的意思。义军也是义军他妈生的，眼看着马上要缺粮断饷了，军心开始浮动。一时间，流言四起，最大的一个流言是这么说的：刘文静没有搞定突厥人，始毕可汗正和刘武周策划着乘虚攻打晋阳呢。

种种流言好似火上浇油一般，把李渊折腾得死去活来。眼见困难越来越大，撤兵的念头也开始浮上李渊的心头。他觉得，再这么拖下去，就会造成进不能过霍邑、退不能回晋阳的危险局面，与其这样，还不如暂且退回晋阳，伺机而动。

裴寂等人也和李渊持相同观点，他们认为当前面临着四个隐患：首先，宋老生和屈突通都是隋将中的佼佼者，均非易于之辈；其次，李密这个人言行不一，他嘴上虽然说要联合，但内心恐怕不是这么想的；又次，突厥人重利轻义，谁给他们甜头，他们就跟谁好，保不准啥时候会在背后来一刀，不靠谱；最后，马邑的刘武周也不是什么好玩意儿，正琢磨着怎么吞掉晋阳呢。总而言之，言而总之，他们也建议李渊暂时回撤晋阳。

但李建成、李世民哥俩儿不同意。比如李世民，他就对李建成说了："宋老生虽然厉害，但是他为人轻狂浮躁，一战可擒；李密舍不得洛口仓，肯定不会向远处图谋；刘武周和突厥人虽然表面上是同盟，但实际上却互相猜忌，难以统一行动。咱们本来就是要兴大义，拯救天下黎民于水火之中，怎么能遇到一点儿小小的困难就退缩了呢？"李建成也同意李世民的看法。

但李渊还是不听，派左路军先行撤回晋阳。李世民知道的时候，左路军已经踏上了返程。他十分着急，立刻来找李渊。此时，天色已经很晚了，李渊已经睡着了。守门的卫兵拦着李世民，不让他进去。李世民越想越着急，越想越气愤，越想越憋屈，便在帐外放声痛哭起来。

这一哭还真管用。不一会儿，李渊就被吵醒了，出来一看，是他家老二，就将李世民召入帐中。李世民急着说："爹，咱们不能撤啊。一旦我们返回晋阳，将士们就会离心离德，咱们很快就会完蛋。我们只能向前向前再向前。"

许是幡然醒悟，许是被李世民的执着打动了，李渊这才松了口："可是，左路军已经折返了，这该如何是好呢？"

李世民闻言大喜："没事儿，他们应该还没有走远，我去追。"出帐之后，李世民找到大哥李建成，两人跨上战马，连夜把左军追了回来。

一切似乎都从这个夜晚发生了逆转。第二天，晋阳的粮食便运到了。三天后的八月初一，大雨也停了。命运女神的天平终于向李渊父子倾斜了。初二，李渊命令部队晾晒铠甲、器械。就在当天夜里，一个高明的作战计划制定了。

第二天一大早，天色仍尚显朦胧的时候，义军就沿着山间的小道，来到了霍邑城东。霍邑城头的隋军看到从天而降的义军，赶忙去通报宋老生。此时的宋老生还在做着加官晋爵的美梦呢！听说义军来袭，宋老生登时惊出一身冷汗，人一下子就清醒了，赶紧穿好戎装，冲到城楼上查看军情。

宋老生探头这么一看，只见城下的旷野上，李渊、李建成带着数千人马在挑战。宋老生微微一笑，不管你们耍什么花样，我只坚守不出，等到你们的粮食吃光了，看我怎么拾掇你们。义军见隋军坚守不出，便开始叫骂起来。

义军天天来叫战骂城，这已经是家常便饭了。宋老生安坐在城楼上，喝着茶。可是，今天的义军不一样啊，不仅骂，而且骂得越来越过分，从宋老生本人骂到了宋老生 N 代之前的祖宗，又从宋老生 N 代之前的祖宗骂回到宋老生本人。起初，老宋还可以忍受。时间一久，宋老生的脸色越来越难看，终于再也坐不下去了。他气得嗷嗷叫，带着两万精兵一股脑儿冲出霍邑，誓要把这股义军碎尸万段。

李建成一看宋老生怒了，赶紧带兵后撤。宋老生怒上加怒，你们骂爽了，居然还想跑，看我不把你们剁成肉酱。隋军对义军紧追不舍。不一会儿，两军便战在了一处。隋军来势汹汹，李渊和李建成父子渐渐有些抵挡不住了。

李渊急坏了，扭头问李建成："世民怎么还不来？"

焦急的李建成抬头向南望去，喜悦的颜色骤然浮上面庞："爹，二郎来了！"

宋老生杀得正欢，突然间，他发现南面的山坡上突然出现了一个义军。老宋乐了，好啊，来吧，来一个我杀一个，来两个我杀一双。紧接着，又出现了一个，然后又出现了一个……就这样，义军像羊拉屎一样，一个接一个地出现在南山上，瞬间就聚集成好大好大的一摊羊粪。老宋傻眼了，终于从狂怒中清醒过来，糟了，中计了。他赶紧拨转马头往回撤。现在，谁是谁的肉酱，已经说不准了！

可惜一切都为时已晚了，李世民带着义军主力从山坡上俯冲而下，隋军顿时被冲得七零八落。宋老生好不容易杀出一条血路，回到霍邑城下，却吃了一个闭门羹。原来，城中的隋军守将见情形不妙，早早地将城门关了起来。

失足成千古恨，只因为之前没有忍住一时之气，才有了现下城破兵败的惨果。宋老生后悔得肠子都要青了，可惜历史已经不再给他悔改的机会了。因为，他连一句"妈呀"都没来得及说出口，就被唐将刘弘基砍掉了脑袋。这一战，隋军"尸横遍野"。

宋老生一死，霍邑随即陷落，义军通往关中的道路自此打开……

6. 屈突通的无奈

突破霍邑之后，义军势如破竹，初八陷临汾，十三日克绛郡，十五日便推进至黄河岸边的龙门（今山西河津市）。

同日，刘文静也带着蒙古高原的风回来了。当然了，像他这样的牛掰人物是不可能空手而归的，一同前来的还有始毕可汗的小弟康鞘利以及五百突厥战士和两千匹突厥战马。

刘文静认认真真地落实了领导的指示。领导让他少要人，人多了养不起，所以他只要了五百突厥战士；领导让他多要马，马再多也不用花钱，所以他就要了两千多匹战马。果然，领导很满意，老李又把刘文静偷偷地叫到一旁："你小子干得不错，我很看好你哟！"

二十日，义军抵达壶口。望着水流湍急的黄河，老李傻了眼，我勒个去，忘了带船了。正当老李急得快要抓狂的时候，有人送船上门了。谁啊？正是居住在黄河岸边的百姓们。老百姓们听说德高望重的唐公李渊为救黎民于水火而兴起义军，高兴得不得了，主动将自己的船只送到义军的大营。老李感动得眼泪哗哗的，多好的老百姓啊，多可爱的人啊！

事实证明，得道确实多助。二十四日，关中地区势力最为庞大的义军领袖孙华前来归降李渊。李渊十分高兴，当即封他为左光禄大夫、武乡县公，任冯翊太守。老李派孙华率本部人马先行渡河，策应王长谐、刘弘基、陈演寿、史大奈部六千人渡河。

名将屈突通这一次可真是糗大了。屈突通认为，李渊的军队缺少舟船，短期内必定难以过河。于是，老屈便率众固守河东（今山西永济西南）。其实，他本可以派侦骑去黄河边溜达溜达的，但他并没有这样做。这种不作为的恶果是：当王长谐的人马如神兵天降般出现在河东城下的时候，老屈惊得嘴巴都快要脱臼了。

不过，名将的称呼也不是白给的，吃惊归吃惊，老屈并没有手足无措，他还是蛮自信的。当天夜里，老屈便派部将桑显和率军去"问候"王长谐。王长谐远道而来，哪料到屈突通会来这一手，猝不及防之下，吃了个大亏。要不是孙华和史大奈率轻骑从后袭击桑显和，王长谐和他的一班小弟就只有到黄河里当水鬼的份儿了。

王长谐的失利牵动着老李的心。九月初十，李渊亲率大军包围了河东。屈突通和李渊同朝为官多年，当然知道老李不好惹，索性婴城自守，避战不出。表面上看来，李渊占尽了上风，实际上，他是有苦说不出。因为，此时的河东城已然变成了一块鸡肋，李渊想吃却吃不下，不吃吧，也不行，他前脚一走，屈突通肯定会后脚跟进。那叫一个闹心啊！

开会！开会！

裴寂主张先攻河东，后打大兴，理由是：大兴方面除了屈突通这一支人马外，再无援军。屈突通就是他们的希望，就是他们的救世主。但是，要晓得，屈突通兵精粮足。如果我军弃河东而攻长安，屈突通必定会随后追击。届时，义军很有可能处于腹背受敌的危险境地，连退都没地儿退。所以，只能是先打河东，再攻大兴。

但李世民就不同意裴寂的看法，他觉得应该先攻大兴，后打河东，理由是：兵贵神速，大兴猝不及防，拿下它简直就是小菜一碟。如果停留在河东城下，情形就不妙了。因为，河东城池坚固，屈突通的人马又多是百战之士，短期内肯定拿不下来。而大兴方面就可以趁此机会加强城防。所以，细细衡量，还是先攻大兴为好。

二人所说，均有道理，李渊左思右想，最终决定采取折中的办法：在河东城下兵分两路：一路由大将吕绍宗等人率领，继续围困河东；另一路由他亲自率领，渡河西进。

十二日，义军主力渡过了黄河。

十八日，李渊再次决定分兵三路：由李建成、刘文静、王长谐等率第一方面军屯驻永丰仓，遏制潼关隋军，一防屈突通回援大兴，二防东都方面可能的援军；由李世民、刘弘基、殷开山等率第二方面军沿渭河北岸西进，迂回包围大兴；老李自提第三方面军，随后跟进。

情势顿时逆转。这下，该屈突通坐不住了，他亲率五万精兵向大兴进发。老李早就预料到他会有这一手了，所以才让李建成、刘文静扼守住由河东通往大兴的必经之地——永丰仓。李建成带着刘文静、王长谐死磕，老屈想尽了一切办法，用尽了一切手段，但就是过不了永丰仓；不仅过不了永丰仓，连潼关都尉南城也丢了。万般无奈之下，他只得率军退守都尉北城。

这一拖，就从九月份拖到了十月份，把个屈突通急得抓耳挠腮。在潼关多耗一天，大兴就多一分危险，屈突通实在是坐不住了，强令桑显和率军夜袭李建成部，要求就四个字儿：不胜不归。

桑显和见领导下了死命令，只得硬着头皮上阵。这一仗，隋军把吃奶的力气都使上了，接连突破义军两道防线，只剩下刘文静负责防守的第三道防线尚未被突破。但即使是这第三道防线，桑显和也多次率军突入，就连刘文静自己也被流矢射中。

眼看着第三道防线就要被拿下来了，关键时刻，桑显和犯了一个极其幼稚的错误。正是这个错误挽救了义军。大家可能不晓得，桑显和是一个爱兵如子的人。爱兵是没有错的，不爱人家，人家凭什么出死力？但是，爱兵要爱的是时候，是场合。桑显和的错误就在于：在一个错误的时间错误的地点错误地爱心泛滥了。

桑显和认为，第三道防线已经不在话下，他见自己的部下一个个累得跟骆驼似的，便下令部队就地吃饭，吃饱了再打。其实，这个时候，义军的第三道防线已经被冲得七零八落了，刘文静短期内根本无法组织起有效的防御。桑显和只要再发动一次冲锋，刘文静就得玩完儿。但桑显和偏偏就在这个节骨眼儿上停了下来。

世间的成败往往就在一瞬间。正是趁着隋军祭五脏庙的功夫，刘文静调整了部署，并重新构筑起第三道防线。就在这时，一支游离的为数仅百人的义军骑兵从南山归来。这支义军看到桑显和的部队，便从背后向隋军发起进攻。隋军吃得正爽呢，哪想到会有人偷袭，顿时大乱。刘文静连呼天助我也，带着防线内的义军倾巢而出。

结果不用说，大家都该猜到了。在义军的内外夹攻之下，战场的局势顿时被扭转。隋军大败，小部被歼，只桑显和一人逃脱，其余全部投降。这场败仗对屈突通的影响是致命的，他的实力遭到了最为严重的削弱，从此再也无力向西增援了。

7. 大兴！大兴！

话分两头表。且说李氏父子兴起义兵的消息很快就传遍了天下，居住在关中地区的李氏亲族纷纷起兵响应。打虎亲兄弟，上阵父女兵，当此紧要关头，最先响应李渊的便是他那寓居大兴的三闺女柴李氏，也就是后来的平阳公主。

要说这个柴李氏，真可谓是隋末唐初第一奇女子了。

当初，李世民来信，让柴绍夫妇到晋阳避祸。柴绍接到信后，大费踌躇。为什么呢？因为他觉得柴李氏一介女流，带她一起去吧，途中恐怕多有不便；

把她留在家中吧，他又实在放心不下。柴绍很为难，就把自己的想法如实和老婆说了。

岂料，柴李氏听了，从容一笑："我还以为多大的事儿呢！你就赶快走吧。我一个妇道人家，很容易避祸。而且，我心中已经有一个大计划了。"

柴李氏素来刚强，柴绍见她如此自信，也不好再说些什么了，便独自踏上了前往晋阳的路程。他还一直在想，我老婆到底有啥大计划呢？义军进入三秦大地后，柴绍终于知道了问题的答案。

原来，柴绍前脚刚走，柴李氏后脚就回到了鄠县（今陕西户县）的家中。她将家产全部变卖，用所得的钱财招募了一支为数近万人的军队，在司竹起兵，响应李渊。柴李氏很骄傲地打起了"娘子军"的旗号。在我国历史上，像她这样"不爱红装爱武装"的女将军仅有四人。小玉可以毫不夸张地说，大唐女性是中国历史上最为杰出的女性群体，而其领军人物正是李渊的三女儿柴李氏。

除了柴李氏，还有一个李姓亲族也举起了义旗，此人名叫李神通，是李渊的堂弟。听名字，这似乎是一个很牛掰的人物，但事实上，他的胆略甚至都比不上自己的堂侄女。李神通可没有老哥那种吞食天地的野心，他只想做了一个逍遥自在的富家翁。但谁让他摊上了李渊这个哥哥呢，晋阳起兵后不久，代王杨侑就派人搜捕关中的李氏亲族，李神通当然榜上有名。李神通无奈，只得逃入鄠县山中，与大兴本地豪侠史万宝等人联合，起兵响应李渊。

不久之后，李神通、柴李氏叔侄俩便合兵一处，攻克了鄠县。紧接着，他们又招降了关中地区的义军领袖何潘仁、李仲文（李密的堂伯父）、向善志、丘师利等人，接连攻克盩厔、武功、始平诸县，部众也发展到了七万多人，对隋都大兴构成了严重威胁。稍后，李渊的四女婿段纶（高密公主之夫）也聚众万人，在蓝田起兵，与李神通、柴李氏结为声援。李渊渡过黄河后，他们各自派遣使者迎接义军。李渊命他们全部听李世民调遣。李世民得了这么一支生力军，更是如虎添翼，他一路高歌猛进，所向披靡。

前方不远处就是帝都大兴了！

九月，李渊出手了，他派刘弘基、殷开山二人率六万人马，南渡渭水，屯驻于大兴旧城。阴世师赶紧调派人马出战，结果却被刘弘基给打了回来。

与此同时，李世民也率第二方面军十三万人进驻阿城。二十八日，他派人向李渊请示，要求确定对大兴发动总攻的日期。李渊一面调李建成的第一方面军（刘文静部除外）从新丰直抵长乐宫，一面命李世民率第二方面军进驻大兴旧城，与刘弘基、殷开山部会合。第二天，李渊率第三方面军逼近大兴。

十月初四，李唐三大方面军二十万人马会师大兴城下。大兴城俨然已经成了义军人海中的一座孤岛了。

老李摆出了很高的姿态，他严禁各军扰民，同时多次派使者到城下对阴世师等人宣称自己尊奉大隋皇室的意思。但阴世师已经铁了心要与大隋朝，与大兴城共存亡了，他始终没有鸟老李。如此几次之后，李渊明白了，阴世师已经懒得跟他废话了。

二十七日，李渊正式下达了总攻的命令。二十万义军如潮水般冲向了大兴城……

经过无数次惨烈的殊死战斗，据守大兴的隋军死伤惨重，箭尽粮绝。大兴，这座隋王朝的国都，终于要不可避免地陷落了。十一月初九，李建成的部下雷永吉第一个攻上了大兴的城墙，帝都随即陷落。

城破之前，卫文升已经病死，李渊便将阴世师、滑仪等十多人处死了，但其余人等一概不予追究。

入城之后，老李抽空去天牢里面转了一圈。不去不知道，一去吓一跳，居然在天牢里面看到了一个熟人。谁？马邑郡丞李靖是也。

李靖，本名李药师，出生于官宦人家，祖父李崇义曾任后魏的殷州刺史，父亲李诠官至大隋赵郡太守，舅舅则是大隋一代名将韩擒虎。受家庭的熏陶，李靖从小就对兵法感冒，时人称他有“文武才略”。这小子经常挂在嘴边的一句话就是：“大丈夫若遇主逢时，必当立功立事，以取富贵。”

凭借着先人的功劳，李靖顺利进入仕途，先后干过长安县（今西安市长安区）功曹、殿内直长、驾部员外郎等职务，后调任马邑，担任郡丞，在王仁恭手下做事。别看他官职低微，但其才干却闻名于隋朝公卿之中。吏部尚书牛弘称赞他有“王佐之才”。左仆射杨素甚至还摸着自己的座椅对他说：“卿终当坐此。”

现在，这个牛人就站在李渊的面前，而他的身份却是一个囚犯。老李先是一惊，继而又乐了，问李靖：“你咋在这里呢？”李靖说了一番话，差点儿没把老李给气死。

原来，李靖这个人眼睛特刁。在马邑的日子里，他就发现晋阳的那个李渊不是池中之物，貌似老实怯懦，其实暗藏包天野心。李靖觉得，这样的人一定得除掉，否则大隋的江山恐怕就要易主了。但说到底，这毕竟只是一种猜测，毫无真凭实据，没人会相信。只有一个人例外，那就是皇帝陛下。

李靖暗自做了一个决定：去江都，向皇帝告状。但是，此去江都路途遥远，这么长的假，领导肯定不会批，总不能对领导说“我要去上访”吧？于是，他想出了一个曲线救国的法子。这个法子绝对是前无古人，后无来者，独步中国历史。

啥法子呢？犯罪！李靖犯了什么罪呢？这个史书上没有说，反正不是调戏妇女、虐待老人之类的小罪。这从过问人员的资格上就可以看得出来。根据大隋律的规定，李靖这种级别的朝廷命官犯了这种罪，须经皇帝亲自过问。皇帝在哪里？在江都！这就需要将犯人李靖解送江都。

李靖想得好，以为这样就可以掩人耳目了。岂料，人算终究是不如天算。解送的路途本来是比较顺利的，但到了大兴这一站时，出问题了：关中大乱，“道塞不通”，去不了江都了。李靖只好逗留在了大兴。这一逗，就直接逗到了大兴城破之日。

听完了李靖的话，李渊的脸都青了：“好小子，原来你是想告发我。没啥好说的，来人啊，给我推出去砍喽！”

李靖一听，坏了，说实话都有罪，赶紧大呼：“李渊，你兴起义兵是为了平息天下的暴乱，怎么能因为私人恩怨而杀害壮士呢？”李渊假装没听见，让你丫瞎说实话。左右上前，拥着李靖就往外走。

正要行刑的时候，在无数影视剧中无数次出现过的那一幕又重现了：“刀下留人呐！”喊出这一嗓子的，正是李家二公子李世民。李世民之所以要救李靖，并非因为他和李靖是熟人，而是因为他知道这个李靖文韬武略，是块帅才，能当大任。

李世民问李渊：“爹，你可知韩擒虎曾经说过什么话？”

李渊问：“什么话？”

李世民一板一眼地说：“韩擒虎曾经说过，可以和他讨论孙子、吴起兵法的，只有李靖一人。这样的人才如果能为我所用，肯定能建下盖世奇功。希望爹你不念旧恶，赦免他的过错，并授予官职。”

虽然儿子说得句句在理，但老李还是老大不情愿地说：“这样的人恐怕不好驾驭吧？”

李世民拍了拍胸脯：“你就放心吧，我自有法子。”

老李这才不情愿地免除了李靖的死罪，并将他安排在李世民的幕府里。李世民对李靖奉若上宾。李靖深感李世民的救命之恩，从此便对他死心塌地。

大兴一破，关中、巴蜀、陇西各郡县望风而降，李渊的势力像经过发酵一般迅速膨胀起来。

入城后的第六天，也就是十一月十五日，李渊便将表侄杨侑扶上了皇帝宝座，改大业十三年为义宁元年（这点要特别注意），同时给远在江都的隋炀帝阿广提了一级——太上皇。

两天后，隋帝杨侑封李渊为唐王，委以大都督内外诸军事、尚书令、大丞相等要职。杨侑还说了："以后，我朝各项军政事务及官员遴选任用，全部由我叔唐王李渊全权处理，不必上奏。"

老李一点儿都不客气，立即封赏功臣，裴寂升为长史，刘文静升为司马，其他功臣各有擢用。二十二日，老李封长子李建成为唐王世子，次子李世民为京兆尹、秦国公，四子李元吉为齐国公。

直到月底，远在江都的隋炀帝才收到确切消息：大兴陷落了。"当啷"一声，斟满美酒的金樽重重地摔在了地上，奏乐声戛然而止，目光迷离的隋炀帝喃喃自语道："原来是他！原来是他……"

潼关，屈突通狠狠地扇了自己几个耳光。

有人劝他尽早投降，屈突通听了，泪如泉涌："两代隋帝对我恩宠非常。我做着老杨家的官儿，拿着老杨家的俸禄，怎么能在老杨家遇到困难的时候背叛呢？"

他不去找李渊，李渊倒派人上门来找他了。原来，大兴陷落以后，屈突通的家人全都落入了李渊的手中。李渊爱惜屈突通的才华，便派他的家童来劝降。屈突通根本就不给家童开口的机会，一刀将其斩杀，以示拒不投降。

但这么拖着毕竟不是办法，屈突通思来想去，只能去东都投奔越王杨侗了。主意已定，他便留桑显和镇守潼关，自己亲率大军往洛阳而去。但他绝没想到，他前脚刚走，桑显和后脚就向刘文静打开了潼关的大门。

刘文静这个人忒坏，让桑显和跟着窦琮等人率轻骑追击屈突通。屈突通哪想到心爱的部下会献关投降啊，所以这一路上行进速度不是很快。他刚刚走到稠桑（今河南灵宝）这个地方，窦琮、桑显和便追了上来。那一刻，屈突通分明听到自己心碎的声音。

但更让他心碎的还在后头呢，义军阵营中突然传出了一个熟悉的声音："爹！"

屈突通凝眸一瞧，竟然是自己的儿子屈突寿（屈突是复姓）。

屈突寿跃马而出："爹，隋朝气数已尽，唐王拨乱反正，您还是快快弃暗投明吧！”

屈突通强忍着眼泪，破口大骂：“住口，我不是你爹。咱们曾经是父子，但现在你我是不共戴天的仇敌。”不待屈突寿回话，老屈便命左右向儿子射击。屈突寿吓得躲入阵中。

这个时候，桑显和站了出来，又给屈突通破碎的心捅了一刀。他在阵前对自己原先的部下大呼：“大兴已经失陷了，你们都是关中人，跑到关东干啥去呀？”这招比较狠，釜底抽薪，屈突通的部下纷纷放下了武器，向义军走来。

屈突通自知再也无力回天了，他翻身下马，面向东南方（江都的方向）跪下，泪流满面地说：“臣力屈兵败，不负陛下，天地神祇，实所鉴察。”话音刚落，义军一拥而上，将他捆了个结实。

不过，战俘屈突通依然受到了李渊的优待，李渊任命他为兵部尚书，封蒋国公。

8. 西秦大帝来踢馆

从晋阳起兵到入主大兴，这半年李渊父子忙得是脚打后脑勺。好容易挨到十一月，李渊受封唐王，革命总算是初步成功了。以为终于可以暂时地喘口气了，岂料十二月初又来事儿了：有人来踢馆。谁？西秦大帝薛举的太子薛仁杲。

和李氏父子一样，薛氏父子也是在这一年竖起反旗的。四月初三，当时还是金城府（今甘肃省兰州市）校尉的薛举带着包括儿子薛仁杲在内的十二个小弟发动政变，囚禁了以金城令郝瑗为首的各级官吏。随后，薛举打开粮仓，赈济百姓，正式宣布起兵反隋。

从一开始，薛举就十分高调，他自称西秦霸王，迅速建立起了反隋的割据政权。紧接着，他又击败了前来征讨的隋军，并陆续招降了陇西最厉害的强盗头子宗罗劻以及部分羌族武装力量，兵势大振。不到三个月，薛举就将整个陇西收入了囊中，部众发展到十三万之众，称雄西北。

七月，当李渊还在贾胡堡“洗桑拿”的时候，薛举已经称帝建国了，国号西秦，定都天水，以正妻鞠氏为皇后，长子薛仁杲为皇太子。十一月，当李渊大军围攻大兴城的时候，薛举的势力已经渗透到了离大兴不远的扶风地区（今陕西凤翔），手下的小弟也飙升至三十万。

老薛的卧榻之侧当然不容老李酣睡了。这不，进入十二月后，薛举仗着自己人多力量大，便派薛仁杲进围扶风，虎视大兴。李渊接到警报，立刻派李世民率军救援扶风。

李渊是虎父，薛举也是虎父。李世民是虎子，薛仁杲其实也是虎子。此人力大如牛，精于骑射，有万夫不当之勇，人送外号“万人敌”。从随父起兵至今，薛仁杲百战百胜，从不知失败为何物。李渊觉得，李世民一定会赢。薛举觉得，薛仁杲绝不会输。

十七日，李世民和薛仁杲在扶风城下干了一仗。此战之后，薛仁杲终于明白失败究竟是什么滋味了。在这次虎子对决当中，万人敌薛哥被李世民打得抱头鼠窜。

消息传来，薛举吓得魂飞魄散，额滴个神啊，天下竟然还有比吾儿更厉害的人？这一次，他是吓破胆了，居然问大臣们：“历史上有天子投降的旧例吗？”

他的黄门侍郎褚亮（褚遂良他爹）对李渊一直抱有好感，此时便趁机说道：“有啊有啊，简直太多了！这种转祸为福的事自古就有，不胜枚举。”

薛举被褚亮忽悠得心动了。正在这时，有一个人站了出来，厉声说道：“万万不可！”薛举定睛一瞧，原来是卫尉卿郝瑗。

按理说，薛举和郝瑗应该是不共戴天的仇人。但政变成功后，薛举并没有为难郝瑗，很快就将他释放了。或许是觉得薛举是个人物，又或许是出于感恩戴德的心态，反正郝瑗是把自己的一颗真心完完全全交给薛举了。薛举对他也不错，称帝后便封他为卫尉卿。

不过，郝瑗归到薛举帐下后，很久都没发表过什么意见。但现在，这个沉默已久的人终于开口了：“陛下，你不应该问这种事儿。褚亮完全是一派胡言。西汉高祖刘邦与蜀汉先主刘备历经无数艰难困苦，才最终成就帝业。陛下你怎么能因为碰到一点小小的困难，就做起了投降的打算呢？”

这番话义正词严，掷地有声，说得薛举暗暗后悔，他尴尬地掩饰道：“哦，我不过是用话来试试你们罢了。我怎么会投降呢？”从这以后，薛举就断了投降的念头，决意与李渊父子周旋到底。他重赏了郝瑗，并提拔他当了自己的高参。

虽然取得了扶风会战的胜利，但李渊觉得进军陇西、彻底歼灭薛举的条件尚未成熟，便命李世民班师回朝了。双方的第一次交锋就此戛然而止。

9. 隋炀帝之死

时光荏苒，转眼便到了义宁二年（公元 618 年）。

此时的大隋帝国，入眼满是破败的景象：烽火遍地，民不聊生。反贼越剿人数越多，越剿规模越大。这些遍布全国各地的反贼，在每一处战场上都给隋政府以无情的打击。大隋朝成了名副其实的大“衰”朝，对全国的控制日渐萎缩，只能勉强维持对东都洛阳附近地区和江都附近地区的控制。

眼看着江河日下，国将不国，醉生梦死的隋炀帝不仅不想着重整旗鼓，收拾山河，反而消极沉沦，更加荒淫无耻。在江都的日子里，隋炀帝日日欢宴，夜夜春宵，整日里酒杯不离口，美女不离手。其实，他比谁都清楚，大隋朝已是无药可救了，所以只好用犬马声色来麻醉自己。

然而，表面的放荡毕竟难以掩盖内心的恐慌。除去吃喝玩乐，隋炀帝做的最多的一件事情就是拄着手杖，恋恋不舍地巡视着宫中的楼台馆舍，不厌其烦地观赏着四周的美景，不到晚上绝不止步。

他就像个疯子一样，时而自我安慰，时而顾影自怜。杨广曾经不无乐观地对萧皇后说：“外面有不少人想算计朕。但朕最终还能做个陈叔宝（南陈的最后一位君主）第二。而你呢，也能做个沈皇后（陈后主的皇后）。所以啊，咱们还是照旧饮酒享乐吧！”

但喝醉之后，他又满怀悲怆地照着镜子对萧后说：“多好的一颗头颅啊！将来谁会把它砍下来呢？”萧后闻言大惊，一个劲儿地嗔怪他乱讲。岂料，隋炀帝却淡然一笑，说了一句超有哲理的话：“贵贱苦乐都是循环更替的。即便将来真有这么一天，又有什么好伤感的呢？”

这一天说来就来，而其导火索则是隋炀帝的一个决定：迁都丹阳（今江苏南京）。

事情的原委是这样滴：阿广见中原大乱，便不想再回北方了，打算把国都迁到丹阳，据有江南半壁河山。朝中群臣立刻分作对立的两派：一派以大奸臣、内史侍郎虞世基为首，极力拥护阿广；一派以右候卫大将军李才、门下录事李桐客为首，持坚决反对态度。

反对派立场非常坚定，搞得阿广心情不爽。御史看领导的眼色办事儿，就将李桐客等人弹劾下狱。其余公卿大臣见状，便再也不敢有所非议了，集体扯了谎：“江东百姓渴望陛下驾临已经很久了。陛下过江抚慰统治百姓，此举堪比大禹。”

隋炀帝很高兴，正式下令修建丹阳宫，准备择日迁都丹阳。

此令一出，惹怒了一群人。这群人就是随阿广南下江都的大隋御林军——骁果军。

骁果军其实是一支相当年轻的军队，始建于大业九年（公元613年）。作为皇家近卫军，骁果军的装备相当精良，个个配汗血宝马，装备骑枪和马刀，身穿血色明光铠甲，头戴赤金豹头盔，左臂上刺有血鹰，战斗力非常之强悍。但骁果军还有一个特点，那就是其成员全部是关中人。

其实啊，骁果军将士对阿广不满已经不是一天两天了。南下这么久了，皇帝却不见有回长安的意思，大家也是有血有肉有家室的人，上有老父老母需要赡养，下有嗷嗷的孩童需要抚养，中有娇滴滴的艳妻需要抚慰，孤身在外，天长日久，这谁能受得了啊？！

起初，将士们还觉得皇帝迟早是要回去的。等啊等，等啊等，岂料却等来了迁都的消息。于是，无比悲催的将士们震惊了，愤怒了。这个说杨广快玩完了，我们快失业了，就要领不到工资了。那个说大隋公司在关中的地产也被李渊给无偿收购了，我们无家可归了。还有的说领不了工资是小，再跟着这个瘪三，我们可能连命都没有了。众人议论纷纷，都为自己的惨淡前景感到悲伤，都觉得自己是被杨广这家伙给害了。

第一个吃螃蟹的人很快出现了。郎将窦贤一个想不开，便带着自己的小弟开溜了，打算逃回大兴。隋炀帝闻讯大怒，派骑兵追击。结果，逃跑行动流了产，窦贤被杀。但一个窦贤倒下去了，千千万万个窦贤却很快就站了起来。骁果军将士逃亡的现象日益增多，隋炀帝一筹莫展。

终于，骁果军的大哥大——虎贲郎将司马德戡也坐不住了，他也想西逃入关。

说起来，司马德戡也是老同志了。他的父亲司马元谦曾出任北周的都督，但死得太早，以至于少时的司马德戡只能以杀猪来维持生计。开皇年间，司马德戡出任侍官，后来渐渐升迁至大都督一职。他“进止便僻，俊辩多奸计”，很受杨玄感他老子杨素的器重。后来，司马德戡因为在征辽之战中有功，而被擢升为虎贲郎将。

现在，这位虎贲郎将满脑子装得就是两个字儿：逃跑。跑随时都可以，但要想不重蹈窦贤的覆辙，就必须得有帮手。但找谁来帮忙呢？这是个问题。司马德戡一边派亲信校尉元武达查探舆情，一边在暗地里琢磨合作伙伴。

说来也巧，这天他在军营中溜达的时候，无意中听到了一组对话。对话的一方是武贲郎将元礼，另一方则是直阁裴虔通。

就听元礼对裴虔通诉苦："陛下下敕修建丹阳宫，看来他是没有返京的意思了。将士们思念家乡，已经有人在暗中商量逃跑的事情了。我本想将此事告诉陛下，但陛下的为人你也知道，就怕他知道这件事后，将士们性命难保。但我如果知情不举，将来陛下知道了，我的一家老小恐怕难逃族灭之灾啊。我现在是进退两难，你说我该怎么办嘛？"

裴虔通长叹一口气："是啊，确实挺难的。其实，我也想回家啊！"

司马德戡听了，心中暗喜，咳嗽了一声，便走了出来。元礼、裴虔通惊恐地望着他。司马德戡也不遮掩，开门见山："你们两人说的话我都听到了。你们知道吗？关中陷落的时候，据守华阴的李孝常发动叛乱，结果他的两个弟弟全部被杀。咱们这些人的家属可都在西边，如果咱们造反，他们可就惨了！"

这句话算是说到裴虔通的心坎儿里面去了："是啊，所以我们不能只考虑自己。这几天来，我天天晚上都会做噩梦，真不知道该如何是好啊！"

司马德戡笑了："你只有晚上才会做噩梦，而我白天都会做噩梦。你们看这样行不行？如果将士们逃跑，咱们就跟着他们一起逃跑。"

裴虔通、元礼思虑再三，也觉得没有更好的办法了，便说："好啊，只能这么办了。"

事儿就这么定下来了。谈话结束后，三人积极串联，很快就把虎牙郎将赵行枢、鹰扬郎将孟秉、直长许弘仁、薛世良、城门郎唐奉义、医正张恺、勋侍杨士览、内史舍人元敏、符玺郎牛方裕等人拉下了水。或许是仗着人多势众，这些人最后竟然发展到在大庭广众之下公开谈论逃跑的事情，毫无顾忌。

这么嚣张不出事儿才怪。一个宫女在无意之中听到了他们的谈话内容，便赶忙跑去向萧皇后告密："外面人人都想造反。"

萧皇后听了，也不知道该如何处置，便让宫女去向隋炀帝报告。岂料，隋炀帝不仅没有追究这件事儿，反而还杀了这个可怜的宫女，理由是小宫女不该过问政事。

司马德戡都快笑抽了。

打这以后，萧皇后也死了心，如果再有人说起类似事情，她总是会长叹一口气："不用说了，局势已经艰难到这种程度，说什么都没用了，徒然让陛下担心。"从此，再也没有人向他们夫妇说起外面的事儿了。

本来呢，司马德戡只想着带领骁果军于三月十五日西行入关，但一个人的参与，让计划中的逃跑事件最终升级为反叛。这个人便是已故左翊卫大将军宇文述（死于大业十二年十月）的第二子——将作少监宇文智及。

宇文智及本来不知道这件事儿，但是有两个人将司马德戡的计划告诉了他。这两个人，一个是他的好友赵行枢，一个是他的外甥杨士览。野心家宇文智及闻讯大喜，居然萌生了一个胆大包天的念头。他对司马德戡说："皇上虽然无道，但是他的威令还在。你们若是逃跑，下场必定和窦贤一样。"

司马德戡闻言无语。其实，他也知道逃跑委实算不上什么上上之策。只不过，以他的智商和气魄，实在是想不到什么更好的法子了。他没有，但是宇文智及有啊："现在，天下群雄并起。乘此良机兴起大事，这才是帝王之业啊。"

司马德戡听了，无比震惊，思考良久，终于艰难地点了点头。但是，他并不想出这个头，同时他觉得宇文智及也没有领袖群雄的资格，便提出由宇文智及他哥右屯卫将军宇文化及当老大。宇文智及心中虽然不爽，但也只好接受。

众人商定之后，才来找宇文化及。宇文化及一听说要造反，当时吓得脸色都变了，浑身直冒冷汗，说啥都不干。众人好说歹说，软硬兼施，他才听从。

大事已定，司马德戡立即付诸行动。他担心骁果军未必会跟随他造反，便想了一记损招。司马德戡命许弘仁、张恺暗中放出风去，说隋炀帝已经知道骁果策划逃跑的事儿了，他老人家命人酿了很多毒酒，打算利用宴会的机会，把所有的骁果都毒死，只和南方人留在江都。

这是一个相当拙劣的谎言，但对于煽动军中的不满情绪来说，已经足够了。果然，谎言一传十十传百，骁果军上下人心惶惶。

三月初十这天，江都刮起了罕见的大风，直刮得天昏地暗，似乎在预示着什么不祥的事情。司马德戡召集全军，向将士们摊了牌，说他要推翻隋炀帝的统治，带着众人回到关中。骁果军将士听了，欢声雷动，一致拥护司马德戡的决定。

形势已经危急到这种地步了，我们的主人公隋炀帝却仍然被蒙在鼓里。

世上就没有不透风的墙。隋炀帝糊涂，却不代表张惠绍也糊涂。这位江阳县县长的心跟明镜儿似的，早就洞悉了司马德戡等人的阴谋。但他只是一个小小的县长，根本不具有与皇帝陛下对话的资格。眼看着动乱就要发生了，张惠绍立刻飞驰江都，将事情告诉了御史大夫裴蕴。

裴蕴的政治敏锐性是很强滴，对于张惠绍的报告，他深信不疑，并立即决定假传圣旨，调动江都城外的军队，逮捕宇文化及等人。但兹事体大，必须得经过内史侍郎虞世基的同意。

于是，裴蕴立刻派人去向虞世基请示。岂料，虞世基根本就不相信宇文化及、司马德戡会造反，竟然将这份请示压了下来，没有回复。裴蕴是望眼欲穿，等啊等，等啊等，却在三更时分等来了一声炮响。刹那间，裴蕴明白了，他无限懊悔地叹息道："此乃天意也！和播郎（虞世基）商量，竟然误了事！"

江都城内外火光冲天，人声鼎沸，喧闹声甚至都传到隋炀帝的耳朵里。隋炀帝忙问是怎么回事儿。负责在宫内策应叛乱的裴虔通忽悠他说："哦，陛下，没什么了，是草坊失火了。外面的人现在正在救火呢！"

要是一般人，阿广还会有所怀疑。但是，对于裴虔通的话，他绝对深信不疑。因为，这个裴虔通是他的老部下了，早年他还是晋王的时候，裴虔通就跟着他了。

最先发现险情的是居住在宫城之外的阿广的长孙燕王杨倓。当宇文智及指挥人马封锁各处街道的时候，杨倓就觉得事情有些不对劲儿了。他估摸着宫城之内的皇爷爷还不知道此事，便打算连夜进宫面圣。但看来老天爷是铁了心要抛弃大隋了，杨倓在宫门之外刚好碰到了内鬼裴虔通。他还想和裴虔通耍心眼儿，说什么"我突然中风，就要死了，请让我当面向皇上告别"之类的鬼话。岂料，人家裴虔通根本不听，直接命人将他关了起来。

五更时分，司马德戡已经将皇城各门的守卫都换成自己人了。在裴虔通的策应之下，司马德戡麾军进入皇城。叛军一路长驱直入，如入无人之境。一直到成象殿，才终于有人站出来。负责守卫成象殿的右屯卫将军独孤盛感觉情况不对，便质问裴虔通："什么人的队伍？行动太奇怪了！"

事到如今，裴虔通干脆也不遮遮掩掩了："形势已经这样了，不关将军您的事儿！您最好不要轻举妄动！"

独孤盛全明白了，他破口大骂裴虔通："老贼，你说的什么混账话？！"顾不上穿戴铠甲，独孤盛就与身边的十几个人一起向前拒战。但双拳毕竟难敌四手，独孤盛等人很快就被乱军杀光。

国难当头，大隋的忠臣可不止独孤盛一个。得知司马德戡等人造反的消息后，千牛独孤开远立即带领数百人马直奔宫城的北大门——玄武门。他一边叩击宫门，一边大声呼喊："陛下，咱们的武器非常完备，足以破敌。如果您能带领我们御敌，人心自然会安定下来。否则的话，大祸就要临头了。"他喊了半天，愣是没有人回话。独孤开远就纳闷儿了，守卫玄武门的"给使"哪里去了？

"给使"是个什么东东呢？这么说吧，给使是御林军中的御林军，特种部队中的特种部队。给使军虽然人数不到千人，但是装备比骁果军还要精良，战斗力比骁果军还要强悍。最关键的是，给使军的每一个战士都是由隋炀帝阿广亲自挑选的，政治立场坚定得不得了。司马德戡和裴虔通若是想率军强攻玄武门，恐怕是很难讨到半点儿便宜的。

但当此危难关头，这些骁勇的战士居然没一个人在岗。他们都哪里去了？答案令人哭笑不得：他们今天放假了。是谁给他们放的假？皇帝！皇帝知道这件事儿吗？他不知道！

司马德戡和裴虔通当然知道给使军是他们进军宫城的巨大障碍了，但他们只用一个女人就摆平了这个问题。这个女人便是司宫魏氏，是宫女中的小官吏。根据裴虔通的指示，她假传圣旨将给全体使军放了假，让他们出宫游玩去了。

独孤开远还在执着地叫门，但他手下的将士已经寒了心，络绎散去。这个时候，司马德戡、裴虔通已经引着叛军往玄武门而来。独孤开远孤掌难鸣，旋即被擒。

一时间，宫城之内，喊杀声四起。到了这个时候，傻蛋都该知道有人闹事儿了。但隋炀帝做梦都想不到司马德戡和裴虔通会作乱，他还以为是自己的二儿子齐王杨暕造反了呢！傻了吧唧的阿广居然弱弱地问萧皇后："造反的不会是暕儿吧？"

紧接着，隋炀帝就想到了毒酒。他料定迟早会有这么一天，所以经常用罂装着毒酒带在身边，并且时时叮嘱宠幸的美女们："如果贼人到了，you drink，I drink。"然而，当这一天真的来临的时候，内侍、宫女、美人们早就四散逃命去了，谁还有心思给他拿毒酒啊！

隋炀帝自己也找不着毒酒，只得和萧皇后换了便装，向西逃入左阁。司马德戡和裴虔通随后跟来，乱军猛烈冲撞左阁的大门。关键时刻，又是司宫魏氏站了出来，为乱军打开了阁门。乱军冲入永巷，一群娇滴滴的美女瑟瑟发抖地挤在一起。

裴虔通厉声喝问："陛下哪里去了？"

一名吓得面如死灰的美女哆哆嗦嗦地指了指窗户后面。校尉令狐行达拔刀便冲了上去。

隋炀帝干脆也不躲了，大大方方地走了出来，质问令狐行达："你想杀我吗？"

他这么一整，倒把令狐行达给唬住了。令狐行达赶忙辩解："臣不敢，只不过是想奉陛下西还长安罢了。"语毕，他将隋炀帝扶了下来。

走过裴虔通身边的时候，隋炀帝无限哀怨地看了他一眼："你是我的老部下了。咱们之间有什么深仇大恨？你为什么要谋反？"

裴虔通老脸一红，但旋即正色说道："臣不敢谋反，但是将士想回家，我不过是想奉陛下回京师罢了。"

事已至此，隋炀帝只得说："朕也一直想着回去呢。只是因为长江上游的运米船迟迟未到，所以才迁延至今。现在，我就和你们回去吧！"

他这么一说，裴虔通不知该说些什么了，只好命人守住隋炀帝。

天明以后，众人派兵去迎接宇文化及。宇文化及还不知道政变已经取得了成功，见了大兵，吓得浑身颤抖，说不出话来，犹豫了好久，方才硬着头皮上路。一路上，凡有人拜谒行礼，他只会低着头，双手按着马鞍，连声说道："罪过。"司马德戡见老大终于赶到，喜出望外，立刻将宇文化及迎入朝堂，尊称为丞相。

裴虔通得知宇文化及赶到的消息后，便对隋炀帝说："百官现在都在朝堂，陛下你需要亲自出去慰劳。"语毕，裴虔通即将自己随从的坐骑奉上。

隋炀帝瞅了瞅马儿："不行啊，马鞍笼头太破旧了，有失朕天子的身份，换副新的再说。"

裴虔通心想，都什么时候了，还在这里摆皇帝的谱。但他还是命人更换了笼头。隋炀帝这才跃上马背。裴虔通一手提刀、一手牵着缰绳走出宫门。

乱兵望见，欢声雷动。

隋炀帝刚到朝堂，就听见宇文化及说了一句话："留这个家伙有什么用？赶快弄回去结果了！"

于是，裴虔通又带着隋炀帝返回了寝殿。司马德戡等人拔出明晃晃的兵刃，将大殿团团围住。隋炀帝无奈地叹了一口气："我到底犯了什么罪？"

马文举一听，气坏了，居然还说自己没罪，你当我们二百五呢，就气呼呼地答道："陛下你抛下宗庙不顾，不停地巡游享乐，对外频频作战，对内奢侈荒淫，致使强壮的男人都死于刀兵之下，妇女弱者死于沟壑之中，民不聊生，盗贼蜂起。而你却一味地任用奸佞，文过饰非，拒不纳谏，怎么能说没罪呢？！”

事已至此，回想前尘往事，隋炀帝也觉得自己确实有负于祖宗社稷和天下百姓。但他还是不甘心：“我确实对不起天下的百姓。但是你们这些人享受着我给你们的荣华富贵，拿着我给你们发的工资，为什么现在却这样对我？你们今天闹事，到底是谁带的头？”

这番话说得确实很有道理。但司马德戡站了出来，回了一句听起来更有道理的话：“溥天同怨，何止一人！”这句话听起来义正词严，实际上有点装。阿广说得对，他即便对不住天下人，可是对身边人那是相当说得过去的。这些家伙为了自己的利益，算计了自己的主子不说，还想博个好名声，真正是“既想当婊子，又想立贞节牌坊。”

这个时候，宇文化及又派部下封德彝来挤兑皇帝。封德彝巧舌如簧，一件件、一桩桩地数落隋炀帝的罪行。隋炀帝杨广只回了一句“卿是士人，何至于此”，便将封德彝噎得“赧然而退”。

隋炀帝的小儿子赵王杨杲今年才十二岁，几曾见过这种阵势，吓得号啕大哭。裴虔通听得心头烦恼不已，上前就是一刀。杨杲当即脑浆迸流，鲜血溅了隋炀帝一身。

令狐行达操刀上前，就要砍劈。隋炀帝厉声喝道：“天子自有天子的死法。你们怎么能对天子动刀呢？取鸩酒来！”

但马文举不答应，让令狐行达按着炀帝坐下。隋炀帝重重地叹息了一声，解下身上的练巾，交给了令狐行达。令狐行达将练巾套在隋炀帝的脖子上，双手发力，嘎嘎作响……

一代才子兼暴君杨广就在早春三月——这个生机盎然的季节，给自己五十年的人生画上了一个不完满的句号。有人说隋炀帝是中国版的尼禄，这话小玉不敢苟同。尼禄是一个没有任何才华的变态狂，隋炀帝则是一个性格有缺陷的才子。两者相较，隋炀帝至少要比尼禄高好几个档次。

隋炀帝的死敲响了隋朝皇室的丧钟。小玉说过，大隋皇室人丁一直不怎么兴旺，隋炀帝的四个兄弟当中，只有四弟蜀王杨秀健在。但杨广对这个弟弟很不放心，三下江都的时候，他硬是将杨秀拉上了。宇文化及干掉隋炀帝以后，本打算尊奉杨秀为帝。但是，司马德戡、裴虔通等人不同意。于是，宇文化及就命人杀了杨秀和他的七个儿子。

齐王杨暕死得最悲情，因为直到生命的终了，他都未能消除与父亲之间的隔阂。宇文化及派人到府邸上杀人，杨暕还以为是隋炀帝下令来逮捕他的，拼命地叫喊："父皇，儿没有对不起国家啊！"乱兵将这位齐王爷从府中一直拖到街上，一顿乱砍。可怜杨暕到死还以为是父亲要杀他。一同被杀的还有他的两个儿子。许是老天爷觉得杨暕可怜，给他留下了一点儿血脉，他老婆肚子里还怀着一个儿子，侥幸存活。

稍后不久，被裴虔通关起来的炀帝长孙燕王杨倓也死于非命。凡在江都的隋朝皇室宗亲、外戚，除去杨广三弟秦王杨俊的两个儿子杨浩和杨湛外，不分老幼，全部被杀。而阿广的嫡系子孙只剩下大兴的傀儡皇帝杨侑和洛阳的越王杨侗了。本来，依着宇文化及的意思，是想将隋朝皇室全部杀光的。但宇文智及和杨浩是好朋友，便想方设法保全了杨浩兄弟。

虞世基、给事郎许善心、御史大夫裴蕴、左翊卫大将军来护儿、秘书监袁充、右翊卫将军宇文协等人及其家族也全部被杀。

随即，宇文化及拥立杨浩为皇帝。

四月底，隋炀帝被杀的消息传到了长安。李渊心里甭提有多高兴了，表面上还装得挺悲戚，"哭之恸"，连连说道："我北面称臣侍奉君王，君主失道不能挽救，岂敢忘记哀痛悲伤呢？"

但半个月之后，他就强迫小皇帝杨侑禅位给他。五月二十日，唐王李渊在太极殿即皇帝位，改国号为唐，改义宁二年为武德元年，改大兴为长安，定为国都。在中国历史上具有承前启后伟大作用的唐帝国就此建立，中华历史又揭开了崭新的一页。

四天后，东都留守官员元文都等也拥戴越王杨侗即皇帝位，改年号为皇泰。

哦，对了，有件小事儿差点儿忘了说了，三个月后的八月初一，年仅十五岁的杨侑突然暴毙，死因不详。

10. 看谁笑到最后

李渊称帝的消息传到陇西，薛举就更坐不住了。薛举很清楚，西秦和李唐的关系非常简单，就是八个字儿：有你无我，有我无你。兵家说得好，"先发制人，后发制于人"，所以他决定先下手为强。

六月初十，薛举集结优势兵力，进攻李唐西北军事重镇——泾州（今甘肃泾川县)。李渊接报，再次以李世民为统帅，率领刘弘基、殷开山、慕容罗勐、李安远等八路总管救援泾州。

七月初，薛举率军逼近高摭城(今陕西长武北)，其先头部队已经出现在豳州(今陕西彬县)和岐州(今陕西凤翔)一带地区，兵锋极为锐利。

李世民认为，西秦军士气正盛，此时不宜与之决战，便下令大军深挖壕沟，加高壁垒，避而不战。孰料，在这关键时刻，李世民居然意外地病倒了，疟疾。卧床不起的李世民只得将军事指挥权交给了资历最老的刘文静和殷开山。

交权之前，李世民对二人是千叮咛万嘱咐："薛举孤军深入，粮草辎重都很成问题。据我估计，他们的粮草支撑不了多久。你们万万不可出战，一切等我病好以后再说。"刘文静、殷开山哥俩儿满口应承。

但下来以后，殷开山却坐不住了。

殷开山，表字以行，汉族，京兆鄠(今陕西鄠县)人。他的祖父殷不害曾官居南陈司农卿、光禄大夫。父亲殷僧官至大隋秘书丞。殷开山年轻的时候就以学问和才俊知名天下，尤其擅长写作和书法，仕隋太谷长。李渊晋阳起兵后，他被招为大将军府掾，成为李渊的心腹干将。

殷开山觉得避而不战太消极了，便来找刘文静商量："秦王是因为担心你我二人不能退敌，才说那番话的。我想，薛举听说秦王病倒，必定会越发地轻视我们。我们可以不出战，但也应该展示一下武力，以震慑敌人。"

刘文静一寻思，觉得殷开山说得很有道理，就这么猫着，似乎有损士气，可以不真打，但是恫吓一下敌人也是可以的嘛！哥俩儿说办就办，七月初九，唐军(从现在开始可以叫唐军了)开出大营，在高摭城西南的浅水原列阵，炫耀武力。

西秦军已经憋了好久了，见唐军终于出城，个个欣喜若狂。最高兴的是薛举，他当即率精兵悄悄迂回至唐家军的背后。刘文静和殷开山做梦都没想到薛举会来这么一手，"恃众而不设备"。这就麻烦了。

薛举亲率大军从唐军背后发动突袭。猝不及防之下，唐军遭到惨败，死伤过半，慕容罗勐、李安远当场阵亡，刘弘基被俘。唐军兵败如山倒，薛举轻而易举就攻克了高摭城，"收唐兵死者为京观"。啥是京观呢？京观又叫武军，就是将敌军的尸体堆在道路两旁，盖土夯实，筑成金字塔形的土堆。

形势到了这个地步，李世民也没有办法，只得率残部奔回长安。李唐建国之后的第一仗，竟以惨败落幕。刘文静和殷开山闯了这么大的祸，李渊的愤怒可想而知，他将二人一顿臭骂，继而又传下敕书，削职为民。

唐廷上下鸡飞狗跳，西秦这边则是众志成城，誓要攻拔长安，覆灭大唐。薛举摩拳擦掌，雄心勃勃，他派太子薛仁杲进围宁州。好在大唐宁州刺史胡演守御有方，成功击退了薛仁杲，否则长安危矣。

薛举正准备亲自奔袭长安呢，岂料关键时刻，他居然病倒了，并于八月初九突然去世。皇太子薛仁杲随后即皇帝位，改折摭城（今甘肃泾川东北）为都。薛举死后没几天，郝瑗也死了，原因竟然是“哭举得疾”。这个人，真是没法说了！

薛仁杲有着比乃父更强的武功和能力，但他有一个致命的缺点，那就是：弑杀成性。

其实，残忍是老薛家的传统了。就拿薛举来说吧，每次战后，他都要将俘虏的敌兵全部坑杀，而且手段十分残忍，多采用断舌、割鼻甚至棰捣等毫无人道的手法。他的老婆鞠氏也不是什么好鸟儿，喜欢用鞭子抽打下人。受打的下人吃不住痛，在地上翻滚躲避，她竟然命人将受刑人活埋至肚腹，然后再加以鞭打。

但他们两口子的所作所为和薛仁杲比起来，简直就是小巫见大巫，差的不是一点儿半点儿。在凶残变态这一块儿，薛仁杲绝对是青出于蓝而胜于蓝。他曾在作战当中抓到过隋朝大臣庾立。庾立是个刚直之人，坚决不肯投降。薛仁杲暴怒，将庾立架在火堆上活活烤死。这还不解恨，他竟将庾立的肉一块儿一块儿地割下来，赏给士兵们吃。他的狠毒与残忍，让薛举都无法忍受。老薛曾经大骂小薛：“没错，你小子是挺有能力的。但是，你生性太过残酷，对人刻薄寡恩。我真担心将来有一天老薛家和西秦国会亡在你的手上。”

可想而知，这样的领导当然不能赢得下属的衷心拥护。薛举的一帮老哥们儿就不买薛仁杲的仗。所以，当此最高权力交接之际，西秦国内部一片混乱，人心离散，士气低迷。

这种情况被大唐秦州总管、李世民的舅舅窦轨看在了眼里。窦轨觉得这是个立功的好机会，便于九月十二日发兵进攻折摭城。他的小算盘打得不错，本想着浑水摸鱼，岂料不仅没摸到，反而被鱼给啃了一口。在被薛仁杲一顿暴扁之后，窦轨仓皇逃归秦州。薛仁杲顺势反弹，再一次兵临泾州城下。

薛仁杲的这记防守反击玩得那叫一个漂亮啊！仓促之间，李唐援军根本无法及时援救泾州。泾州成了西秦军汪洋大海中一叶扁舟。守卫泾州的骠骑将军刘感是一个宁折不屈的人，虽然敌军围困万千重，但他自岿然不动。

城池固然不曾陷落，但粮食却日趋见底儿。终于，全城上下都找不到一粒儿粮食了。刘感二话不说，就把自己的坐骑给杀了，分给将士们吃。为了能让将士们多吃点儿肉，他坚决不肯吃马肉，只是用煮肉的水汤拌木屑充饥。将士们都被刘感爱兵胜过爱己的精神所深深感动，越发卖力地守城。靠着上下一心，泾州城虽然几次濒于沦陷，但刘感和他的战士们最终还是挺了过来。

终于，李唐第一路援军赶到了，统兵的是宗室长平王李叔良，李渊的堂弟。李叔良本人不太有名，但他有个曾孙是中国历史上的知名人物，叫作李林甫。李叔良严重低估了薛仁杲的智商。其实，薛仁杲不仅四肢发达，头脑也不简单。他放出风说，哎呀，我们西秦军的粮食也吃光了，这仗是不能再打了，我们回呀！李叔良闻讯大喜。十三日，他又收到了一个好消息：高摭城的西秦守将决心归降大唐。李叔良乐屁了，便派刘感去接管高摭城。

经过四天的行军，刘感抵达高摭城。他在城下叫了半天门，可人家就是不给开，还说什么“你们翻墙进来吧”。刘感觉得有点儿不对劲儿，就命人放火烧城门。果然，一试便知，城上的人立刻浇水下来。刘感心知不妙，赶紧命人后撤，但为时已晚。当城头的烽火燃起后，刘感看到南原之上西秦军如潮水般涌来……

薛仁杲又一次出现在泾州城下，和上次略有不同的是，这一回他的身边多了一个五花大绑的刘感。薛仁杲对刘感说：“你要是想活命的话，就按我的意思向城中喊话，就说援军已经被我消灭了，让他们快快投降！”

刘感说：“行，没问题。”于是，刘感来到城下，张嘴喊道：“兄弟们，敌人的粮食快吃光了，秦王殿下已经带着二十万大军（纯属虚构）来增援我们了。你们一定要顶住啊！胜利终将属于我们！”

薛仁杲大怒：“来人啊，把这个不讲信用的家伙给我埋了。”他催动坐骑，亲自拈弓搭箭，射击被埋了半截子的刘感。起初，刘感还能大声叫骂，但渐渐地，声音便越来越低……

李叔良感动得热泪盈眶，但他根本无力救援，只能眼睁睁地看着刘感被射成了刺猬。

李叔良坚持到九月底，终于等来了李世民。

薛仁杲也不含糊，派麾下第一猛将宗罗㬋率军出击。宗罗㬋早就听说李世民很能打了，此次有心和他好好 PK 一番。岂料，人家李世民根本就不甩他，高挂免战牌，不打不打就不打。宗罗㬋憋坏了，天天到唐军营前挑战，但李世民就是窝着不出来。

李世民可以坐得住，但不代表他手下的那帮小弟也能坐得住。宗罗勐这家伙口德不好，挑战不成，就出言谩骂，惹得唐兵唐将怒气冲天，个个摩拳擦掌，恨不得活吃了他。大家伙儿实在受不了了，就一起来找李世民，强烈要求出击，好好教训教训这个宗罗勐。

李世民笑了：“大家的心情我可以理解。但是，我军前不久刚刚打了败仗，士气低迷。而西秦军呢，刚刚打了胜仗，士气正高。此时，我们就应该紧闭营门，坚守不出，养足锐气。他们骄横，我们奋勇。我们只需要一战就可以搞定他们了。”

但众将还是不听，惹得李世民怒起，下了一道死命令：“再有请战者，斩立决。”众将无奈，只得噤口不言。大家伙儿以为再等几天就可以了，岂料这一等就是两个月。众将士的愤懑与日俱增。

这天，正当唐营诸将发牢骚的时候，对面来了一个人。谁啊？宗罗勐的部将梁胡郎。

李世民问梁胡郎：“你为什么要投降我军啊？”

梁胡郎长叹一声：“唉，没办法啊！我军的粮食都已经吃光了，迟早得被贵军打败。我寻思着，与其日后做俘虏，还不如现在就主动投诚呢！”

李世民听了，哈哈大笑，对众将说：“各位，攻灭薛仁杲就在近日。传我将令，着行军总管梁实率军进驻浅水原。”

宗罗勐白天想，夜里盼，就等着李世民出击呢。但是，一连等了两个月，唐军完全没有出击的意思，宗罗勐等得都快麻木了。这天，当亲兵告诉他唐军在浅水原出现的情况时，宗罗勐都不敢相信自己的耳朵，眼泪当时就下来了：“哎呀妈呀，可算等到这一天了。”

宗罗勐兴奋得跟打了鸡血似的，带领全部精锐猛攻梁实。西秦军憋了好久，此时见有唐家军可打，各个如下山猛虎。梁实所部很快就被宗罗勐的大军给包围了。你别看这个地方叫浅水原，实际上连一滴水都没有，一连几天，唐军上下滴水未进。宗罗勐围得太紧，梁实连个通信兵都派不出来。

唐军大本营中，诸将都很担心梁实所部的安危，天天跑去嚼李世民的耳朵根子。可是，看李世民的那个意思，似乎完全没有救援梁实的打算。直到十一月初八这天夜里，李世民突然升帐开会，他对众将说道：“今天可以出战了。”

众人一听，都乐坏了。尤其是右武侯大将军庞玉，上蹿下跳，双手举得老高老高，硬要第一个出击。李世民很满意：“好，庞将军，就由你首先出战，在浅水南原列阵。敌人如果来攻，你一定顶住，决不能后退。”

庞玉见有仗打，也没细想，兴高采烈地领命而去，到了浅水南原，他才明白李世民话里的意思了。他刚刚列阵完毕，宗罗㬋就率军扑了过来。西秦军“嗷”的一声，就将庞玉所部团团围住，一顿群殴。

庞玉倒是挺猛，但架不住对方人多啊，打退了一拨，紧接着又扑上来一拨。庞玉心中一顿叫苦，秦王你咋不明说呢，把这么硬的一块骨头安排给我们啃，您还是赶快来吧，再晚了，我们就被骨头给噎死了。唐军拼死力斗，但双拳毕竟难敌四手。

眼见着，庞玉所部就要被宗罗㬋给吃掉了。正在这时，战阵之外的宗罗㬋发现，有一支军队突然出现在了他的后方。离得太远，他也看不清楚对方到底是什么旗帜。近了，近了，越来越近了……哎呀妈呀，唐军，当先的那员唐将不正是秦王李世民吗？

宗罗㬋还没把人马召集起来，李世民就已经带着几十名骁骑率先冲入了阵中。庞玉与梁实部见李世民终于来了，士气大振，欢声雷动。宗罗㬋再厉害，也架不住两路唐军内外夹攻。西秦军被杀得人仰马翻，哭爹喊娘。宗罗㬋见情形不妙，带着轻骑开溜了。

李世民见宗罗㬋跑了，便要率领两千骑兵去追击，奶奶的，这两个月的骂能白挨吗？窦轨不同意，拉住李世民的马头不让走：“殿下，我军虽然打败了宗罗㬋，但西秦军主力尚存，薛仁杲还固守着坚固的折摭城，咱们不能轻易冒进。我建议暂且按兵不动，看看薛仁杲有什么动静再说。”

李世民不同意：“舅舅，这个问题我早已考虑过了。咱们刚刚取胜，将士们士气正盛。机不可失啊，你就不要再说了。”说罢，不待窦轨回话，李世民便纵马而去，直奔薛举的大本营折摭城。

薛仁杲与李世民的轻骑兵隔泾水对阵。两军还未开打呢，薛仁杲的部将浑干等数人就率众渡水，来投李世民了。仗还没打呢，大将倒先跑了，你说这仗还有什么打头？薛仁杲只得带兵进城拒守。

天快黑时，唐军主力相继到达，将折摭城围得水泄不通。薛仁杲估摸着怎么也能坚守上一段时间。岂料，当天夜里，守城士兵就纷纷缒城而下，投降唐军。城里就剩下薛仁杲一个光杆儿老帅了。薛仁杲无奈，只得出城投降（二十二日被杀于长安）。

西秦帝国至此烟消云散。

众将前来祝贺，他们很好奇，问李世民：“您弃步兵而不用，且不带任何攻城器具，轻骑直逼城下。我们当时都觉得您一定拿不下折摭城，可您却偏偏打了个打胜仗。我们不太明白，您给我们讲讲吧！”

李世民笑了，娓娓道来：“宗罗㬋的部下都是陇西本地的劲卒，骁勇剽悍。咱们只是设计出其不意地打败了他，并没有消灭敌人的有生力量。如果我们不迅速追击，这些人就会跑回折摭城，到时再攻城恐怕就很难了；反之，如果我们迅速追击，这些人就会四散奔逃，折摭城的防守力量必定大为削弱，薛仁杲没时间谋划，自然就会吓破了胆。这就是我得胜的原因所在。”

众人恍然大悟，对李世民佩服得五体投地。

一切都处理妥当之后，李世民便押解着薛仁杲，踏上了返回长安的路程。快到豳州的时候，他收到了一个消息，老李派出特使专门到豳州迎接他。李世民随口问了一句：“来使何人？”

左右回答说：“李密！”

“啊”，李世民大感意外，“李密怎么突然成了父王的部下呢？”

是啊，李密怎么成了李渊的人了呢？

第三章

种子出局

【本章提要】：自称魏公以后，李密便开始围攻东都洛阳。杨侗不敌，只得向江都求援。隋炀帝调王世充等五路大军救援洛阳。王世充抵达洛阳后，三次与李密交手，均遭惨败。不久之后，宇文化及北上，与李密战于黎阳。皇泰主趁机派人劝降李密。李密得以专心一意地击败宇文化及。与此同时，王世充发动政变，击杀元文都等老臣，把持了权柄。随即，王世充率军进攻瓦岗军。洛水一战，瓦岗军遭到决定性惨败，李密西行入关，投降李唐。不久之后，李密图谋脱唐，结果于武德元年十二月被杀于熊耳山，头号种子选手率先出局。第二年正月，窦建德攻破聊城，另一种子选手宇文化及被杀。

1. 当总指挥遭遇传奇英雄

自大业十三年（即义宁元年）二月称魏公以后，李密便开始对东都方面大举用兵。

要说这李密也真够坏的，四月十三日，他亲率两万精兵，一举端掉了洛阳的大粮仓——回洛仓。回洛仓的丢失，意味着洛阳城中的几十万军民很快就要喝上新鲜的西北风了。面对这样的威胁，根本就无需越王杨侗动员，东都军民同仇敌忾，使出吃奶的劲儿与瓦岗军死磕。回洛仓几度易手。

但瓦岗军毕竟粮草充足，且人数众多，六月十七日，他们再次攻占了回洛仓。此时，东都方面基本上已成强弩之末。杨侗无奈，只得派人到江都，向爷爷隋炀帝求救。隋炀帝闻讯大惊，于七月初一颁下敕书，调五路大军驰援洛阳。

这五路大军是：第一路，将军王隆率领的邛都夷部黄蛮军；第二路，河南讨捕大使、虎牙郎将王辩（王世充的表弟）所部；第三路，河北讨捕大使、太常少卿韦霁所部；第四路，左御卫大将军、涿郡留守薛世雄率领的燕地精兵三万；最后一路，赫然便是我们的熟人——江都通守王世充率领的江淮精兵两万人。

以上五路人马的总指挥是薛世雄。薛世雄，表字世英，大隋一代名将。文帝开皇年间，薛世雄“数有战功”，“累迁仪同三司、右亲卫车骑将军”。征吐谷浑，讨高句丽，平杨玄感，隋炀帝时期的这些大仗、硬仗，他一个也没落下，且每次都有上佳表现。隋炀帝对他也格外器重，曾公开对群臣说：“世雄廉正节概，有古人之风。”

由以上就可以看出，这是一员名将，这是一员功勋累累的名将，这是一员深受隋炀帝信任的功勋累累的名将。这不，眼见李密对东都的威胁日趋严重，隋炀帝就把薛世雄给搬了出来，而且还任命他为总指挥，王世充等人都要受他的节制。薛世雄接敕后，即刻率领燕地精兵三万南下，驰援东都。

薛世雄是自信的，他相信自己可以再造辉煌，谱写人生新的篇章。殊不知，他的时代即将要过去了，他的传奇也即将要被终结了。上天已经做好了一切安排：终结之地——河间；终结者——窦建德。

关于窦建德这个人，小玉一直没有展开介绍，不是无意的遗漏，而是有意的安排，因为牛掰人物从来都是最后才走上台前的。

在隋末那片耀眼灿烂的星河当中，窦建德也许不是最闪耀的，但他绝对是最特别的。如果非要用一个简单的词来概括此人的话，那就是两个字儿：英雄。是的，窦建德是一个不折不扣的大英雄。此人义薄云天，信守承诺，终其一生，始终不渝。

窦建德少时，邻家的一位老大爷因病去世，但其家中经济条件实在太差，以至于连个葬礼都办不起。不能入土为安，这对于中国人来说，无疑是莫大的悲哀。这件悲惨的事情迅速在乡里流传开来。正在田间耕作的窦建德听说此事后，二话没说，就把耕牛卖掉了，并将所得钱财全都交给邻家办丧事。

小窦的这个举动马上在乡里引起了轰动。要知道，在那个时代，耕牛可是至关重要的生产资料。窦建德能够为一个毫不相干的人卖掉自己的耕牛，可见在他的心目中，情义二字的分量该有多么重啊！很快，窦建德这个名字就传遍了四乡八镇。

桃李不言，下自成蹊。几年后，当窦建德的父亲去世的时候，数千乡人自发地聚集起来，为这么一个不相干的老人送葬。据史书记载，送葬的队伍绵绵长长，延续数里。面对乡人的馈赠，窦建德却分文未取。

英雄的人生注定是不平凡的。大业七年，隋炀帝全国总动员的敕令彻底改变了窦建德的人生。如果没有这道东征敕令，窦建德这辈子可能都只是一个面朝黄土背朝天的农民，春耕夏耘秋收冬获，在日出而作、日落而息的日子里平凡地度过一生。尽管他有着良好的性格，极有可能成为一个优秀的农民，但说到底，优秀的农民还是农民。

且说敕令传到窦建德的家乡漳南县后，县令不敢怠慢，赶紧遵照执行，他特意挑选了一些勇敢善战且素有威望的人担任二百人长。窦建德及其好友孙安祖榜上有名。二百人长搁在今天，几乎相当于营长了，算是个美差。但在大业七年的隋朝，这绝对是一份苦差，当上二百人长，就意味着要到辽东当刀屑去了。

孙安祖就不愿意去，他的理由是充分的：老家发大水，房子被冲毁，孩媳被冲走，迄今仍未归！但像孙安祖这样的屁民，县令大老爷又怎么会放在心上？他很干脆地将孙安祖抽了一顿，你老婆孩子死了，关我屁事，老子完不成上级的任务，是要丢乌纱帽的！

满腔悲愤的孙安祖一怒之下，当了激情犯罪人，把县令给做了。但干掉县令之后，他就傻了，完全不知道该怎么办了。好在他还记得自己有个叫窦建德的哥们儿，便跑来找窦建德，希望窦建德能帮他想想办法。窦建德给他指了一条明路：到高鸡泊（在今河北故城县西南）落草为寇。孙安祖仔细想想，确实也没有别的出路了，就上了高鸡泊。

老窦有家有业，当然不会跟着孙安祖去落草了。不过，在暗中，他却始终和老孙保持着联系。当时，漳南地区的造反势力比较多，除了孙安祖，还有张金称、高士达等人。这几家人马四出抢劫，把漳南都抢遍了，唯独就是不去窦建德他们村儿。

这本来是件好事儿，可是这个奇异的现象很快就被官府发现了：咦，奇了怪了，这些盗贼到处薅羊毛，怎么就偏偏不薅这一只羊呢？查查！这一查就查出事儿来了。哦，原来有个叫窦建德的家伙暗中和这些贼人眉来眼去，勾勾搭搭。

在毫无真凭实据的情况下，官老爷武断地认定，窦建德是贼人安插在良民中的内线，他原本就是贼人一伙儿的。于是，官府马上派兵逮捕窦建德。

老窦提早收到风声，一个人溜了。可是，他这一跑，官府更加认定他是内鬼了。结果是不堪的：窦建德全家老小都被官府给杀掉了。

冤案，绝对的冤假错案。奇了怪了，为什么老窦家总是出冤大头呢？

一日之间，窦建德的生活发生了翻天覆地的变化：原本其乐融融的幸福小屋现在一片狼藉，原本相亲相爱的一家人现在只剩下他孤零零的一个人了。望着破败的房屋，在一片乌鸦的惨叫声中，老窦的人生终于脱轨了。

窦建德成了高士达起义军的一分子。他的人品和能力闻名于漳南，所以投入义军不久，就受到了高士达的重用。

大业十二年十月，也就是李密消灭张须陀的那个月，窦建德也在长河界击杀了前来讨伐的大隋涿郡通守郭绚。一下子干掉一个军分区司令员，这动静整得有点儿大，结果引来了一个厉害角色——大隋太仆卿杨义臣。

但是，高士达已经被长河界的小胜冲昏了头脑，他决定：留下老窦看家，自己率兵前去修理杨义臣。窦建德苦谏，但高士达就是不听，非要亲力亲为。五天后，杨义臣在平原大破高士达的消息就传来了。这一仗 ，高士达彻底输了，几年经营一朝化为乌有，数万士卒有去无回。最关键的是，他把自己的脑袋也给输掉了，彻底丧失了东山再起的资本。

经过杨义臣系统有力的扫荡，漳南地区的“黑恶”势力基本上被打掉了。当然，只是“基本上”。杨义臣在扫荡了高士达之后，根本就没把窦建德这个小毛贼放在心上，已经是秋后的蚂蚱了，就让他再蹦跶几天吧。

那时，白居易还没出生呢，所以杨义臣自然也就无缘拜读他“野火烧不尽，春风吹又生”的诗句了。不过，世间的道理总是相通的，那时虽没有“野火烧不尽，春风吹又生”，却有这句“除恶务尽”。很不幸，杨义臣忘记了这个古老而朴实的道理。杨义臣的不幸却成就了窦建德的大幸。杨义臣班师回朝之后，窦建德便攻取了饶阳，东山再起。

当时，各路盗贼只要抓住隋朝的官吏和读书人，一律杀无赦。只有窦建德例外，老窦本人是个纯度百分百的泥腿子，斗大的字不识几个，可是他偏偏十分喜欢读书人。每次抓到隋朝的官吏和读书人，窦建德都会给予他们十分隆重的礼遇。正是这一点，构成了窦建德和其他蟊贼的本质区别。

不管什么世纪，人才都是最重要的。得人才者得天下，自古宜然。老窦爱才如命的名声日渐响亮。越来越多的隋朝士人加入了窦建德的队伍。在这些读书人的辅弼之下，老窦的部下很快就发展到十万之众，称霸河北。

大业十三年正月初五，窦建德在河间乐寿县称长乐王，正式建立起了反隋割据政权。

当初，隋炀帝在调薛世雄南下的时候，曾经嘱咐过他八个字：“所过盗贼，随便诛翦。”啥意思呢，就是说，路上碰到的强盗，一律格杀勿论。现在，薛世雄奔着河间就来了。正如窦建德所担心的那样，薛世雄确实想顺手消灭他。这不，走到河间后，薛世雄便驻军于七里井，准备择日进攻窦建德。

老薛气势汹汹而来，只想着一举荡平窦建德，收复河间。但他很快就发现，这个目标轻而易举就实现了。因为，此时的河间已经变成了一座不设防的城市，窦建德早就带着自己的小弟们闪了。

这太出乎老薛的意料了，窦建德拥兵十万，横行河北，别人把他吹得神乎其神，满以为对付这种硬骨头，不打几场硬仗是分不出个胜负的，可是窦建德居然打都不打，直接开溜，没道理啊！唯一合理的解释就是：窦建德怕我薛世雄。

想到此处，薛世雄笑了，笑得无比放肆和狂妄。但他怎么都不会想到，就在距他一百四十里处的敌军大营中，窦建德正策划着偷袭他呢。其实，窦建德也没有十足的把握能够取得胜利，但他天生就是个不肯轻易服输的人，就算薛世雄是关二爷再世，老窦也要和他斗上一斗。

窦建德立即着手，从军中精选出二百八十名敢死之士，作为先锋突击队，其余人马随即陆续出发。临行之前，窦建德和他的小弟们做了一个约定：“到达薛营时，如果是夜里，就拼死进攻；如果天亮了，就立即投降。”

然而，走到距薛营不到一里的地方，天色眼看着就要亮了。窦建德是个爱讲迷信的人，他觉着这一次老天爷可能不站在他这一边，便同部下商量起了投降之事。但他估计错了，老天爷一如既往地站在了他这一边。虽然天色渐亮，可是却生起了大雾，人相隔咫尺都无法辨认。

窦建德狠狠地拍了一下大腿：“天助我也！”他一马当先，率众突入薛营。薛世雄没想到窦建德会去而复返，压根儿就没做任何准备。隋军措手不及，像没头的苍蝇一样到处乱钻，薛世雄根本无法制止。是役，隋军遭到惨败，减员过半，主帅薛世雄只和左右几十名骑兵逃回涿郡。不久之后，老薛“惭恚发病”，“未几而卒，时年六十三”。

消息传到京都，隋炀帝又惊又痛，天妒大隋，又损我一员良将，但一切都已无法挽回了。薛世雄一死，五路援军就变成四路了，且还少了个总指挥。隋炀帝权衡再三，决定由王世充接替薛世雄，全权指挥援洛大军。

2. 王牌初对决：枭雄战枭雄

截至九月十日，王世充等四路援军全部抵达东都。一时间，东都朝廷重振声威，全城军民信心大增。

不过，在过去的两个月内，李密也没有闲着，他不仅夺取了黎阳仓，而且还被窦建德、李渊等人公推为反隋大盟主。

但重拾自信的越王杨侗并不害怕李密，援军到后的第二天，他就命令王世充率十余万大军进攻李密的大本营——洛口（今河南省巩义市东）。

非常时候，都别歇着了，赶紧干活儿吧！

王世充是自信且骄傲的，因为来之前他刚打了一个大大的胜仗。今年正月的时候，隋炀帝派他讨伐反贼无上王卢明月。这个卢明月拥众四十万，横行河南、淮北一带，实力非常强悍，气焰非常嚣张。结果，南阳一战，无上王变成了无头王，四十万人马被王世充打了个落花流水。

所以，能打垮四十万人马的王世充根本就没有把李密和他的瓦岗军放在眼里。在王世充看来，东都之所以连遭败仗，并非因为李密太厉害，而是因为越王杨侗年少没经验，且东都文臣武将太草包。

王世充没把李密放在心上，殊不知，李密也没把他放在心上。王世充是哪根儿葱啊？不认识！接到王世充率十万大军来袭的情报后，李密点起大军，逼近洛水。东都的小朋友又在耍脾气了，该打屁股喽！

隔着滔滔的洛水，有隋一代两大王牌终于会面了。隋军驻扎于北岸，瓦岗军屯驻于南岸，隔河对峙。李密还是老一套打法，按兵不动。

王世充坐不住了，决定抢先动手。十月二十五日夜，他率军偷偷渡过洛水，迅速在南岸的黑石建起一座大营，并拨出部分兵马守营。等到李密发觉的时候，王世充已经于天明时分带着主力撤回了北岸。一去一返之间，王世充愣是在李密的眼皮子底下下了一颗铁蛋——黑石。

李密大怒，好小子，敢跟我玩花样，你等着。他当机立断：不管黑石，主力迅速渡过洛水，攻打王世充。说实话，李密的这一决断大大出乎了王世充的意料。王世充以为，李密受黑石的牵制，必定不敢率军渡河。但李密毕竟是李密，他算定王世充一定会这么想，所以才反其道而行之。

没错，王世充是没料到李密会走这一步，但你要说他毫无防备那可就错了。老王用兵向来谨慎，渡过洛水以后，他立即命令全军转入防守状态，一如往日。正是这个良好的用兵习惯在紧要关头挽救了他。李密率军来攻，这的确让他很意外，但他并不慌张，更不害怕，立即率领全军出击。

李密本想打王世充一个措手不及，岂料人家早有准备。结果，常胜将军李密吃了败仗，瓦岗军被打散，主力跟着李密渡水南撤，另一部分人则向东跑到了月城。等到战斗结束后，王世充和李密才发现，月城竟然变成了黑石第二，成了李密搁在王世充眼皮子底下的一颗铁蛋。

这场仗是越来越有意思了！

月城的出现，多少让王世充有些意外。击走李密之后，他立即率军猛攻月城，誓要拔掉这颗钉子。应该承认，王世充的处置是基本正确的，但他严重低估了自己的对手。

李密回到南岸后所做的第一件事情就是打探王世充的动静。当他得知王世充围攻月城的消息后，乐了，当即拍板儿：立即攻打黑石隋军大营。你打我月城，我就打你黑石。

黑石隋军哪想到刚刚打了败仗的李密这么快就发动了反攻，仓促之下，根本无法组织起有效的回击。一时间，黑石隋军大营岌岌可危，守军燃起烽火向王世充求救。

王世充正在猛攻月城，瞧见烽火，顿知形势不妙，但他觉得，以黑石的隋军力量，足可以挡上李密一段时间，在这段时间内他完全可以把月城攻下，月城一下，他就会率得胜之师去抄李密的后路，里应外合，一举歼灭之。

所以，王世充没有理会黑石方面的求救烽火，而是埋下头来继续攻打月城。岂料，困守月城的瓦岗军相当难缠，时间一分一秒地流逝着，隋军却始终难以前进一步。这时，黑石方面又接连燃起第二次、第三次、第四次、第五次烽火。王世充沉不住气了，终于，当第六次烽火燃起的时候，他只得恋恋不舍撤围回援。

哪知李密围攻黑石是假，守株待兔才是真。急匆匆地隋军一头钻入了瓦岗军的埋伏圈，结果被李密一顿暴扁，丢下三千具尸体，狼狈退回了北岸。李密洋洋自得，你小子是有两把刷子，但跟我比起来，你还差得远呢！

短短一日之间，先胜后败的现实终于让王世充认识到一点：强中自有强中手，一山更比一山高，李密确非易于之辈。王世充有点儿犯怵了，坚守营垒，不敢再战。

没过几天，越王杨侗就派使者来了。他的这个举动可把王世充给吓了个够呛。要知道，王世充之前从未和越王共过事，这位越王爷究竟是一个什么样的人，王世充完全没有概念。他现在只知道一点：越王交代给他的头一件事儿，他就办砸了。所以，面对越王的使者，王世充很忐忑，担心会受到责罚。

王世充毕竟还是不了解自己的新主子，事实上，越王杨侗是个脾气相当温和的人。王世充打了败仗，他首先想到的不是责罚，而是安慰和勉励。正是出于这样的考虑，他才派来了使者，虚惊一场。但是，越王杨侗这么一搞，王世充也不好再坐着了。使者走后不久，他就向李密提出了决战的要求。

现在，李密和王世充的关系就好比是狮子和刺猬的关系。虽然狮子李密占据着明显的优势，但是刺猬王世充缩成了一团，狮子李密干着急，却无法下手了。现在好了，刺猬主动要求决战，狮子求之不得。

十一月初九，王世充与李密相会于石子河。瓦岗军方面打头阵的依然是翟让部。翟让一如既往地不胜而退。王世充大喜，立即率军追击。结果，李密又给他生动地上了一课，课名就叫《如何诱敌深入》。隋军被瓦岗军包了饺子，王世充侥幸突围。

两大枭雄之间的王牌初对决以李密的完胜宣告结束。

3. 蒲草已经不需要泽了

瓦岗寨当下的状态可以用一句话来概括：纵观天下群雄，风景这边独好。以目前这种势头发展下去，夺取东都那是迟早的事儿，他们最终将席卷天下，一统江山。然而，谁都没想到，就在瓦岗如日中天的时候，一场人祸却突然起于萧墙之内。

我们知道，瓦岗寨特殊的发展历程在其内部造就了亲翟派和亲李派两个派系。

亲翟派主要由瓦岗寨旧部组成，都是一些跟着翟让上瓦岗的老人，其主要代表是翟让的哥哥翟弘、侄子翟摩侯以及部将王儒信、单雄信、徐世勣、邴元真等人。这些人是跟着瓦岗寨一起成长起来的，都经历过“车匪路霸”这一初级阶段，沾染江湖不良习气比较严重，啥事儿都敢干。

亲李派主要由蒲山公营将士组成，都是一些冲着李密这个人才来到瓦岗寨的新人，主要代表是王伯当、房彦藻、祖君彦、郑颋（音挺）等人。蒲山公营自建立之初就受到了李密的正规化管理，“密部分严整，凡号令士卒，虽盛夏，皆如背负霜雪”，军纪严明，有所为有所不为。

翟让和李密的不同性格催生了两个生活旨趣、政治观念乃至人生信仰截然不同的团体。时间一久，蒲山公营将士与瓦岗寨旧部之间就难免会发生矛盾。瓦岗寨旧部仗着老大翟让是山寨的头把交椅，经常欺负蒲山公营将士。蒲山公营将士恨得要死，多次想进行报复，却碍于李密治军极严，始终不敢有所举动。

不过，大的矛盾虽然没有，但是打架斗殴等小摩擦却是如同家常便饭一般稀松平常。可惜，无论是翟让，还是李密，都没有把这类小摩擦放在心上，更没有想方设法去化解矛盾，致使两派间的分歧日趋激烈，最终引发了一场令人扼腕的悲剧。

自从翟让把最高权力主动移交给李密的那天起，瓦岗寨旧部不满的声音就从来没停过。比如王儒信就力劝翟让自任大冢宰（相当于宰相），总管政务，不断蚕食李密的权力。翟弘更直接，常常埋怨翟让："天子应该自己当，干吗要让给别人呢？你不想做天子，那就让我来做嘛！"言下之意，干吗要便宜了李密这个外人。

面对亲友、部属们的埋怨，翟让总是一笑了之。对他来说，有富贵可享，有美女可泡，这就足够了，改朝换代这种耗费脑力和体力的事儿就交给李密办得了，况且以他的能力也办不了。用小沈阳的话来说就是：天下第二也挺好。

说实话，翟让能这么想，已经非常难能可贵了，但光这么想是远远不够的。可惜，他并不懂得这个道理。翟让觉得，他和李密是亲密无间的兄弟，李密是老大，他是老二，李密的部属也就是他的部属。所以，对于李密的部属，他从来都不客气，一言不合，张嘴就骂，两言不合，抬脚就踹，三言不合，刀剑伺候。

总管崔世枢从起事之初就跟着李密，连李密都要给人家三分薄面，但翟让偏偏不买账，竟将崔世枢囚禁在府第里，目的十分单纯：索要钱财。崔世枢哪里有钱啊，只得苦苦哀求翟让。岂料，求钱不得的翟让竟对崔世枢施以大刑。受了委屈的崔世枢告到李密那里。打人的是翟让，李密也没有办法，这件事儿最终不了了之。

李密不仅没有为崔世枢出头，甚至连提都没提一句。说实话，他只字不提其实已经是在传递某种信号了。可惜，大老粗翟让根本不明白，他又召蒲山公营的邢义期和他赌博（实为变相勒索）。邢义期很害怕，没去赴约。这下可捅了马蜂窝喽！怒气冲天的翟让命人将他抓了起来，足足打了八十大仗方才了事儿。邢义期又告到李密那里。李密大怒，但细细斟酌了一番，还是把怒气压了下来。

直到有一天，翟让欺负到了李密跟前大红人房彦藻的头上。这个房彦藻可不是一般战士，他本是大隋宋城县的县尉，才华横着都能溢出来。因为气愤自己不能为当政者所赏识任用，房彦藻便参加了杨玄感的叛乱。从这个角度上来说，房彦藻可谓是亲李派中资格最老的人，因为他很早就和李密认识了。

像这样的人物，李密都要客客气气地和他说话，可翟让竟然厉声质问他："你小子攻打汝南的时候，得了那么多的宝贝，为什么只给魏公，却不给我？"

房彦藻被逼得脸色通红，浑身冒汗。

翟让脑子一热，说了一句不该说的话："魏公不也是我翟让拥立的嘛？世事多变，未来会怎样，谁都不知道啊！"

翟让走后，房彦藻便将这件事儿告诉了郑颋。哥俩儿头顶着头商量了半天，最终决定：劝说李密对翟让下手。两人将翟让的话原原本本地告诉了李密，并且怂恿李密说："翟让为人贪婪而刚愎自用，他现在已经生了目无君长之心，主公您应该先下手为强。"

其实，李密早就对翟让不满了，军中有相当一部分人支持他复位，且他本人现在又说出这样的话，这都是极其危险的信号。不过，李密仍然有所顾虑："现在，我们大业未成，就开始自相残杀，这让别人怎么看呢？"李密就是李密，他毕竟能想到这一层。

但郑颋果决地回答说："毒蛇螫手，壮士断腕，但根本还保全着。如果让他们先得了手，您就只有后悔的份儿了。"

李密闻言一震，琢磨了半天，最终点了点头。

自古以来，兄弟之间共患难易，同富贵难，手足同胞尚可刀戈相向，更何况是毫无血缘关系的结义兄弟呢?！现在，蒲草已经成了气候，不再需要泽了。

十一月十一日（光棍节），翟让收到了李密的邀请：夜宴。

自打李密当了魏公以后，日理万机，兄弟们在一起大口吃肉、大碗喝酒的机会就少了很多。现在，这个好弟弟又想起我这个哥哥了，好啊，好啊！翟让兴高采烈地前来赴宴。

宴会还未开始，但气氛非常融洽。李密与翟让、翟弘、翟摩侯、郝孝德以及新近投降的隋朝大将裴仁基、裴行俨父子等人坐在一起。众人大话革命史，聊得非常开心。

翟让身后全是他带来的小弟。房彦藻给李密递了个眼色，目视翟让身后。

李密何等聪明，顿时心领神会，便朗声说道：“今天和大家喝酒，不需要很多人，除服侍者外，其余的人都退下吧！”

魏公都发话了，各人的侍从都陆陆续续地退了下去。等到这些人快走光的时候，李密才发现一个问题：有两个人纹丝不动，依旧站立在翟让的身后。谁？单雄信和徐世勣。

看过《隋唐演义》的朋友，对单雄信这个人肯定不陌生。在演义当中，单雄信姓单名通字雄信，是“九省五路绿林英雄都头领”，也就是俗称的总瓢把子，人送外号赤发灵官。后来，他加入瓦岗军，是瓦岗寨五虎上将当中的第一名，手使金顶枣阳槊，胯下骑闪电乌龙驹，有万夫不当之勇。

演义和历史总是有差距的，历史上，瓦岗寨从未有过什么五虎上将之类的组合，单雄信也不是什么总瓢把子。不过，有一点倒是真的，他的武功的确蛮高的。

在隋唐英雄当中，徐世勣是被民间演艺歪曲得最厉害的一个人。

首先，在演义当中，徐世勣变成了“牛鼻子老道”徐茂公，是一个诸葛亮式的半仙级人物，羽扇纶巾，能掐会算，属于智囊型文臣；而历史上的徐世勣却出身于土财主家庭，“家多僮仆，积粟数千钟”，酷爱武功，骁勇善战，擅长用兵，属智慧型武将，大海寺战役中阵亡的大隋名将张须陀就是被他砍死的。

其次，在演义当中，贾家楼四十六友结义是在大业二年（公元 606 年），在四十六兄弟当中，徐茂公排行第三，算来年龄至少不应该低于三十；而历史上的徐世勣生于公元 594 年，大业二年的时候，他年仅十三岁（还是虚岁），依此类推，最小的罗成（顺便说一下此人纯属虚构）估计都在穿开裆裤，所谓的四十六友不过是一个少年黑帮。这显然是不可能的，仅此一条，就足见演义对世人误导之深。

大业七年十二月，徐世勣与好友单雄信结伴上了瓦岗寨，这一年，单雄信三十一岁，徐世勣十八岁。对了，顺便说一句，徐世勣和单雄信二人是同乡，都是曹州人氏。曹州就是今天的山东省菏泽市。徐世勣籍贯曹州离狐，也就是今天的菏泽市东明县。单雄信籍贯曹州济阴，即今菏泽市曹县。

一看徐世勣、单雄信二人没有走的意思，李密傻眼了。还是房彦藻脑子转得快，及时站了出来：“主公，今天天气十分寒冷，司徒（即翟让）身边的人都很辛苦，请您赐给他们酒食。”

李密暗叫一声好悬，赶紧借坡下驴：“这得看司徒的意思了。”

翟让当然不会反对了。于是，房彦藻就把单雄信和徐世勣领了出去。除去李密这个东道主和翟让、翟弘、郝孝德、裴仁基等宾客外，整个殿中就剩下李密的贴身侍卫蔡建德了。

李密见时机已到，便拿出了一把弓，让翟让看。

翟让接过弓来，仔细一看，果然是一把绝世好弓，赞不绝口。

李密假惺惺地笑道：“是不是好弓，还得司徒亲自试过才知道啊。”

翟让点点头，开心地拉开了弓。就在这时，侍立一旁的蔡建德突然抽出刀来，快步向前，照着翟让的后背就是一刀。翟让满身鲜血，栽倒在地，“声若牛吼”。说时迟，那时快，蔡建德又是一刀，翟让的头颅便骨碌碌地滚落下来。

可怜翟让根本不知道发生了什么，就做了刀下冤魂。翟弘、翟摩侯、王儒信已经被电光火石之间发生的这一切吓呆了，蔡建德操刀上前，如砍瓜切菜般将三人剁翻。

与此同时，帐外也动起手来，李密的卫兵对单雄信和徐世勣发动袭击。单、徐二人寡不敌众，险象环生。混战中，徐世勣被砍伤了脖子，鲜血直流。要不是王伯当及时喝止了卫兵，中国历史上就要少一员名将了。与徐世勣相比，此时的单雄信简直就是软蛋一枚，他跪下来不停求饶，头磕得跟捣蒜瓣儿似的。好在李密一是向来十分欣赏二人，二是不愿意将事情闹大，所以并没有为难他们。

事发突然，郝孝德和裴仁基等人还以为李密要将他们也一起杀掉呢，十分恐慌。李密大声说道：“我和大家一同起兵，就是为了铲除暴政。但司徒翟让专行暴虐，凌辱僚属，尊卑无序，所作所为已经背离了咱们的初衷。我今天只诛杀翟让一家，与各位无关。”众人听了这话，方才安定下来。

此时，翟让被杀的消息已经在瓦岗军中传开了，他的旧部听说这件事儿后，惶恐不安，都闹着要离开瓦岗。

李密早有准备，他先是派单雄信前去向翟让旧部传达慰问之意。等众军的情绪稳定之后，他又独自一人来到了翟让的军营，看望慰问将士。随后，他又下令由单雄信、徐世勣、王伯当三人分别统领翟让的部众。翟让旧部的情绪这才稳定下来，瓦岗军也避免了一次内部分裂。

普通的士兵好糊弄，但将校们可就没那么容易被忽悠了。大家都知道事情的真相，只是既不敢怒，更不敢言。但公道自在人心，李密的所作所为让他们大失所望，众将从此离心离德。

从翟让被杀的那一刻起，从前那个崇尚和谐与义气的瓦岗寨便不复存在了。在某种程度上，我们可以这么说，是翟让的死亡敲响了瓦岗政权的丧钟。而究其始作俑者，正是把瓦岗寨引向强大的李密。这可真是，成也李密，败也李密。

有人说，翟让死于贪财。其实，真正害死翟让的不是他那颗贪婪的心，而是他那颗无知的大脑和那张无遮拦的嘴。

你要记住，不管什么时候，军中只能有一个头儿。

——《投名状》庞青云

不管我们怎么从道德上诘责李密，他毕竟去掉了通往最高权力之路上的绊脚石。李密觉得，翟让、翟弘、翟摩侯、王儒信等人已死，徐世勣和单雄信已被他笼络，翟让集团就此烟消云散了。但后来的事实证明，他错了。因为，他忘记了一个人。

这个人就是翟让的同乡好友邴元真。

4. 屡战屡败，屡败屡战

十二月二十四日这一天，发生了一件非常小非常小的事情：一名隋军士兵自王世充处来投瓦岗军。

李密当时比较闲，在营地里溜达，无意中看见了这名隋军士兵，一下子想起了“老朋友”王世充，便随口问道：“王世充现在忙什么呢？”

小兵比较老实，回答说：“他最近一面大量招兵，一面犒赏将士，不知道想干什么！”

李密听了，略一思索，勃然变色，扭过头来对身后的裴仁基说：“王世充这个狗东西，我差点儿中了他的奸计！”

裴仁基一头雾水：“此话怎讲？”

李密愤愤地说道：“你知道吗，隋军的粮食已经快要耗光了。王世充坐不住了，他之所以招募士兵，犒赏将士，其实是想趁着天黑来偷袭我们。传令下去，全军立即进入战备状态。”

说实话，裴仁基并不觉得王世充今晚一定会来偷袭，但见李密一副胸有成竹的养子，他也不好再说些什么了，立即下去准备。半夜三更时分，裴仁基终于明白了，李密所言非虚。

因为，王世充果然趁着夜色偷偷地摸了过来。天知，地知，李密知，裴仁基知，瓦岗军全军上下都知，只有王世充不知。待到全军都摸到城下以后，王世充立即指挥士兵登城。

突然间，只听一声炮响，郝孝德、王伯当等率伏兵一起杀出。王世充暗叹一声，完了。以有备之师对无备之师，隋军失败那是板上钉钉的事情。这一仗，王世充亏大发了，麾下第一骁将费青奴被王伯当当场斩于马下。老王只得率残军狼狈撤退。

和上次一样，越王杨侗又派来了使者，王世充又被吓了个半死，但结果照样没事儿。因为，越王派来的仍旧是慰问的使者。有过两次相同的经历之后，王世充总算把杨侗这个人琢磨透了：这是一个温柔的小男生。

面对越王的使者，王世充一个劲儿地倒苦水，说自己兵力如何如何薄弱，说将士们连续作战如何如何疲惫不堪。说了一大通，中心思想很简单，就是四个字儿：速派援军。

缺人啊？这好办！越王杨侗立刻就给王世充派来七万援军。失败不要紧，这次失败了，下次赢了不就好了吗？只要干活儿，就是好同志，这就是杨侗的用人观。

有了人，王世充的腰杆儿就又硬了起来。义宁二年（即武德元年）正月，王世充拍拍身上的灰尘，再次投入到了抗击李密的战斗当中。十五日，隋军再次渡过洛水，向瓦岗军发动猛烈进攻。

很多人对冷兵器时代战争的看法比较简单，以为那个年代拼得就是人，就是靠人海战术，哪一方人多，哪一方就会打胜仗。但事实上，在冷兵器时代，以少胜多的战役比比皆是。就拿我国来说吧，巨鹿之战、昆阳之战、淝水之战、官渡之战、赤壁之战等等，哪一次不是弱者战胜强者？胜利的原因各有不同，失败的原因则大致相同，最主要的就是一条：指挥不协调，不能合成战力，人多反倒成了累赘。

这一次，王世充就犯了这样的错误。战役开始后，王辩一马当先，率所部人马第一个就渡过了洛水。这老哥过河后，立即率军向李密发动了进攻。他进展得非常快，以至于其他几路人马都被他远远地抛在了后面。李密的防线接连被突破，瓦岗军一片混乱，眼看着就要溃败了。

正在这时，一阵华丽丽的号角声响起。咋回事儿呢？原来，后方的王世充根本不知道前方的形势，见王辩部孤军深入，担心他被瓦岗军围歼，便下令吹号角收兵。王辩部的隋军将士正杀得欢呢，突然听到收兵的号角，都懵了。

李密正慨叹败局已定呢，见此情况，大叫一声天助我也，亲率敢死队发动反攻。一时间，瓦岗军重振士气。此时，隋军士兵已经开始后撤。瓦岗军如下山猛虎，一顿风卷残云。可怜王辩不仅没有拦住退却的将士，反而将自己的小命儿搭了进去。

这还不算完，李密惊喜地发现，王辩部败退的人马竟将后面隋军的阵型冲散了，他果断地抓住战机，命令全军全线出击。隋军乱作一团，根本无法组织有效的抵抗，登时全线溃败。任他王世充有天大的本事，也无法挽回败局了。败军争着抢着过浮桥，其中因挤落而淹死者就高达一万多人。

自和李密交锋以来，这是王世充败得最惨的一次。就因为在一个错误的时间，下了一个错误的命令，便导致了一个本不该发生的错误结果，硬是将一场板上钉钉的胜利拱手送给了敌人。

打了这么大的一个败仗，王世充也不敢回东都了，只得收拢残部，向河阳（今河南孟津县）退去。《亮剑》中的李云龙曾说过："人要是倒霉起来，放个屁都能砸到脚后跟。"王世充就被自己屁砸到了脚后跟。就在败退的当晚，偏偏天公不作美，竟然下起了大雨，而且还伴有狂风。

大正月的北方，不下雪，竟然下雨，而且还是暴雨，而且还是伴着强风的暴雨，王世充你上辈子造了什么孽啊！士兵们顶着冰冷的雨水，在泥泞湿滑的道路上艰难地跋涉着，浑身上下就没有一块儿干的地儿。这一宿，冻死者数以万计。等第二天到了河阳之后，王世充一清点人数，发现居然只剩下几千人了。

刚刚拿到的本钱，转眼之间就全赔光了。一瞬间，王世充的戎马生涯发生了惊天大逆转，从人们眼中的中兴之将堕落成了一坨狗屎，而且还是臭的。有的朝臣上表弹劾他，有的表面虽没说什么，背后可没少议论。

王世充的心头在滴血，本来自己发展前景一片大好，现在却落得这般田地。这都是拜李密所赐，王世充恨得牙根儿都出血了。不过，恨归恨，现在的他根本拿人家李密没办法。

打了这么巨大的一个败仗，死伤了这么多的将士，总得有个说法吧。无奈之极的王世充只得上表，自请下狱。但越王杨侗表现出了惊人的宽大，他不仅没有责怪王世充，反而第三次派来了慰问的使者。如果杨侗有预见未来的本领，即便打死他，他也是绝对不会放过王世充的。当然，这是后话了。

经此一役，王世充元气大伤，短时间内根本无力再战，只得收拢残部，驻扎于洛阳的卫星城——含嘉城，休养士气。

而李密则乘胜进据洛阳的另一个卫星城——金墉城。此次以后，东都的军民每天都可以听到免费的战鼓声了。不久之后，李密亲率三十万大军逼近东都上春门。

东都危在旦夕了。

杨侗无奈，只得派光禄大夫段达和民部尚书韦津领兵出战。段达壮着胆子出了城，只看了一眼，转身就跑。只见瓦岗军旌旗蔽天遮日，枪如林，剑如丛，连绵的队伍一眼望不到头。主帅都跑了，这仗还打个屁啊？！隋军再次溃败，韦津战死。杨侗只得令全军坚守不出。

发展到现在这一步，李密的声望已经达到了顶峰，窦建德、孟海公、徐圆朗等势力先后派人奉表，力劝他尽快称帝。瓦岗军中的房彦藻、祖君彦、王伯当等人也多次上表，请李密正位号。李密的回答还算真诚："东都还没有攻克，现在不提此事。"言外之意，以后再谈也不迟。

瓦岗军迅速对东都发动猛攻。这一次，李密是铁了心要拿下东都了。但东都毕竟是东都，远非一般城市所可比拟，瓦岗军的攻坚战一直持续到四月，停了。

为啥停了呢？因为来人了！

啥人啊？隋军援军！

打哪儿来的？大兴！

大兴？对，大兴！

眼见着东都迟早要被李密攻下，唐王李渊着急了，正月二十二日，他派李建成、李世民统率十余万大军"救援"东都，名为救援，实为趁火打劫。四月初一，李氏兄弟率军抵达东都。

毕竟是货真价实的皇室贵胄，杨侗表现得十分慷慨，请远道而来的远房叔伯吃饭——闭门羹。紧张肃杀的气氛笼罩着整个东都城，全城各处城门紧闭，守军枕戈待旦，戒备森严。虽然李氏兄弟多次招谕，但杨侗就是四个字儿：置之不理。

相比之下，李密的反应就积极多了，李渊这个时候派人来救援，摆明了是想从他嘴里夺食嘛！这种亏本儿的买卖，李密可不干，初二他率军逼近李氏兄弟。“隋”军势大，瓦岗军也不差，双方都不想在此时此刻闹翻。所以，两军稍一接触，便各自鸣金收兵了。不过，李密还是很头疼的，不知道李建成、李世民究竟作何打算。

虽然未能达到预期目标，但成果也还是有的。这不，东都城中的朝议郎段世弘等人动了反水的心思，主动与李氏兄弟取得联系，希望做内应，里应外合，攻陷东都。

李建成很高兴，准备答应下来，理由是民心可用，机不可失。

但李世民却有不同的看法：“我们刚刚平定关中，根基还不牢固，就算是拿下了东都，也肯定守不住。”

是啊，别忘了，旁边还有个虎视眈眈的李密呢！

李建成斟酌了一番，觉得弟弟所说很有道理，便委婉地拒绝了段世弘等人的请求。

初四，李氏兄弟开拔，撤回关中。消息传来，杨侗高兴万分，命段达率一万精兵追击。段达自恃年龄长、经验足，根本不把李氏兄弟这对后生晚辈放在心上，沿路急追。其实，他不把李建成放在心上也还说得过去，但若是不把李世民当回事儿，就错得太离谱了。

不过，好在有血淋淋的事实教育了他。在三王陵，段达中了李世民预先设下的埋伏，隋军大败，李世民一路追击，直到东都城下，杀了四千多人。而后，他才率军东撤。

李氏兄弟这一走，可把段世弘等人急坏了，本想献城投靠唐王，岂料竟遭到了拒绝。唉，我本将心向明月，奈何明月照沟渠啊！但箭在弦上不得不发，段世弘转而又去联络李密。这回，他算是找对人了。李密天天都在琢磨着如何拿下东都，他喜出望外，一口答应。双方约定：二十五日夜，瓦岗军偷偷靠近东都，由段世弘打开城门，迎接瓦岗军进城。

李密欣喜若狂，正愁无人策应，熟料老天爷就赐给他一个段世弘。二十五日夜，李密趁着茫茫夜色，亲率大军摸到东都城下。只见城头一如往日，除了哨兵在巡逻外，并无异状。突然之间，杀声四起，城头烽火齐举，将黑夜照得如同白昼一般。

李密大惊失色。

原来，段世弘的保密工作开展得并不好，事情泄露，东都城中的“第五纵队”被一网打尽。好不容易冷手执了个热煎饼，结果临抓之前，却被杨侗给抢先吃掉了。李渊的郁闷就别提有多深了。

先机已失，李密望城兴叹之余，也只得悻悻然地撤军了。

5. 暴扁宇文化及

五月，隋炀帝的死讯才终于传到了中原大地。没办法，那年代既没有互联网，也没有手机，信息传递慢得很。

越王杨侗悲痛万分，犹记得大业十二年七月，皇爷爷南下江都的时候，曾拉着他的手千叮咛，万嘱咐，想不到一别竟成永恒，现如今爷孙俩人鬼殊途。想起一同遇害的哥哥杨倓和两位叔叔以及寄人篱下的皇奶奶，杨侗的心更是痛上加痛。

伤心归伤心，愤怒归愤怒，但家不可一日无主，国不可一日无君。五月二十四日，越王杨侗在群臣的拥戴下，即皇帝位，年号皇泰，史称皇泰主。皇泰主封赏群臣，以段达为纳言、陈国公，王世充为纳言、郑国公，元文都为内史令、鲁国公，皇甫无逸为兵部尚书、杞国公，卢楚为内史令，共同执掌朝政。

不管怎么说，杨侗终于登上了梦寐以求的皇帝宝座。不过，皇帝这一职位早已不是什么紧俏货了！在这个年头，只要手底下有那么几个喽啰，阿猫阿狗都敢称王称帝！草头王、草头皇如雨后的蘑菇一般，汹涌不断地冒了出来。供应量的大大增加间接导致了皇帝此种产品的迅速贬值。

姑且抛开别人不说，单杨氏一门就一共出现了三个皇帝：去年的十一月，李渊拥立杨侗的弟弟代王杨侑做了皇帝（此时的杨侗还不知道，四天前的五月二十日，李渊已经称帝建唐了）；今年三月，宇文化及又扶植杨侗的表兄弟秦王杨浩做了皇帝；现在，杨侗又当了皇帝。

不过，皇泰主杨侗还是有理由让自己高兴的：首先，自己是货真价实、童叟无欺的帝胄之后，身上流淌着尊贵无比的皇家血液，那些草莽出身的凡夫俗子岂可与自己这龙的子孙争一日之长短；其次，与杨侑、杨浩相比，自己绝非傀儡，掌握着实实在在的权力，手下文有元文都、卢楚，武有王世充、段达、皇甫无逸，个个都是忠心不二的能臣干将，有他们的辅弼，何愁山河不复；最后，洛阳乃大隋东都，地势险要，城池坚固，粮草充足，将卒良多，只要自己登高一呼，应者必定无数。天时、地利、人和三者合一，我杨侗必定可以扫荡贼寇，重整河山，以大隋中兴英主之光辉业绩留名青史。坐在皇帝宝座上的杨侗望着阶下山呼万岁的群臣，心中勾画着未来的美好蓝图……

前途虽然是光明的，但道路无疑是曲折的。杨侗前脚刚刚登基，后脚就收到了一个惊心动魄的消息：宇文化及率军奔东都而来了。

话说宇文化及诛杀隋炀帝以后，便拥立秦王杨浩做了傀儡皇帝。紧接着，三月二十七日，宇文化及下令全军开拔，返回大兴。

大军刚开拔，就出事儿了：虎贲郎将麦孟才、虎牙郎将钱杰和折冲郎将沈光策划发动兵变。这三个人都是隋炀帝一手提拔起来的，如今要低眉顺眼地为仇人做事，他们心有不甘，便联合反宇文化及的势力，约合数千人马，准备于第二天早上发动兵变，攻杀宇文化及。岂料，消息走漏，宇文化及通知司马德戡抢先动手，沈光、麦孟才、钱杰等人全部被杀。

与此同时，司马德戡对宇文化及的不满之情也越来越深了，原因有二：

首先，司马德戡受到了宇文化及的猜忌。江都兵变成功以后，宇文化及封司马德戡为光禄大夫，赐爵温国公。没过几天，他又擢升司马德戡为礼部尚书。这项任命引起了司马德戡的强烈不满。因为，礼部尚书虽然比光禄大夫职位高，但手中毫无兵权，宇文化及摆明是不信任司马德戡，明升暗降，夺了他的兵权。司马德戡当然不甘心，便将所得赏赐全都用来贿赂宇文智及。宇文智及出面为司马德戡说情，宇文化及这才破格让司马德戡统领一万多后军。

其次，司马德戡终于发现宇文化及是扶不上墙的阿斗了。干掉隋炀帝以后，宇文化及虽无帝王之名，却已有帝王之实，他的待遇完全与隋炀帝相同，并且还占有了隋炀帝的六宫嫔妃。但这些都不足以掩饰他能力上的不足。有人来奏事，宇文化及默然无语，只是弹弄衣服。

等来人下朝后，他才取出上报的启、状，和众人商量着处理。

司马德戡一个劲儿地埋怨赵行枢：“你真是害我不浅啊！戡平乱世，需要那种有才干的人。宇文化及是个毫无才能的糊涂蛋，身边又尽是小人，跟着他肯定要完蛋。”

赵行枢急了：“有我们这些人在，废掉他又有何难？”

这句话点醒了司马德戡，宇文化及干不了，那就我来干吗，好，就这么办！随即，司马德戡、赵行枢联系大将宇文导师等人，策划以后军诛杀宇文化及。

宇文化及似乎是个搞情报战的高手，司马德戡的计划很快就被他掌握了。

宇文化及表面不动声色，暗地里却派三弟宇文士及装作游猎，突然闯到后军。此时，司马德戡根本不知道事情已经败露，便出营迎接宇文士及，结果被当场拿下。

宇文化及厉声质问司马德戡：“我和你冒着天大的风险，才做成了大事。正想着一起享受荣华富贵呢，你为什么要谋反？”

事已至此，司马德戡也豁出去了，实话实说：“当初之所以要杀皇帝，是因为受不了他的荒淫暴虐。谁曾想，你竟然比他有过之而无不及。”

听了这话，宇文化及的愤怒可想而知，他当场命人杀死了司马德戡，赵行枢、宇文导师等十九人一起殉难，反宇文化及势力至此被一网打尽。

司马德戡啊司马德戡，早知今日，何必当初啊？

干掉司马德戡以后，宇文化及本打算西进，但此时西进必经之所——巩洛已经落入了李密的手中。宇文化及知道瓦岗军的厉害，不敢和李密硬碰硬，便掉头向东，占了东郡（今河南滑县东南）。东郡就在东都的眼皮子底下，所以宇文化及此举就对皇泰主构成了严重的威胁。

东都群臣围绕如何对付宇文化及的问题展开了热烈的讨论，各种点子、主意满天飞。其中，只有一个名叫盖琮的人的上疏，引起了元文都和卢楚的重视。盖琮的上疏内容可以简单概括为两点：第一，以我方现在的实力，根本打不过宇文化及；第二，但我们可以与狼共舞，联合李密，消灭宇文化及。

盖琮的上疏点醒了元文都和卢楚，二人立即建议皇泰主招降李密。皇泰主听了也很高兴，能招降李密这样的人物，那真是再好也不过了，当即任命盖琮为通直散骑常侍，携带敕书出使瓦岗军。

有一点，是皇泰主等人所未能预料到的：盖琮还没到，李密和宇文化及已经掐起来了。东郡虽好，但无险可守，宇文化及在地图上踅摸了半天，最后选中了一个地方——黎阳，但此时黎阳正在李密部将徐世勣的控制之下。

宇文化及可不管那么多，立即率军攻打黎阳。徐世勣深知骁果军战力之强悍，便主动退出了黎阳。岂料，宇文化及这个人做事比较绝，对徐世勣穷追猛打，最后将徐世勣包围在黎阳仓城（就是卫星城）。

李密接到徐世勣的求援报告，一边大骂宇文化及，一边点起两万精兵前去救援。李密军驻扎于清淇（今河南滑县西南），以烽火为工具，与仓城的徐世勣遥相呼应。

但出乎宇文化及意料的是，李密似乎并没有交战的意思，他指挥军队挖深沟渠，筑高城墙，却按兵不动。这宇文化及就有点儿搞不懂了，你不是来救徐世勣的吗，怎么不动手啊？

其实，李密不是不想动手，而是不敢。他是害怕宇文化及的骁果军吗？当然不是！事实上，李密害怕的是东都的隋军。为了救援徐世勣，他率军赶到了清淇，要命的是这个清淇刚好位于东都和黎阳的中间。换言之，李密的后背完全暴露给了东都隋军。如果东都人马从后邀击……

正因为如此，所以李密才不与宇文化及交战。宇文化及见李密没有出手的意思，便麾军进攻黎阳仓城。但此时，徐世勣早就准备妥当了，他在城墙周围挖了一道深深的壕沟，骁果军根本冲不起来。宇文化及多次攻打，均无功而返，非常之郁闷。但更郁闷的还在后头呢，这天，徐世勣指挥部下从沟里挖地道，如神兵天降般突然出现在宇文化及的后方。骁果军猝不及防，遭到失败。

说来也巧，此战之后，盖琮便来到了清淇。李密听了盖琮的意图之后，心中暗喜。因为，皇泰主的诱降正好能解他的燃眉之急。李密立即答应了盖琮的劝降，并迅速上表，要求归顺朝廷；同时，他请求皇泰主让他讨伐宇文化及来赎罪。为了表示自己的诚意，他还派部下李俭、徐师誉将俘获的宇文化及同党于洪建押送至东都。

皇泰主十分高兴，亲自接见了李密的使团，并当场任命李俭为司农卿，徐师誉为尚书右丞。会晤结束后，他派导从排列鼓吹乐，将李俭一干人等迎送至特意装修一新的豪华宾馆内，送美玉绸缎、佳肴佳酿的宦官是一拨接着一拨，不绝于途。

对普通的小喽啰尚且如此，对李密就更是慷慨了，皇泰主下敕，册拜李密为太尉、尚书令兼东南道大行台行军元帅，封魏国公，命他先行平定宇文化及，而后再入朝辅政。

为了招抚李密，皇泰主真是下了血本儿了，你不是自号魏公吗，我给你个真家伙——魏国公，比你那个含金量高多了。

兵不血刃，天下第一反贼转眼之间就被招降了，皇泰主包括满朝文武都乐坏了，有了李密这种牛人做打手，消灭乱党，恢复江山，指日可待。

只有一个人例外，那就是王世充。李密的真实意图，只有王世充一个人看懂了。李密这厮无力两线同时作战，这才顺势接受了东都的招降。其实，这不过是他的缓兵之计罢了。等他收拾完宇文化及，就会再次向东都扑过来。可笑皇泰主和元文都等人还想让他入朝辅政，这简直就是引狼入室，自掘坟墓。

说实话，还是王世充最懂李密的心。在元文都举办的庆功宴上，王世充发了飙，他怒气冲冲地对起居侍郎崔长文说：“朝廷的官爵竟然给了强盗，这是想干什么？”

此言一出，元文都的脸当时就黑了，眼中闪过一道杀机。

其实，元文都和王世充的矛盾不是一天两天了。可以毫不夸张地说，从王世充到洛阳的第一天起，元文都就将他视为眼中钉、肉中刺了。

元文都，老人一枚，最早曾经干过北周的右侍上士。隋文帝开皇年间，元文都授内史舍人，历任库部曹郎、考功曹郎、尚书左丞、太府少卿，政务娴熟，颇有能名。隋炀帝即位以后，转为司农少卿、司隶大夫，不久又荣升御史大夫。在平定杨玄感的叛乱当中，元文都有上佳表现，得到了隋炀帝的肯定。

大业十二年七月，隋炀帝下江都前夕，颁布敕令，命元文都与光禄大夫段达、检校（代理的意思）民部尚书韦津、右武卫将军皇甫无逸、右司郎卢楚等人协助越王杨侗，守卫东都。众人当中，元文都资历最老，成为当然的大哥大。

自打和越王杨侗搭档以后，元文都就把自己的前程完完全全地寄托在了杨侗的身上。元文都一直觉得自己是杨侗最最宠信的臣子，是帝国的干城，等将来杨侗登上帝位以后，他绝对会封王拜相，大权在握。

但元文都所有美好的憧憬都因为一个人的到来而变得虚幻起来。这个人就是王世充。自王世充到洛阳的第一天起，杨侗就对他表现出了超乎寻常的器重与信任，甚至于王世充连打三次败仗，杨侗都能一概不予追究。王世充的出现对元文都地位和权力构成了严重威胁。所以，元文都对王世充的排挤从来都没有停止过。

这次也不例外，元文都听了王世充的话之后，非常生气。因为，诱降李密实际上是他提出来的，现在王世充否定李密，摆明了就是在否定他的政策。但作为一个老江湖，元文都还是懂得克制个人情绪的，他假意安抚王世充。王世充也不是笨蛋，早就知道元文都对他不怀好意了，但表面上也不好撕破脸皮，便假意摆出友好的姿态。

七月初，皇泰主派人送信给李密，表态说：“过去的那些事情，一概不论。至于今后，咱们要彼此真诚相待。天下大事，还需要阁下匡救辅助。征伐大权，就全部交给阁下了。”

李密接信大喜，从此之后，就把全部精力和兵力都投入到对付宇文化及上。

不久之后，宇文化及就收到了李密的亲笔信。阅过之后，他不禁喜上眉梢。原来，魏公李密竟主动提出讲和。这在宇文化及看来，本是不可能发生的事情。但现在，白纸黑字证明这件本不可能发生的事情确实发生了。

宇文化及深深地呼了一口气，多日来压在胸口的大石瞬间消失。说实话，宇文化及就怕和李密开战，因为他不自信，不是担心自己的军队打不过李密的瓦岗军，而是因为他的粮草所剩无多了。

宇文化及照他爹宇文述差多了，宇文述人品虽然不咋地，但好歹也是大隋一代名将，而宇文化及呢，人品继承了乃父，能力却差得离谱。十多万大军北归，不多带粮食，专靠抢劫老百姓，明明是官军，却要走流寇的作战模式。问题来了，傻眼儿了吧?

好在人家李密要和他讲和，宇文化及忙不迭地答应下来，生怕李密反悔似的。本来呢，宇文化及为了节约粮食，采取限制士兵吃粮的政策。现在好了，不打仗了，宇文化及也就不再限制大家吃粮了。他还向李密提出一个请求，希望李密能送给他一些粮食。李密一口答应。

要不是有个瓦岗军士兵叛逃到他这边，宇文化及恐怕至死都不会识破李密的阴谋。原来，李密早就探知宇文化及的军粮不多了。为了打消宇文化及的顾虑，让骁果军放心吃粮，李密才假惺惺地提出了议和，并十分爽快地答应送粮食给他。傻了吧唧的宇文化及果然上当。结果，所剩无几的粮食很快就被饥饿的士兵一扫而光。宇文化及勃然大怒，带着全军渡过永济渠，要和李密拼命。

两军大战于童山（今河南浚县西南）脚下。一方是装备精良、训练有素的骁果军，一方是横行天下、百战扬名的瓦岗军，这就注定了童山之战必定会成为一场恶仗。

据史书记载，两军从早晨七八点一直打到了傍晚六七点。结果相当之惊人，骁果军用一场胜利证明了他们的名声不是白给的。瓦岗军被打散，李密本人也被流箭射中，落马昏死过去。关键时刻，有一个人及时地站了出来，挽救了李密，挽救了瓦岗军。这个人就是秦琼秦叔宝。

《隋唐演义》中的秦琼胯下一匹黄骠马，掌中一对虎头锫棱金装锏，擅使一把虎头造金枪，人送外号“马踏黄河两岸，锏打三州六府，威震山东半边天，神拳太保小孟尝”。秦琼是该书的书胆，人生经历十分坎坷。

其实，历史上的秦琼，其人生比演义中还要坎坷，先后追随过六位主人。

秦琼最先追随名将来护儿。第三次征讨高句丽的战争结束以后，他改投到了张须陀的帐下。张须陀被李密消灭以后，他又追随了裴仁基。裴仁基投降李密，他也跟着过来了。

千钧一发之际，秦叔宝及时杀出，将不省人事的李密从乱军当中救出。随后，他收拢人马，猛攻骁果军。亏得有他组织指挥，瓦岗军才没有被彻底击败。

鏖战良久，宇文化及见胜利无望，只得主动撤军。

童山大战至此终于结束。

在这场战役当中，瓦岗军和骁果军均遭到了严重削弱，精锐损失殆尽，但吃亏最多的还是宇文化及。战后不久，东郡便投降了李密，宇文化及的部将陈智略、樊文超、张童儿先后归降瓦岗军，他手上只剩下不到两万人马了。宇文化及无奈，只得北上魏县（今河北大名县）。

常言说得好，穷寇莫追，李密知道宇文化及已经成不了气候了，索性也不去理他，率军西归。是啊，皇泰主杨侗还在洛阳等着他入朝辅政呢！

李密得意地笑了。

6. 这个夜晚属于王世充

李密的捷报一封接一封地飞到了东都。皇泰主和他的大臣们高兴得合不拢嘴。

只有王世充一个人不高兴，他愤愤地对自己的部下说："元文都等人都只是些光会动嘴皮子、耍笔杆子的刀笔吏。咱们怎么能和李密讲和呢？你们想啊，我们与他们打了这么多年，杀了他们那么多的人，他们也杀了我们很多人。这样的仇恨比大海都深，怎么能够化解得开呢？！"

是啊，是啊，众将都有同感，无数叠加的血债，岂是一朝就能化解得了的呢？

"兄弟们，现在的情况可有些不对劲儿啊！李密屡战屡胜，已经逐渐赢得了陛下的好感。如果一直这样下去，迟早有一天，李密会得到天下。到那个时候，我们这些人恐怕就死无葬身之地了。"

也就是王世充，寻常人谁能想这么远啊？众人听了他的话，都惊出了一身冷汗。大家纷纷表示，就听主帅你的，你说怎么办，兄弟们就怎么办。王

世充暗自窃喜，

但他毕竟还是低估了元文都。没错，元文都确实是个刀笔吏。但是，要知道，刀笔吏不光会玩儿笔，也会玩儿刀。元文都能走到今天这一步，绝不是偶然的。王世充在军中蛊惑人心的消息很快就传到了元文都等人的耳朵当中。元文都、卢楚、皇甫无逸三人非常不满。尤其是元文都，他当机立断，决定做掉王世充。

找谁来办这件事儿呢？元文都看中了一个人，光禄大夫段达。

论资历，段达其实比元文都还要老。杨坚还没当皇帝的时候，段达就在追随他了。隋朝建立以后，段达被封为车骑将军，后因平定江南高智慧的叛乱有功，而被擢升为仪同三司。到了阿广当政的时候，段达又因征讨吐谷浑有功，封光禄大夫。在王世充到来之前，东都方面操持军务的主要就是老将段达。

元文都之所以会看上段达，原因有二：

首先，也是最重要的一条，段达也是越王的老班底，元文都认为他绝不会和王世充这样的外来户穿一条裤子；

其次，段达手中握有部分兵权；

所以，元文都就把诛杀王世充的计划原原本本地告诉了段达。

在某种意义上，我们可以这样理解：元文都亲手把一根杠杆交到了段达的手上。凭借着这条杠杆，段达既可以撬动王世充，也可以撬动元文都。当然，元文都也曾想过，段达有可能会反过来撬自己。不过，他觉得这种可能性实在是太微小了，完全可以忽略不计。但正是这点忽略，成全了段达，挽救了王世充，同时也为他自己找到了一条死路。世间的事情往往就是这样，只因失之毫厘，便功亏一篑。

他觉得段达和他是一伙儿的，但人家段达可不这么想。一帮没有半点儿兵权的文臣，居然想对手握东都兵马大权的王世充下手，这不是纯属扯淡嘛！其实，段达早就发现了，王世充和元文都之间有矛盾，他本不想卷入派系之间的争斗，但形势如此，由不得他不做选择了。

选谁呢？这还用问吗，当然是王世充了。想到此处，段达再无犹豫，叫来自己的女婿张志。是夜，段达府门前灯火辉煌依旧。然而，在朦胧的夜色中，一条人影却自昏暗的后门悄然而出，跨上骏马，向着含嘉城疾驰而去……

王世充手捂着心脏，才勉强听完了张志的汇报。智者千虑，必有一失，他千算万算，始终是漏了一环。他没有想到自己在军队当中扇阴风、点鬼火的消息这么快就传到了元文都的耳中，更没有想到元文都居然这么直接、这么狠辣，连招呼都不打一声就打算了结自己。你大爷的，好歹也是同事嘛！上次朝堂点名你没来，还是我帮你答到呢！好啊，既然你们不仁，也就休要怪我不义了。王世充眼中的杀气越来越浓。

含嘉仓城，一身戎装的王世充忙着调兵遣将……

洛阳城中，一身睡衣的元文都忙着寻欢作乐……

王世充率军连夜从含嘉仓城奔袭洛阳。段达早已命人打开城门，王世充军直奔元卢皇三人府邸。三府顿时陷入一片火海，王军见人即杀，血流成河。卢楚成了王世充刀下的第一个亡魂。皇甫无逸比较机灵，独人独马逃离洛阳，投奔李渊去了。

元文都得到消息的时候已经晚了，他看情形不对，知道逃跑是来不及了，索性躲入了宫中，到皇泰主那里寻求庇护去了。我就不信你王世充有胆量进攻皇宫？

王世充现在（请注意这个时间状语）确实没那个胆量。他听说元文都躲入宫中了，心里把元文都的十八代祖宗都骂了个遍。果然，皇宫宫门紧闭，如临大敌。这也是没办法的事情，换了你是杨侗，你也不敢开门，谁知道王世充这小子想干啥？

王世充只得调派人手将皇宫团团围住。他让人狂砸宫门的吊环，对着里面喊话："喂，陛下，您可得小心啊，元文都想要挟持您投降李密，您可不能着了他的道啊！老王我并不是造反，只是为了诛杀元文都这些乱臣贼子啊！"

里面的元文都自然是对着皇帝一顿解释。这时，就出现了一幕类似《西游记》中齐天大圣和六耳猕猴互辨真伪的场景。六耳猕猴王世充说我是忠臣，他是奸臣。齐天大圣元文都说我是忠臣，他是奸臣。外边的王世充又说，陛下他是骗人的，我才是忠臣。里面的元文都也接着说，陛下他是骗人的，我才是忠臣……杨侗的脑袋都被吵大了。

这时，段达站了出来，插了一句十分经典的真情告白："对不起，我是卧底。"就在皇泰主和元文都目瞪口呆之际，段达带领着自己的小弟直扑元文都，小子，傻了吧，来吧您呐。

事情就发生在电光火石之间，等皇泰主反应过来的时候，元文都早就被捆成了一团。皇泰主生平头一次遇到这种事情，骇得目瞪口呆。元文都一边挣扎，一边冲着皇泰主大喊："臣如果早上死，晚上就轮到陛下了！"皇泰主无能为力，只得掩面痛哭。

段达可顾不上欣赏皇泰主的眼泪，他谎称圣上有旨，下令禁军打开宫门，迎接前来救驾的王世充。宫门刚一打开，王军蜂拥而入。王世充以迅雷不及掩耳之势将皇宫的禁军全部换成自己的部下。段达献上元文都。元文都兀自叫骂不休。王世充挥了挥手，众军一起上前，顿时将元文都砍为一摊肉泥。

干掉元文都之后，王世充立刻前去谒见皇泰主。皇泰主厉声质问他："擅自举兵杀人，这是臣子该做的事情吗？你是不是想连我也一起杀了呢？"

王世充伏身下拜，眼泪哗哗的："臣蒙受先皇的提拔，就算粉身碎骨也难报答。元文都等人包藏祸心，想召李密危害社稷，怕臣不同意，便怀疑猜忌臣。臣无奈之下，只得反抗求生，仓促之间，来不及向陛下请示。如果臣怀有什么恶意，干了对不起陛下的事儿，天地日月在上明鉴，让臣满门灭绝，一个不留。"

这言语，这表情，这动作，简直就是一表演的盖世奇才。王世充如果托生到今天，就算拿不上奥斯卡，拿个金鸡或者百花什么的，绰绰有余。

果然，皇泰主对他这番声情并茂的表演信以为真。事到如今，他又能怎么办呢，一干重臣只剩下一个王世充了，不用他用谁？皇泰主下敕，任命王世充为尚书左仆射，内掌朝政，外掌军事。至此，王世充独揽大权，终于登上了大隋权力的巅峰。

这一天是唐武德元年（隋皇泰元年）七月十五日。

这个夜晚属于王世充。

7. 笑到最后的人才笑得最好看

当王世充在洛阳城中挥舞着血腥屠刀的时候，李密正在来洛阳的路上琢磨着如何辅政呢！然而，走到温县的时候，他的美好憧憬在顷刻之间就化为了泡影。没错，王世充政变的消息传来了。李密的那个郁闷就别提有多深了，忙乎了大半天，到头来竹篮打水一场空。

元文都亏了，李密也亏了，唯一赚到的就是王世充。

李密无奈，只得悻悻然地退到金墉城。他不知道，刚刚接管最高权力的王世充已经把目光投向了他。

王世充恨不得现在就去攻打李密，但不行，因为眼下他面临着一个巨大的困难，那就是粮食短缺问题。谁有粮食啊？放眼四周，只有李密才有！看来只能向李密要粮食了。但粮食这么重要的东西，李密会给他吗？王世充思虑良久，终于想出了一个办法。他向李密提了一个建议：以洛阳城中的布匹交换瓦岗军的粮食。

这是一个极具诱惑性的提议。因为瓦岗军虽然粮食充足，但偏偏布料奇缺。很难想象，战斗力如此强悍的一支部队从外表看来竟然像一群叫花子！李密动心了，王世充这个互通有无的建议确实很对他的胃口。但是，李密也不傻，他担心隋军得到粮食后，战斗力会大大增强。该如何取舍呢？李密摇摆不定。

这个时候，长史邴元真站了出来。

邴元真，瓦岗寨元老，翟让的同乡兼死党，能力一般，人品更一般。李密非常瞧不起这个人。当年，李密开设魏公幕府的时候，挑选高级官吏，寨中元老都被选中，唯独就是没考虑邴元真。亏得翟让极力保荐，李密才勉强任命邴元真为长史。但邴元真这个长史当得憋屈啊，虽然位高权重，但李密从未让他参与过重大决策。李密不待见邴元真，邴元真对李密也是虚与委蛇。

邴元真的官方身份是长史，他还有个非官方的身份——洛口守将。洛口这个地方有啥啊？洛口仓呗。换言之，邴元真实际上控制着天下第一大粮仓。一听说王世充提出以布换粮，邴元真乐坏了，发财的机会来了。所以，他极力劝说李密接受王世充的提议。

李密本在摇摆不定之际，受了邴元真的忽悠，便答应了王世充的要求。

王世充接到回复，高兴坏了。

聪明一世，就难免糊涂一时。在互通有无的问题上，李密显然是糊涂了一把。粮食当然重要，布料当然也很重要，但哪个才是生活必需品呢？这个问题的答案小学生都知道。可笑李密竟然犯了如此低级的一个错误。在交换之前，东都方面每天都有数以百计的人归顺瓦岗军；但交换之后，前来投降的人便越来越少了。李密十分后悔，对邴元真嗔怪不已，停止了交换，但为时已晚。

靠着交换来的粮食，王世充硬是坚持了一个多月。九月初，换来的粮食快要吃光了，王世充便把征讨李密一事提上了议程。他本以为会得到将士们的支持，岂料根本没几个人响应他，原因有二：

首先，名义上，李密与东都仍然是盟友关系，李密迄今尚未出手，如果东都方面主动开启战端，在道义上恐怕说不过去。

其次，也是最主要的一点，广大士兵反战情绪比较严重，经过两年多旷日持久的战斗，将士们从精神到肉体均疲惫不堪，都不愿意再起刀兵了。

这该咋办呢？王世充眉头一皱，计上心来。

话说这日，众军正在营中休息，突然传来一道军令：马上到周公庙集合。

众人一边集合一边议论，不知道王世充究竟唱得哪一出。集结完毕之后，大家都好奇地盯着周公庙的高台，咦，主帅怎么还不现身？

来了，来了，人来了，但不是王世充，而是一个打扮怪异的巫婆。原来，老王是请大家来看舞蹈的，舞蹈的名字就叫作《跳大神》，表演者巫婆，导演王世充。这位巫婆的舞姿具有浓厚的后现代气息，融合了秧歌、高跷、歇斯底里症等多种行为艺术的精华，具有极强的可观赏性。众军为这种独特大胆的艺术所吸引，看得目不转睛。

正在高潮之际，巫婆突然全身抽搐，口吐白沫，倒地不起。

众军：喔！

巫婆一动也不动，仿佛死了一般。渐渐地，底下有人就沉不住气了。这个说：怎么了，是不是抽筋了？那个说：八成是心脏病发作了。正在这当口，巫婆“噌”地一下又跳了起来。

众军：喔！！

然而，这时的巫婆就好像换了一个人似的，表情十分肃穆，她语气庄重地对台下的众人说，小子们听好了，我是周公！

众军士：喔！！！

王世充的士兵大多来自江淮地区。这个地方的人们思想普遍不开化，封建迷信在当地很有市场。这些人一看，哎呀，周公下凡了，倒头便拜。

“周公”说了，李密无道，我命令王世充替天行道，带领你们去消灭他。如果你们不听我老周的话，我就把你们全部带走。

呦，周公都发飙了，这鬼我们可得罪不起，众军士纷纷振臂高呼：我们愿意出战！这声音渐渐汇成一股洪流：消灭李密！消灭李密！消灭李密！

站在台后的王世充从帘子的缝隙里看着台下发生的一切，得意地笑了。

事不宜迟，王世充马上着手，筛选出精兵两万，战马两千，于九月初十出动，星夜兼程，直奔李密而去。十一日，隋军到达偃师。

李密已经接到警报，留王伯当守金墉城，邴元真守洛口，亲率大军赶赴偃师，驻扎于北邙山。随后，李密立即召开军事会议，商议破敌之计。

陈智略、樊文超、单雄信等绝大多数将领都主张坚守。只有一个人例外，他就是隋朝降将裴仁基。

裴仁基本为隋朝虎贲郎将，张须陀在大海寺被李密打死以后，隋炀帝就让裴仁基就任河南讨捕大使，收拢罗士信、秦叔宝等张须陀残部，继续与李密作战。但裴仁基因为治军问题与监军御史萧怀静发生了分歧，小心眼儿的萧怀静整理了他的材料，准备向隋炀帝告状。裴仁基无奈，便带着儿子裴行俨、部将贾闰甫以及罗士信、秦叔宝等人，转身投降了李密。

裴仁基很会打仗，他给李密的建议是：兵分两路，一路遏制王世充部，使其无法东进；一路沿黄河西进，直捣东都。王世充如果回军，我们就按兵不动；如果继续进军，我们就再逼近东都。如此一来，王世充疲于奔命，不久必败。这一招在兵法里叫作围魏救赵之计。

李密充分肯定了裴仁基的方案，但是他仍然决定采纳坚守政策："当前，东都人马有三个不可抵挡：武器装备精良，这是一；决心深入我方，这是二；粮食吃光了来寻求决战，这是三。所以，我们只要坚守不出就好了。对方想打打不成，想走走不了，用不了十天，有人就会把王世充的头送过来了。"

裴仁基极力争辩，但始终无法说服众人，更无法说服李密，他无奈地长叹："主公，您将来肯定会为今天的这个决定而后悔的。"

王世充很快便向瓦岗军先锋——单雄信部发动了猛烈攻击。隋军来势汹汹，单雄信抵挡不住，只得派人向李密求援。李密立刻派裴行俨和程知节率军增援。

裴行俨，裴仁基之子，《隋唐演义》中裴元庆的历史原型。在演义当中，裴元庆是隋唐第三条好汉，也是八大锤中的银锤将，手使两把八卦梅花亮银锤，勇猛异常。他追随父亲山马关总兵裴仁基三打瓦岗寨，后来被秦琼用计收服，其姐姐裴翠云也嫁于程咬金为妻。四明山一战，十八路反王无数兵将，只有他能接李元霸三锤。后来，他在伐五关之役中，中了虹霓关总兵新文礼的计策，被活活烧死在庆坠山中。

以上内容纯属虚构：首先，隋唐之际的武将基本上不使用锤子等武器，大多用槊；其次，裴仁基从未干过什么山马关总兵，有隋一代压根儿就没有山马关这个隘口；再次，裴行俨根本没有叫裴翠云的姐姐；最后，隋唐之际就没有新文礼这个人，裴行俨也不是被烧死的。不过，有一点倒是真的，他确实是一员猛将，人送外号"万人敌"（和薛仁杲一样）。

提起程知节，相信知道的人并不多。不过，说起"半路杀出个程咬金"、"程咬金的三斧子半"这两句俗谚，中国人耳熟能详。程知节就是程咬金，咬金是他的字。

在《说唐》、《隋唐演义》、《兴唐传》等系列话本历史演义中，程咬金出身于贫苦人家，因出生之时，口含金块，所以名为程咬金。他使一柄六十四斤重的宣花板斧，来来去去就是“切西瓜”、“掏耳朵”、“剔牙齿”这几招，人送外号“混世魔王”。而且，他还是演义当中的第一福将，活了一百多岁，历经高祖、太宗、高宗、武则天、中宗、睿宗六朝。

这当然与历史上的程知节严重不符了。事实上，程咬金出身于官宦人家，乃世家大族之后，他的曾祖父程兴是北齐兖州司马，祖父程哲是北齐的晋州司马，老爹程娄官至北齐济州大中正。程咬金也没活一百多岁，他生于隋文帝开皇九年（公元589年），卒于唐高宗麟德二年二月七日（公元665年2月26日），享年七十六岁。

程咬金“少骁勇，善用马槊”。大业晚期，他聚集数百名乡党，“共保乡里，以备他盗”。看来，程咬金还是有几分侠义心肠的，努力保一方平安。这不，听说李密兴起义军，要消灭腐败的隋王朝，他便带着自己的人马来了。

在诸将当中，李密对程咬金和秦叔宝尤为器重。李密有一支为数八千人的侍卫队，号称“内军”。内军与今日的特种部队或者海军陆战队颇为类似，两千人划为一队，共分四队，每队设一骠骑。李密曾经志得意满地说：“此八千人可当百万”。程咬金和秦叔宝正是四名骠骑的其中之二。

裴行俨率先抵达，但很快就被一支华丽丽的小箭射于马下，还好性命并无大碍。眼看着他就要被隋军生擒活捉了，正在这个当口，程知节及时赶到，救起裴行俨。隋军士气如虹，所向披靡，瓦岗军渐渐不敌，程知节与裴行俨只得后撤。要不是因为天色暗了，隋军绝不会善罢甘休。

首战失利，但李密仍然没有把王世充这个手下败将放在心上。他根本就没有在营寨周围设置防护壁垒。与此同时，在寨外的密林中，一双褐色的眼睛正在观察着瓦岗军的布防情况。突然，一丝惊喜的颜色布满了这双褐色的瞳仁：他居然没有设防，嘿嘿嘿……

二十日清晨，当东方刚刚现出鱼肚白的时候。李密的斥候（相当于现在的侦察兵）突然发现，有大批隋军向己方营寨快速移动。斥候马上就将这个消息报告给了李密。

睡眼惺忪的李密听说这个消息后，当即惊得从床上跳了起来。他一生破敌无算，从未有过一丝的慌乱。可是，现在的李密却是手乱，脚乱，心更乱。多年行伍生涯积累下来的经验告诉他：以无备之师对有备之师会是什么结果。

李密调派人马仓皇应战。

瓦岗军遇见王世充的江淮军，那可真是仇人相见，分外眼红。双方红着眼睛，喘着粗气，紧攥着刀枪，瞪着对方，浑似两群掐架的公牛。一百米、九十米、八十米……二十米、十米……终于，两群牛撞在了一起，展开了惨烈的厮杀。双方你来我往，刀光剑影，杀声震天。士兵的喊杀声、战马的嘶鸣声、刀剑相击的铮铮声以及濒死之人的惨叫声混成一首悲壮的交响曲，在洛水岸边的天地之间久久回响着。不时有人中枪着箭，带着悲鸣和留恋倒下，鲜血四处喷溅，渐渐地在地上汇聚成小溪，这血色的溪水裹着泥块注入洛水，将洛水染成鲜红的一片。

王世充默默地欣赏着这一切，他的心中没有一丝的怜悯与同情。在他看来，这些普通的士兵为他这个强者卖命那是理所应当的事情。丛林法则，弱肉强食，理固宜然。一将功成万骨枯，士兵永远都是将军成功路上的炮灰。

一个人的死是个悲剧，一百万人的死是个统计数字。

——斯大林

王世充抬头看了看太阳，嘴角微微一笑：该来了！

来了！来了！终于来了！

就在战局胶着之时，瓦岗军后面的山顶上突然出现了一支骑兵。此时的瓦岗军只顾着奋力向前，丝毫没有感觉到背后有一股直冲云霄的杀气。这支人马凭借有利地形，直冲李密大营，他们一边疯狂砍杀，一边大肆纵火。瓦岗军的营寨霎时火光冲天。江淮军则趁此机会奋力拼杀，形势渐渐转向有利于王世充的一面。

李密慌了，王世充笑了！

原来，王世充在仔细观察了瓦岗军的布防情况之后，发现李密居然没有设置任何防护设施。他充分把握了这个绝佳的机会，连夜派出一支两百多人（人数太多有被发现之虞）的精锐骑兵，秘密迂回到李密的背后，埋伏在北邙山的山谷之中。待双方厮杀正酣之际，则由这支奇兵突然从背后袭击瓦岗军，瓦岗军必定大乱，而王军则可趁此机会一举击溃之。

然而，战场的形势瞬息万变。好个瓦岗军，不愧是经过多年残酷战斗锻造出的天下雄师，虽然有短暂的混乱，但马上就恢复了秩序，兀自与隋军缠斗不休。隋军虽然占据了优势，但是再这么拼下去，这点儿老家底儿非得拼光了不可。

不过，没关系，因为王世充还有招。

就在双方竭力厮杀之际，一名隋军将领押着一个华服之人登上高处，大喝一声："都给我住手，你们看这是谁？" 有些离得近的人，顺着话音望去，不禁大惊失色。离得远的还在那里死磕呢，忽然感觉到身边的人都不再动手了，也渐渐地停了下来，顺着众人的视线望去。这一看不要紧，只见高处的那个华服之人赫然就是李密。此时的李密垂头丧气，好像是斗败的公鸡。

李密的被擒对瓦岗军的影响是致命的。瓦岗军将士面面相觑，惊慌失措，阵脚顿时大乱。隋军大呼万岁，趁此机会发动猛攻。瓦岗军四散奔逃，终于溃败。

王世充简直要笑抽了。原来，这个李密是个地地道道的水货，是王世充从军中找的一个相貌酷似李密的士兵假扮的。李鬼搞定了李逵，可见，在有些关键时刻，水货比行货好使多了。

王世充乘胜进军，于当天夜里包围了偃师。偃师守将是李密的铁杆心腹郑颋。郑颋的忠诚没得说，他发誓要与偃师城共存亡，但部下的反叛无情地击碎了这个誓言。由于叛徒的策应，王世充不费吹灰之力就进入了偃师城，裴仁基、裴行俨、郑颋、陈智略、樊文超、程咬金、秦叔宝、罗士信等大部分瓦岗军将领投降，祖君彦被杀。

瓦岗军诸将迫无奈才投降了隋军，满以为迎接自己的将是王世充暴风骤雨般的敲打。谁曾想，刚一见面，笑眯眯的王世充就嘘寒问暖，家里有几口人，孩子几岁了，工资够花吗。大家哪想到传说中的王剃头居然是这么的和蔼可亲，一个劲儿地感叹人言不可信，继而纷纷表态，归降大隋绝对是弃暗投明的义举。

王世充一边微笑，一边安抚众将，没事，过来就好，以后好好跟着我干。这些人都感激地称呼王世充为主公。谁知王世充挥一挥手，笑眯眯地说，别介，我的年龄也比你们大不了多少，你们就称呼我伯伯或者大哥吧。这帮人更是感动，都后悔自己当初瞎了眼，左挑右挑，挑了李密这么一个心狠手辣、背信弃义的家伙做领导。

被俘的瓦岗军将士中，只有一个十五岁的小孩儿遭到了杀害。这个少年名叫徐感，是徐世勣的小弟弟。王世充让他写信招抚他哥，徐感死活不干，还说什么"家兄立身，不亏名节，今已事主，君臣分定，决不以感造次改图。"王世充大怒，就命人杀害了徐感。

稍作停留后，王世充立即整顿兵马，向洛口进发。情报显示，李密率领一万残军，已经往洛口而去了。

对李密这个人，邴元真一直很不爽。不过，如果仅仅是这样，邴元真还勉强可以忍受。但前不久，宇文温向李密告他的状，说他性情贪婪浅薄，不杀必成祸患，李密没有答应。邴元真得知此事后，便开始策划反水了。更何况，就在刚才，邴元真收到了偃师城中妻子的来信。妻子告诉他，王世充说了，只要他肯献城投降，便既往不咎，如能将李密擒获，荣华富贵，不在话下。

看过信后，邴元真当即拍板，反了。许是光顾着兴奋了，邴元真忽略了一个人，那就是他的副手——杨庆。杨庆看出邴元真图谋不轨，便派人秘密地通知了李密。此时，邴元真已经和王世充取得了联系。

李密探知这一情况后，和众人商定，等王世充的军队半渡洛水时，出其不意地袭击之。如果这个计谋能够成功，那么李密就铁定会再次反败为胜。但很可惜，老天爷已经抛弃了他。王世充军到了洛水边上，负责侦查隋军动向的骑哨竟然没有发现。等到哨兵发现这一情况并通知李密后，王世充的军队已经全部过了河。李密懊悔不迭。

此时，洛口城门大开，邴元真已然恭候王世充多时了。李密一直器重有加的“飞将”单雄信随即率众投降。

机会稍纵即逝，李密痛惜得要死，他知道，一切都晚了，便打算率领部下去黎阳找徐世勣。但有人反对，理由是：“当初诛杀翟让的时候，徐世勣也差点儿被杀。现在主公您去投奔他，恐怕不太安全。”李密仔细想想，单雄信和徐世勣是同乡，难保徐世勣不会步单雄信的后尘，便放弃了去黎阳的念头。

又听说王伯当已经弃金墉城而退守河阳了，李密便率军赶往河阳。河阳城中，李密和诸将围绕着大魏政权的前途问题做了一番讨论。李密还想做垂死的挣扎，他提出南面凭仗黄河，北面守住太行，东面联结黎阳，以此设法进取。但众将都说：“我军刚刚失利，大家心中胆怯。如果再做停留，恐怕要不了几天，人就全跑光了。”

这番话打消了李密的最后幻想，他哭着说：“孤现在能依靠的就是大家了。大家既然不愿意，孤只有自刎以谢众人了。”言罢，他就想挥刀自刎。王伯当紧紧抱住李密，哭得死去活来。其余众人也是泪眼婆娑。

还好，人心还没散，留下来的都是忠义之士。李密思虑良久，无比真诚地对众人说道：“谢谢大家没有抛弃我。我考虑过了，你们和我一起入关降唐吧。我虽然没有功劳，但你们一定能保有富贵。”

府掾柳燮说：“明公您和唐公李渊是同一宗族，并且以前曾有过联合的友谊。虽然您没有追随唐公一同起兵，但若是没有您围攻东都，切断隋军的归路，唐公怎么可能轻而易举地取得长安？这就是您的功劳啊！”

众人也纷纷附和：“是啊，是啊，的确如此！”

李密长叹一声：“事到如今，也只有如此了。”

武德元年九月，在这个落寞的秋季，李密收拾残部两万人，西行入关去了。至此，他永远地退出了中原这块大舞台。此时的李密还不知道，三个月后，他将永远退出人生这个更大的舞台。

8. 世间再无瓦岗军

瓦岗军大势已去，李密的部下大多归顺了王世充，坚守拒降的只有四个人，分别是：黎阳的徐世勣、魏州的元宝藏、伊州的张善相和濮州的杜才干。千淘万漉虽辛苦，吹尽狂沙始到金。繁华落尽，斑驳现身，谁忠谁奸这才浮出了水面。

李密离长安越来越近了。与此同时，唐皇李渊一拨接一拨地派出使者，前来迎接慰问李密等人。这种高规格的待遇让李密十分受用。他掩饰不住内心的喜悦，兴奋地对部下说：“我本拥有百万雄兵，如今一朝脱去战袍归顺李唐。崤山以东的几百座城池，知道我在这里的话，肯定都会来归顺。立下了这么大的功劳，李渊还能不给我安排一个要职吗？”他对前途的乐观态度也感染了众人，大家都很高兴。

然而，当十月初八他们抵达长安后，才知道：理想虽然很丰满，但现实却骨感得可怕。有关部门根本就不重视他们，屯驻在长安城郊的瓦岗军将士竟一连几天都没饭吃。上自李密，下至普通一兵，都是怨气冲天。

过了几天，唐皇李渊才颁下敕书，任命李密为光禄卿，封邢国公。邢国公只是一个爵位，享受着相应的待遇，却没有实权。光禄卿倒是个实职，可惜不过是皇帝的管家而已，负责掌管宫殿门户以及皇室膳食、帐幕器物。让一个纵横天下的枭雄去管鸡毛蒜皮的小事儿，大材而小用，这里面的意思相信谁都能看得出来。可笑李密当初还幻想着捞个要职干干，殊不知，落难的凤凰不如鸡。面对惨淡的现实，李密万分失望，心情极为郁闷。

李密是个人才，这一点李渊是知道的，但他更清楚，这是一个会吃人的人才。如果让李密在大唐得了志，自己保不准就会成为翟让第二了。所以，尽管他亲热地称呼李密为弟弟，尽管他把舅舅的女儿嫁给了李密，但在内心深处，他对李密的提防有增无减。百足之虫，死而不僵，这个道理李渊是懂的，更何况这只大虫还没有死！

李密有句话说对了，“山东连城数百，知我在此，遣使招之，亦当尽至”。其实，根本就不用“遣使”，在中原打游击的贾闰甫、李育德、高季辅、刘德威等人听说李密投了大唐，相继率众来降。李密的小辫子又翘了起来，自得之情溢于言表。

可惜，在长安的日子里，李密并没有见到李唐第一牛人——秦王李世民。因为，李世民此时正在陇西的战场上与薛仁杲交锋呢！十一月初八，走投无路的薛仁杲出城投降。消息传到朝中，李渊便任命李密为特使，让他到豳州迎接李世民回朝。

李世民：这就是李密？

李密：这就是李世民？

李密恃才傲物，见到老李时都难掩傲慢之情，本没有把李世民这个小青年放在心上，但是见过李世民之后，他竟然悄悄对殷开山说了这么一句话：“真英主也，不如是，何以定祸乱乎！”

不久之后，驻守黎阳的徐世勣也来归降李唐了。徐世勣之所以能归降，李渊应该感谢一个人。这个人便是后来的贞观名臣魏征。

魏征的人生际遇十分坎坷。他老爹名叫魏长贤，早年做过北齐的屯留令。但是，魏征幼时，父母双亡，家道中落，只好出家当了道士。史书上说他之所以要当道士，是因为“落拓有大志，不事生业”。不过，小玉倫觉得，他可能是丢不起那个人，不想吃苦过活，这才当了个衣食无忧的道士。

魏征和后来的明太祖朱元璋极为相似，一个干过道士，一个当过和尚，最后都成就了伟大的事业。和老朱一样，魏征对于自己的专业也不感兴趣，不想着修身养性，炼丹制药，却“见天下渐乱”而“属意纵横之说”。也就是说，这是个不爱宗教爱政治的道士。

大业十三年九月，隋武阳郡郡丞元宝藏举郡投降了李密。元宝藏听说郡中有个名叫魏征的道士，笔杆子很好，就征召老魏做了自己的书记官，专门负责起草文书之类的东东。李密册封元宝藏为上柱国、武阳公。为了表示感谢，元宝藏就让魏征写信向李密致谢。

李密看了元宝藏的来信后，不禁拍案叫绝，亲娘咧，写得太好了，条理清晰，文采飞扬，一点儿都不次于祖君彦。他问左右："这封信出自谁的手笔？"左右回答说是一个姓魏的道士。李密是个识货的人，便从元宝藏那里把魏征给要了过来。

北邙山战役后，魏征跟着李密西行入关，归降了大唐。刚到长安，魏征便对李渊放出豪言，说他能招抚徐世勣等瓦岗军残部。老李当然很感兴趣，便任命魏征为秘书丞，派他去招降徐世勣。魏征到了黎阳之后，徐世勣二话没说，立即归降。

不过，徐世勣归降的方式十分特别。他认为，黎阳的土地和百姓原本都是李密的，如果由他向李渊上表投降，那就是以主人的失败来求取个人的富贵，是无耻的小人行径。所以，徐世勣就给李密写了一封信，信中详细列出了黎阳等地的户口、士兵及马匹的数目，由李密出头，向大唐归降。

应该承认，徐世勣完全是出于一番好意，希望能把功劳算在李密的头上。但他忽略了一个问题，他对旧日的主公如此敬畏，李渊会怎么想。果然，李渊嘴上虽然说什么"徐世勣不背德，不邀功，真纯臣也"，并赐徐世勣以国姓，但内心深处对李密是越来越不放心了。

李密乃是人杰，怎会看不出李渊态度的变化。但面对现实，他除了郁闷，还是郁闷；除了无奈，还是无奈。如果李密就此接受命运的安排，说不定还可以善终。可是，他已经和命运抗争惯了，他不甘心这样的现状。

适逢朝廷举办大朝会，按例，身为光禄卿的李密，应该向皇帝李渊进奉食物。朝会那天，老李乐得合不拢嘴，李密的心头却一直在滴血。望着无限风光的李渊，李密是别有一番滋味在心头。退朝后，他向曾经的小弟、现在的大唐左武卫大将军王伯当诉说心中的愤懑。

王伯当也和李密一样，受不了这种寄人篱下的生活。两个人很快就聊到一块儿去了。王伯当怂恿李密说："天下大事不都在您的掌握之中嘛！现在，东海公徐世勣在黎阳，襄阳公张善相在伊州，河南的兵马都在。您又何苦待在这里，受别人的气呢？"

这句话立刻在李密的心头燃起了熊熊大火，难道"昨天所有的荣誉"，真得"已变成遥远的回忆"了？"看成败人生豪迈，只不过是从头再来"，既然"勤勤苦苦已度过半生"，何妨"今夜重又走入风雨"呢？李密当即决定，离开李唐，东山再起。

第二天，他就给李渊上了一道奏章。在奏章中，李密说了："臣自从归降以后，安坐京师，倍受荣宠，不曾报效国家。山东之众从前都是臣的部下，请让臣去招抚他们。一旦他们归附，凭借着大唐的国威，取王世充就好比拾起地上的草芥一般容易。”

李渊听得心儿痒痒的。但裴寂、刘文静等重臣强烈反对，他们认为：“李密不是池中之物，放他回山东，就好比放鱼于泉，放虎归山。他肯定不会再回来了。”但此时的李渊已经被李密描绘的宏伟蓝图搞得五迷三道了，执意要让李密去山东。

十一月二十九日，李渊还在宫中置酒，慰劳即将前往山东的李密和贾闰甫：“你们两个要好好干，建功立业，不要辜负了朕的期望。”李密、贾闰甫再三拜谢。李渊非常高兴，又增添王伯当作为李密的副手。李密暗喜，天助我也！

一切都很顺利，李密怀着激动的心情，踏上了东归的路途。然而，好运气似乎已被透支光了，走到华州的时候，李渊突然传来圣旨，让他分一半人马在华州。这件事儿可把李密给吓着了，莫非李渊心生悔意了，那他为什么不果断召我回去呢？

怀着忐忑不安的心情，李密带其余人马快速东进。他的反常举动引起了同行长史张宝德的怀疑。张宝德偷偷给朝廷上了一道密奏，其中心思想就是四个字儿：李密必叛。

这一次，李渊相信了，看来，这个弟弟扑腾扑腾翅膀，想飞了。为了稳住李密，李渊颁下敕书，命令招抚使团继续前进，但团长李密得回来一趟。至于原因，他只能语焉不详地概括为：“更受节度”。

不管怎么说，这一次李渊确实是低估李密了。以李密的智商，怎会看不出隐藏在敕书中的深刻含义。接到敕书后，他便对贾闰甫说：“原本是派我去山东，现在又无缘无故地召我回去。我如果回去了，肯定会被杀掉。我看，咱们不如就近攻陷桃林县（属熊州），取了县里的军队和粮食，而后北渡黄河。等消息传到熊州（今河南宜阳县西）的时候，咱们已经走远了。你们意下如何？”

说实话，贾闰甫这一次本不想来，他已经心灰意冷了，只想安安稳稳地过日子，但李密非要将他拽上，只得随行。他劝李密说：“主上对待明公您还是不错的。现在的局势如此明朗，李唐最终会一统天下。明公您既然已经归顺了，何苦再生异志呢？况且，唐将史万宝等人就在熊州附近。我们早晨攻打桃林，他们的军队晚上就会赶到。仓促之间，我们去哪里召集士兵啊？依我之见，您不如暂且按朝廷的命令行事，以示确无异心。以后的事情，我们可以慢慢来嘛！”

这番话绝对是金玉良言，但此时的李密鬼迷心窍，已经听不进去了，他大骂贾闰甫：“我和李渊都应了谶文。我今天能东归，足以证明王者不死。李唐纵使平定了关中，山东地区最终还是属于我的。老天爷白白送给我的东西，为什么要拱手送人？你是我的心腹，怎么会这么想呢？如果你不和我一条心了，我就杀了你！”

贾闰甫急得泪流满面：“虽说明公您也应了谶文，但我观察近来的天道与人事，您与谶文已经越来越不相适了。现在海内分崩离析，强者称雄，明公您已经在走下坡路了，谁还会听从您的调遣？再说，自从您杀了翟让以后，人人都说您弃恩忘本，谁还会把自己的军队乖乖地交给您呢？我贾闰甫如果不是蒙受您的恩典，怎么会和你说这么深切坦率、毫无忌讳的话？希望明公您好好考虑一下！”

实话，但李密现在就是听不下实话，他勃然大怒，抽出刀来，就要砍向贾闰甫。好在王伯当眼疾手快，硬生生地将他拉住，但李密兀自喝骂不休。贾闰甫见李密不听，号啕大哭，冲李密拜了几拜，无限哀婉地看了众人一眼，转身离去。

王伯当替贾闰甫说了几句好话，李密听了，竟然怀疑起他的忠诚来了：“莫非你也想学贾闰甫？”

王伯当急忙跪下来，剖白心迹：“真正的义士当为友尽忠，不因生死而改变自己的志向。如果明公您一定要按自己的想法办，我王伯当必定誓死追随。”

李密望着王伯当真诚的面容，眼泪一下子就流了出来，忆当年，瓦岗寨群英荟萃，天下英雄尽属我李密，想不到如今身边只剩下一个王伯当了。好啊，只要肯追随我就够了，至于成败，就交给老天爷吧！

事到如今，李密也不再遮遮掩掩了，将传敕的使者和张宝德等人一股脑儿全部杀掉，带着王伯当等人往桃林县（今河南三门峡市西南）来了。十二月三十日清晨，李密一行抵达桃林县。李密对县官说，他要奉敕暂返京师，希望能够把家人安置在县衙。县官听了，当然一口答应。

不一会儿，李密就带着几十名妇女，直入县衙。县令亲自出迎，傻了，怎么这么多女人啊？再一瞧，县令的心都痛了，这李密的家眷也长得太丑了吧，怎么一个个五大三粗跟男人似的。不对啊，这哪里是女人啊，分明就是一帮彪形大汉嘛！他刚反应过来，眼前刀光一闪，就什么都不知道了。原来，这伙妇女都是李密的部下乔装改扮的。

李密指挥众人焚烧仓库，抢夺粮械，一面驱赶着县中百姓，直奔熊耳山山南小道，向东急进；一面派人通知伊州的张善相，命令他派兵接应。好个李密，关键时刻心思依旧缜密，他命人放出风去，说他要前往洛州。

李密的假消息骗住了大唐熊州守将——右翊卫将军史万宝，却没有骗住行军总管盛彦师。

李密占据桃林的消息传到熊州以后，史万宝忧心忡忡地对盛彦师说道："李密本是一代枭雄，现在又得王伯当相助，起兵反叛，恐怕很难抵挡啊！"

岂料，盛彦师却表现得相当淡定，他呵呵一笑："我看不足为惧，只需用几千兵马截击，就必定能砍了李密的狗头。"

史万宝大喜，赶忙问道："你说该怎么办？"

盛彦师故弄玄虚："兵法推崇使诈，现在还不能对您讲。等我杀敌归来，再说给你也不迟。"

盛彦师立即行动，率兵五千人，抢先一步抵达熊耳山，于山南要道两侧埋下伏兵。有偏将不太明白，就问他："听说李密准备去洛州，而您却为何要进熊耳山呢？"

盛彦师又笑了："这是李密的疑兵之计。他口口声声说要去洛州，其实是想经熊耳山山南小道，投奔张善相。如果让他先进了谷，我方就无能为力了。但是，现在我先进了谷，他就只有被我消灭的份儿了。"

盛彦师所料不错，不一会儿，李密与王伯当等人便进入了山谷。望着两侧嶙峋的峭壁，李密暗想，等走出这片谷地，便是人生的新天地了，此番我重出江湖，东山再起，将来必定能席卷天下，成就霸业。

正在畅想之间，突听四周杀声大作，箭如飞蝗。李密大惊，回头正要吩咐王伯当传令众军躲避，却见王伯当身中数箭，已经死于马下。李密仰天长叹，苍天啊，你为何如此不公啊？

又一片箭雨洒过来了……

这一天是十二月三十日，距离新的一年只有不到两天的时间。

李密啊李密，苍天不公是因为你一错再错：置道义于不顾，杀害翟让，致使人心离散，是为一错；杀翟让而不杀邴元真，留下了祸患，是为二错；不采纳裴仁基之言，致使洛水惨败，是为三错；惨败之后不去黎阳投徐世勣，非要去长安投李渊，是为四错；去了长安不安分，不听贾闰甫，逆天道而行之，终于自取灭亡，是为五错。犯了这么多的错误，还指望老天原谅你吗？

李密起于大业十二年，并迅速缔造起辉煌的伟业，成为隋末群雄当中的种子选手，岂料不到两年的时间便提前出局了，真可谓是“其兴也勃，其亡也忽”！直到生命的尽头，他才知道，那个预言之子真的不是他。

武德二年正月，瓦岗军残部元宝藏、张善相先后投降。武德三年九月，杜才干假意与邴元真会盟，埋伏甲兵，杀死了邴元真，以其头祭奠李密。随后，杜才干以濮州降唐。

从此，世间再无瓦岗军。

9. 天兽皇帝的末日

就在李世民击败薛仁杲的当月，窦建德鸟枪换炮，自称夏王，建立大夏国，定都乐寿，年号五凤。随后，他开展了轰轰烈烈的圈地运动，势力急剧膨胀，很快便占有了河北和山东大部分地区。

但有两个人严重阻碍了老窦的圈地运动，一个叫魏刀儿，一个叫罗艺。

说起魏刀儿就不得不说起另外一个人——王须拔。那是在大业十一年的二月，魏刀儿追随好哥们儿王须拔在上谷（今河北易县）起兵反隋。他们的队伍发展极为迅速，很快便拥有了二十多万人马。手中有了人，哥俩儿的腰杆儿也硬了，寻思着要起一个尿性点儿的诨名。于是，王须拔自称漫天王，魏刀儿则自称历山飞。

后来，漫天王王须拔在攻打幽州的战斗中，被流矢给射死了（漫到天上去了）。于是，副帅魏刀儿扶正，当起了老大。魏刀儿东征西讨，占据深泽（今河北省深泽县），活动于冀（今河北省冀州市）、定（今河北省定县）二州之间，成为河北地区仅次于窦建德的第二大势力。

窦建德想吞并冀、定二州，便打起了魏刀儿的主意。但是，魏刀儿的实力也很强，窦建德可不想和他硬碰硬，于是就想了这么一个办法——结盟。当然，是假的那一种。

魏刀儿实力不如窦建德，本就不想和老窦交战，一听说老窦要和他结盟，当即应允。既然是兄弟了，那就没有必要再像从前那样防着了，魏刀儿松懈了。好人窦建德这回当起了坏蛋，趁着魏刀儿松懈之机，发动突然袭击。结果，魏刀儿被杀，其部下大多归顺了窦建德。只有一个人例外，他的名字叫作宋金刚。

如果非要用一句话来概括宋金刚这个人的话，那就是：相当仗义，相当有才。宋金刚和魏刀儿是拜把子的好兄弟。窦建德突袭魏刀儿的时候，宋金刚接到警报后，立即率所部四千人赶往救援。但是，窦建德早有准备，宋金刚不仅没能救出魏刀儿，反而吃了一个大亏。战后，窦建德向宋金刚抛出了橄榄枝。宋金刚不屑与杀害大哥的凶手为伍，带领残部四千人向西跑了。

干掉魏刀儿之后，河北大地堪与窦建德争雄的就只剩下一个罗艺了。

罗艺，表字子延，大隋襄州襄阳（今湖北襄阳）人氏。大业年间，出生行伍世家的罗艺屡立战功，被升为虎贲郎将，驻守涿郡。

隋末农民战争爆发以后，天下大乱。涿郡这个地方物产丰饶，加之又曾是讨伐高句丽的大本营，武器、粮草要多少有多少，而且郡中的临朔宫里满是财宝。所以，各路人马都想夺取涿郡，涿郡因此成为四战之地。大业十二年年底，罗艺发动兵变，大开粮仓，赈济穷人，“柳城、怀远并归附之”。罗艺自称幽州总管，从此成为一方诸侯，“威振边朔”。

这个罗艺就是《隋唐演义》中罗艺的历史原型。演义中的罗艺，早在隋文帝时期便是一路军阀了，坐镇涿郡，号称北平王。他有一个儿子，名叫罗成，而且还是秦琼秦叔宝的表弟。这个罗成可是个相当厉害的人物，名列“十八杰”第七，又叫罗神枪，胯下一匹西方小白龙，掌中五钩神飞亮银枪，从没打过败仗，人称“常胜将军”。

演义和历史当然是有出入的：首先，罗艺发迹是在隋炀帝大业末期，隋文帝时期幽州的守将另有其人，那时的罗艺还在为明天而不断地奋斗着；其次，罗艺根本就没有罗成这个儿子，罗成的原型是与罗艺同时期的罗士信；最后，罗艺和秦琼也没有任何的亲戚干系，八竿子打不着。

在民间传说当中，罗艺手下有一支战斗力极其恐怖的王牌骑兵部队——燕云十八骑。这支部队总共只有十八个人。他们个个身着寒铁战衣，腰佩圆月弯刀，脸戴面罩，头蒙黑巾，只露双眼，披一件黑色披风，踏一双胡人马靴，负一张黄杨大弓，配箭十八只。他们只在大漠地区活动，很少进入中原，来无影，去无踪，神出鬼没。除了罗艺，只有一种人见过他们的真面目，那就是死人。每次他们出现的时候，都会给敌人带来一次惨绝人寰的大屠杀。

其实，神马燕云十八骑的都是浮云，在历史上并不存在。罗艺真正的得力助手是小玉之前提到的薛世雄和他的五个儿子。也正是因为这层关系，所以当窦建德派人来招降的时候，罗艺都没多想，直接拒掉了。

罗艺还说了:“吾闻唐公已定关中，人望归之。此真吾主也，吾将从之。”恰逢李渊派人招抚，罗艺便奉上降表，归附了李唐。十二月十三日，李渊颁下敕书，任命罗艺为大唐幽州总管。

窦建德恼羞成怒，亲率十万大军围攻幽州，结果被罗艺和薛家兄弟打得大败而归。但心头这口恶气实在憋得难受，于是窦建德就琢磨着怎么发泄一番。这一琢磨不要紧，就琢磨到宇文化及的头上了。因为，宇文化及现在占了他的聊城（今山东聊城）。

且说童山大战之后，宇文化及率残部两万人北走魏县。根据正常人的智商水平，到了这般田地，理应低调求生存，可是宇文化及不知道哪根筋抽住了，愣是要自寻死路，反倒生出了称帝的念头。

司马迁爷爷曾经在他的鸿篇巨著《史记》中对生命的意义做了经典的描述:“人固有一死，或重于泰山，或轻于鸿毛”。几百年后，一个名叫宇文化及的人又给司马迁爷爷所探讨的主题添上了第三种答案:“人固有一死，岂可不当一日皇帝！”

有隋一代，宇文化及创造了一项纪录，无人可及：先后弄死两个皇帝。上次弄死隋炀帝，他送去了一根绳子，现在弄死傀儡皇帝杨浩，他送了一杯毒酒。武德元年九月，宇文化及在魏县自称大许国皇帝，年号天寿（天生禽兽？）。

当时，李密、窦建德、王世充等人都比较忙，没时间搭理他，所以宇文化及过家家的游戏一直玩到了新的一年（武德二年）。这一点，他比李密要幸运。但新年一过，坏事儿就来了。

正月十八日，大唐山东道安抚大使——淮安王李神通率军进攻魏县。苟延残喘的宇文化及哪是李神通的对手，被打得抱头鼠窜，向东跑到了聊城。结果，李神通又不依不饶地追了上来，将聊城围了个水泄不通。

窦建德一直把聊城视作自己的地盘儿，李神通将宇文化及撵到了聊城，他可就坐不住了。二月初，老窦亲率大军开赴聊城。李神通欺负欺负宇文化及还行，对付窦建德这种猛人，他可干不了，不过他也知趣，窦建德前脚刚到，李神通后脚就带人闪了。可怜宇文化及惨遭“轮奸”，又被窦建德给围上了。

不过，宇文化及也不是很慌，因为他现在多了一个帮手——造反派鼻祖王薄。当年，王薄一曲《无向辽东浪死歌》引爆了一个时代，推倒了一个王朝，但他的能力实在有限，被张须陀接连揍了几次后便元气大伤，再也没发展起来，而且还穷得要死。宇文化及正是看中了这一点，就用金银财宝把王薄给招过来了。王薄鼻祖堕落至此，真是让人不胜唏嘘。

王薄欺负欺负李神通还行，对付窦建德他想都不敢想，为了点儿钱财，把小命搭上，这种蠢事儿他可不干。所以，在一个月黑风高的夜晚，他悄悄地打开了聊城的大门，门外的夏军一拥而入。宇文化及就这样被当饺子一样给包了。

窦建德进入聊城后所做的第一件事情大家绝对想不到，他竟然身着孝服去拜谒（注意我的用词）了大隋“第一夫人”——隋炀帝的遗孀萧皇后。在谒见过程中，老窦对萧皇后毕恭毕敬，张口闭口就是“臣”。

故事讲到这里，有人可能会问了：隋朝害得老窦家破人亡，他应该像李密一样，与隋朝不共戴天才对啊！怎么会对萧皇后如此恭敬，还自称为“臣”呢？

理解不了？你们参照这个人就会理解了：宋江。窦建德和宋江十分相似。窦建德是一个非常正统的人，有着非常强烈的君臣观念，他本来只想做一个良民，只因为遭受了冤假错案，才参加了起义军。但当上了反贼的窦建德无时无刻不想着“从良”，也正因为如此，所以他自始至终都没有称帝。

还我一个名分，这是窦建德多年的夙愿。现在，这个“从良”的机会终于被他等到了。窦建德将参与杀害隋炀帝的宇文智及、杨士览、元武达、许弘仁、孟景等人，当着萧皇后和隋朝文武大臣的面，全部斩首示众。

随后，他用槛车载着宇文化及和他的两个儿子宇文承基、宇文承趾（演义中的大隋第一勇士宇文成都纯属虚构）来到襄国（今河北邢台）。临刑之前，窦建德问宇文化及还有什么遗言。宇文化及想了想，就说了四个字儿：“不负夏王（不后悔称帝）！”随后，宇文化及和他的两个儿子全部被杀。

隋炀帝一生想尽办法欺压民众，想不到最后还是民众的代表——泥腿子大亨窦建德替他报了仇，这真是一个天大的黑色幽默。倘若他泉下有知，不知道会怎么想？

宇文述的三个儿子当中，只有宇文士及活了下来。宇文士及有个好哥们儿，名叫李渊。当年，宇文士及与李渊曾同殿为官，李渊时任殿内少监，宇文士及时任尚辇奉御，两人关系非常好。宇文士及到黎阳时，李渊曾亲手给宇文士及写了一封信，希望他能到长安。宇文士及也精明，暗中派家僮从小路赶到长安，表示想回长安。

聊城陷落之时，宇文士及正好在济北办事，他收到消息后，便带着部下封德彝投降了李唐。李渊对他的到来表示了热烈的欢迎，并任命他为上仪同。不过，宇文士及并不开心，因为他老婆和儿子落在了窦建德的手上。说起来，宇文士及的老婆可是大有来头，赫然便是隋炀帝和萧皇后的女儿南阳公主。

隋炀帝除了三个儿子外，还有两个女儿，其中长女便是南阳公主。本来两口子非常恩爱，小日子过得十分滋润，但是自从父皇被杀以后，南阳公主就再也没有理过宇文士及。南阳公主给宇文士及生了一个儿子，名叫宇文禅师。

窦建德认为，宇文禅师是宇文家的孽种，应该杀掉，就派虎贲郎将于士澄来问南阳公主："宇文化及犯大逆罪，兄弟的儿子都要连坐从死，如果您舍不得禅师，会替您留下他来。"南阳公主听了，眼泪唰地就流了下来，思虑良久，她说了这么一句话："您既然是隋室的大臣，这事还用得着问我吗？"于是，窦建德就把宇文禅师给杀了。南阳公主随后便出家为尼。

> 红颜胜人多薄命，莫怨春风当日嗟。
>
> ——【北宋】欧阳修

除了萧皇后和南阳公主，隋炀帝次子齐王杨暕的遗腹子杨政道和大隋的精英也全部落入了窦建德的手中。窦建德任命隋朝的黄门侍郎裴矩为左仆射，兵部侍郎崔君肃为侍中，少府令何稠为工部尚书，右司郎中柳调为左丞，虞世南为黄门侍郎，欧阳询为太常卿。对其余的隋朝官员，愿意留下的，窦建德就授予他们官职，不愿意留下的，想去长安、洛阳还是老家，悉听尊便，不仅给路费给干粮，而且还派兵保护他们出境。

两个月后，义成公主自突厥派人来了，希望窦建德能将萧皇后、南阳公主和杨政道送到突厥。窦建德一口答应，还派了一千多骑兵一路护送，并赠送脑袋一颗，宇文化及的。

这就是窦建德，一个让你觉得不可思议却又真实存在的窦建德。

第四章

先近后远

【本章提要】：先近后远是李唐统一全国的基本策略。入主关中以后，距离李唐最近的势力有三股，分别是：陇右的薛氏父子、河西大凉王李轨以及代北的天兴皇帝刘武周。薛举、薛仁杲势力败亡后，河西王李轨便成了李渊的下一个目标。正当李渊谋划对李轨下手之时，代北的刘武周抢先发难，以大将宋金刚为西南道大行台，南下进攻并州。并州留守李元吉守御无方，唐军一败再败。与此同时，李渊的卧底安修仁潜入凉州，成功擒拿李轨。为了挽救颓势，李渊派李世民统军北上，对付刘武周。武德三年四月，介休一战，李世民成功击败刘武周军主力宋金刚部。刘武周、宋金刚相继逃亡突厥，不久被杀，代北平定。

1. 不听话的皇堂弟

武德二年三月对李渊来说，是极其闹心的一个月。

月初，有人从遥远的河西地区（今甘肃省黄河以西地区）给李渊带来一封信。老李打开一看，气得差点儿没背过去，只见信的开头第一句赫然是："皇帝的堂弟、大凉国皇帝、臣下李轨……"李渊勃然大怒，这不是把我当猴耍吗？

当今天下还有人敢耍弄李渊？不好意思，还真有，这个敢耍弄李渊的人名字叫作李轨，隋末群雄之一，自称河西大凉王，与陇右的薛举平分甘肃。

李轨，表字处则，武威姑臧人氏（今甘肃武威民勤县人）。此人机敏善辩，喜好读书，虽然"家富于财"，但却能时常"赈穷济乏"，在武威地区有扎实的群众基础。

那是在大业十三年的七月份，薛举占据金城雄起的消息传到了武威府，引起了时任鹰扬府司马李轨的高度重视。和残暴凶狠的薛举不同，李轨是一个宅心仁厚的谦谦君子。他断言，薛举在不久之后就会来攻打河西，届时河西必定生灵涂炭。

李轨决心挽救河西生灵，便与自己的好哥们儿曹珍、梁硕、安修仁等人商量："薛举已经占有了陇右，下一步肯定是要向河西发展了。咱们郡中的主要官吏都是昏庸怯懦之辈，就凭他们的能力，根本挡不住薛举。依我之见，与其跟着这些昏官任人鱼肉，还不如咱们哥儿个起兵，推翻郡官，保境安民呢！"

他的话深深地打动了曹珍等人，大家伙儿都觉得李轨说得在理儿，纷纷表示绝对支持。但常言说得好，蛇无首不行，鸟无头不飞，造反这事儿，总得有个挑头的吧！选谁来当老大呢？这是个问题！

别以为老大很好当，赢了，当然数他最风光，输了，也是他最先掉脑袋。大家纷纷"谦让"，谁也不肯做这头把交椅。曹珍脑子比较活："行了，都别让了！你们难道没听说过'桃李子、有天下'的童谣吗？都说李氏当王，我看李轨就是那个预言之子。咱们干脆就拥护他当老大吧！"

此言一出，众人立即起哄，都说非李轨莫属。李轨一张嘴哪能说得过他们啊，无奈之下，只好点头答应。众人说干就干。七月初八，李轨带着一班小弟起兵，囚禁了郡官，随即自称河西大凉王。

他猜得不错，就在这个月，薛举称帝建国，并派军渡过黄河，攻打武威。李轨早有准备，一举击败西秦军。随后，张掖、敦煌、西平、枹罕四郡全部归降李轨。至此，河西五郡全部为李轨所有，李轨成为名副其实的河西王。

其实，李轨和李渊本没什么联系，毕竟两人中间还隔了个薛举嘛！但是，武德元年二月发生的一件事儿为两人的迅速接近创造了条件。

话说当月，薛举联合突厥将领莫贺咄设，图谋进攻李渊。莫贺咄设不是人名，而是官名，此人真正的名字叫作咄苾。咄苾的身份比较尊贵，是前任可汗启民的三儿子，现任可汗始毕是他大哥。无论莫贺咄设，还是咄苾，都是中国历史上的超低频词汇，知名度非常之小。但在不久的将来，莫贺咄设咄苾将以另外一个身份出现在我国的史书当中，并成为隋唐之际的风云人物。到底是谁呢？咱们以后再说。

老李情报工作搞得好，薛举的计划很快就被他掌握了，他决心将敌人的会攻计划扼杀在摇篮当中。李渊先是给莫贺咄设送去了一份厚礼，继而又向他陈述利害得失，建议他不要出兵。也不知老李究竟向使者传授了什么秘诀，莫贺咄设居然答应了。他不仅答应不出兵，而且还把控制下的五原、武都、宕渠等郡全都让给了李渊。薛举精心炮制的会攻计划转眼泡了汤。

这件事情也启发了李渊：既然薛举能找帮手，那他老李也完全可以照葫芦画瓢呀！于是，李渊就把可能的外援扒拉了一遍，最后选中了一个人，不消说，正是河西王李轨。

李渊为什么会看上李轨呢？原因有二：首先，薛举的势力范围在陇右，而李轨的势力范围在河西，正好位于薛举的后方，与之联合，可以收到两路夹击之效；其次，李轨和薛举有仇，两人曾经干过一仗，关系非常紧张，李轨的反秦立场十分坚定。

老李说干就干，立刻派使节秘密前往大凉政权的首都凉州，招抚李轨。李渊还给李轨写了一封信，搬出“天下同姓是一家”的老话，肉麻地称呼李轨为堂弟。这一招看来还是蛮好使的，李轨接到信后十分高兴，立即派弟弟李懋入贡，向李渊称臣。

他高兴，李渊更高兴。八月，老李任命李懋为大将军，并派鸿胪少卿张俟德即刻启程，赶往凉州，拟任命李轨为凉州总管，封凉王。

本来呢，老李是想着联合李轨前后夹击薛举父子的。岂料，李世民能力太出众，仅用了两个月就把西秦国给打垮了。十一月初九，走投无路的薛仁杲出城投降。

此时的李渊还不知道，他亲爱的皇堂弟已经于五天前即皇帝位了。

没啥特别的原因，李轨就是等不及了，皇帝谁不想当啊？本来呢，他是想等李渊的使者来了以后再说，岂料左等右等，就是不见李唐那边有人来。那个年代也没有手机、电话、互联网啥的，李轨还以为李渊不派人了，一个把持不住，就称了个帝。

其实，张俟德早在八月份就上路了，但当时李唐和西秦打得热火朝天。你想啊，薛仁杲能让李唐的使者从自己的地盘儿上经过吗？张俟德他又敢从薛仁杲的地盘儿上过吗？所以，张俟德只能等。一直等到薛仁杲被搞定，他才动身赶往凉州。

武德二年二月初，张俟德终于赶到了凉州。看完了李渊的册封敕书，李轨傻了眼。人家老李要封他做凉王，岂料他早已登基称帝了，一国不容二主，你说这事儿该咋办吗？问题很棘手，李轨只得召集群臣商讨此事。李轨的想法是去掉帝号，接受唐朝的封爵。

但曹珍坚决不同意：“隋朝失去天下，天下人共争君位，称王称帝的，岂止一人？唐朝在关中称帝，凉朝在河右称帝，本来不相妨碍。况且您已经做了天子，何必又自己贬黜自己呢？”

李轨心中本来就有几分不乐意，听了曹珍的话，当即拍板儿：你当你的皇帝，我当我的皇帝，井水不犯河水。不过，礼数还是要走的，所以二十八日，李轨派使者出使李唐。这才有了本文开头的那一幕。

李渊大怒，当即扣押使者，并立即将消灭李轨一事儿提上了议程。

2. 天兴皇帝坐不住了

灭凉政策还没研究好呢，三月二十二日，又出事儿了：代北的刘武周率三万精兵南下，进攻晋阳。

刘武周怎么会突然对李唐动手呢？这就要从去年说起了。去年十一月，浅水原大战，李世民大破薛仁杲，西秦势力烟消云散。消息传出，天下震荡。其中，荡得最厉害的就是李渊的老邻居刘武周。

刘武周也是个精细人，他看得很明白，西秦帝国一完蛋，李唐东进南下的后顾之忧便不存在了。那么，谁会是李渊的下一个目标呢？很简单，必然是紧挨李唐、盘踞代北的自己了。这该咋办呢？刘武周犯了愁！

正当他万般纠结的时候，武德元年的年底，有一个人主动找上了门儿。这个人大家都认识，他就是历山飞魏刀儿的部将宋金刚。

话说宋金刚被窦建德击败以后，带着残部四千人一路向西逃窜。区区四千人，自立门户是不可能了，宋金刚决议寻找一个新东家。从地缘上讲，有三个人可供他选择：一个是洛阳的皇泰主杨侗，一个是长安的大唐皇帝李渊，一个是马邑的天兴皇帝刘武周。

洛阳宋金刚是绝对不会去的，因为他是农民出身，本就对朝廷持严重不信任态度；再说了，他还是反隋义军的领袖，接受朝廷的招安，这种没骨气的事儿，老宋绝对不会干。

长安也不能去，因为魏刀儿这支义军和李渊有仇。那是在大业十二年的四月，魏刀儿派宋金刚的好友——大将甄翟儿率众十万，进攻太原。十二月，隋炀帝任命李渊为太原留守，让他率兵讨伐甄翟儿。雀鼠谷一战，李渊所部几千人被甄翟儿大军重重包围，险象环生。亏得李世民及时率兵援救，不仅救出了李渊，还一举击败了甄翟儿。从此，魏刀儿义军便退出代北，专注在河北发展了。有这件陈年往事儿摆着，所以宋金刚不能去长安。

只有去马邑投刘武周了！

他算是选对了。听说大名鼎鼎、侠肝义胆的宋金刚来降，刘武周高兴得都快要疯了。他对宋金刚的重视程度，丝毫不亚于当年曹操对许攸的重视程度，甚至有过之而无不及。为了笼络宋金刚，刘武周做了三件相当有魄力的事儿：一是册封宋金刚为宋王，并将全军的指挥大权交给了老宋；二是将个人财产的一半都送给了宋金刚；三是将自己的妹妹许配给宋金刚。

刘武周的器重与信任深深感动了宋金刚。他下定决心，用自己的全部智慧与气力为刘武周效忠。宋金刚看得远啊，他以确定一定以及肯定的口吻告诉刘武周，李唐的下一个目标必定是他。宋金刚认为，与其等李唐做好准备来进攻，还不如趁其不备主动出击，先打晋阳，后打长安，进而南下以争天下。

他的这番话说得老刘热血沸腾，心潮澎湃。但刘武周的妹夫苑君璋却持相反意见："李渊仅凭一个州的兵力，就拿下了长安，所向无敌。我想，这一定是上天在帮助他。咱们不如北面联合突厥，南面与李唐结交，做这代北的一方霸主就够了。"

刘武周又有些犹豫了，他决定去征求突厥主人的意见。几天后，始毕可汗的答复回来了：强烈支持他进攻太原，而且还要联合朔方的梁师都，派兵相助。

大家可能要问了，这始毕可汗不是老李的盟友嘛，怎么突然变了脸。原来啊，当上了皇帝的李渊露出了自己的"本来面目"，并没有兑现当初"金玉缯帛归突厥"的承诺。始毕可汗气得上蹿下跳，大发雷霆。听说刘武周有意攻打李唐，他当即举四肢赞同。

有了突厥主人的支持，刘武周便再无顾虑了，决议南下进攻李唐。

始毕可汗比刘武周还要积极。二月，他亲率大军渡过黄河，抵达夏州，与梁师都的人马会师。始毕可汗拨了五百人马给刘武周，并同刘武周商定，刘武周从马邑，他从句注，分两路入侵太原。

说来也怪，正要动兵之际，始毕可汗却突然发病去世。始毕只有一子什钵，这个什钵现在还是个小屁孩儿。让一个小孩儿当大汗？别扯了，突厥人可没有汉人那么讲究！义成公主同一班老臣拥立始毕可汗的弟弟、启民可汗的次子俟利弗设为突厥新任大汗，史称处罗可汗。处罗可汗即位的第一件事情就是娶嫂子义成公主为老婆。

正值最高权力交接之际，突厥人可没心思南下。刘武周左等右等，等不住了。三月二十二日，他留苑君璋守卫朔州，以宋金刚为西南道大行台，率胡汉精兵三万人进犯晋阳。

3. 蠢人李轨的覆亡之路

正当李渊琢磨着怎么对李轨下手的时候，李轨却在犯蠢的道路上大踏步地前进着。

吏部尚书梁硕是李轨的老兄弟，也是他的主要智囊，为大凉政权跑前跑后地出了不少力气。本来，李轨对梁硕也不错，素来信任有加。但是，当梁硕接连得罪了两个人之后，情况就完全变了。

第一个是胡人出身的户部尚书安修仁。梁硕发现，河西地区的胡人部落近年来繁衍得不错，人口大幅增加。他觉得这不是什么好事儿，便提醒李轨要加以防备。但梁硕忽略了一点，他的同僚安修仁就是本地的胡人。现在，他要求李轨防备胡人，安修仁的忐忑和憎恨可想而知。

第二个就是李轨的儿子——皇太子李仲琰。一次，李仲琰去拜访梁硕。梁硕倚老卖老，在李仲琰面前摆足了架子，搞得李仲琰下不来台。李仲琰嘴上虽没说什么，心中却深恨梁硕。

因为恨梁硕的缘故，安修仁与李仲琰很快就结成了反梁硕统一战线，一起在李轨面前搬弄梁硕的是非，诬陷梁硕阴谋反叛。按理说都是多年的老兄弟了，李轨应该很了解梁硕才是。岂料，他竟然对安修仁与李仲琰的鬼话深信不疑，派人毒死了梁硕。

梁硕提防胡人，这是为国家利益考虑，并无过错；他不给李仲琰面子，虽是过错，却也是小错，错不至死。至于谋反，那根本是子虚乌有，纯属造谣。一班老兄弟看在眼里，寒在心中。

害死梁硕，这是李轨办得第一件蠢事儿，但他并没有在犯蠢的道路上裹足不前。李轨这个人啥都好，就是有两点：一是耳朵根子软，二是特别讲迷信。

河西地区巫蛊横行，迷信成风。有一个胡巫忽悠李轨说：“上帝要派玉女从天而降了。”不管别人信不信，反正李轨是信了。他不仅信了，而且还建造了一座极其奢华的玉女台，用以迎接即将降临的玉女。为了造好玉女台，李轨强行征集大批百姓服徭役，并耗费了大量的民脂民膏，搞得老百姓们怨声载道。

如果仅仅是以上两件事儿，还不足以使他完全失掉民心。但紧接着，李轨又办了一件更大的蠢事儿，终于把自己推到了人民群众的对立面。

就在这一年的年初，河西地区罕见地闹起了大饥荒，最后甚至发展到了人吃人的地步。

起初，李轨做得还是很不错的，他将自己的全部家当都拿了出来，赈济灾民。但是，他个人的力量毕竟有限，投进去的钱粮根本就是杯水车薪。李轨考虑了半天，打算打开国家粮仓，放粮救灾。但国库存粮关乎战略储备，兹事体大，他得先征求群臣的意见。

以曹珍为首的老同志力主开仓赈灾。岂料，有两个人坚决不同意。这两个人就是原大隋武威郡的主官虎贲郎将谢统师和郡丞韦士政。

举事之初，李轨和曹珍等人在如何处理谢统师和韦士政的问题上，发生了分歧。曹珍等人强烈要求将谢统师和韦士政干掉，抄没他们的家产。但李轨不同意，理由是：“咱们起兵就是为了拯救百姓。杀人越货，这和强盗有什么分别？”

结果，李轨不仅没有采纳曹珍等人的建议，反而还任命谢统师为太仆卿，韦士政为太府卿。但事实证明，除恶务尽这句古训还是很有道理的。谢统师和韦士政并不是郝瑗式的人物，他们并没有将李轨的恩情记在心上，反而一直谋算着如何报复李轨和曹珍，只是苦于没有合适的机会。

现在，这个机会终于来了。谢统师和韦士政一起出班，挤兑曹珍：“瘦弱的人才会被饿死，健壮的怎么饿也饿不死。国家粮仓里的粮食是战略储备，怎么能用来喂养那些瘦弱的人呢？你只想着自己落个好名声，却丝毫不为国家考虑，不是个忠臣。”

这种混话，稍微有点儿智商的人都能听得出来。但李轨居然奇迹般地信了，就按谢统师和韦士政说的办，没有开仓放粮，听任那些瘦弱的人饿死，反正“健壮的怎么饿也饿不死”。结果，无论是曹珍等老同志，还是人民群众，都对他大失所望。李轨彻底失去了民心。

与此同时，李渊也终于想到了对付李轨的好办法。唐军主力得留着对付刘武周用，所以只能借刀杀人了。找谁来操刀呢？老李瞄上了一个人，青海的吐谷浑一哥伏允可汗。

话说当年，隋炀帝亲率大军围攻吐谷浑，伏允可汗打了一个大大的败仗，只得率数千残部逃奔党项。随后，隋炀帝便扶立在大隋充当人质的伏允之子慕容顺为吐谷浑新任可汗。不过，慕容顺这个可汗当得相当憋屈，因为阿广并没有让他回国即位，而是将他软禁在了江都。恰逢隋炀帝发动征辽战争，中国大乱，伏允可汗趁机收复了原有的领地，吐谷浑重振声威。

李渊称帝建唐以后，慕容顺从江都来到长安，归顺了大唐。可巧老李现在要对李轨用兵，一下子就想到了他这张牌。于是，李渊派人与伏允取得了联系，说慕容顺在他手上，只要伏允肯进攻李轨，他就会把慕容顺还给伏允。伏允爱子心切，当然一口答应，随即派兵进攻李轨。李渊如约将慕容顺送回了吐谷浑。

伏允在青海，李轨在甘肃，两人离得特别近，再加上吐谷浑的骑兵非常厉害，所以李轨被伏允折腾得够呛。但是，也仅仅是够呛而已。伏允会算账，为了李渊这个不相干的人，而拼尽自己的全力，这种傻事儿他才不干呢！

老李自己也很清楚，所以，他还是很犯愁。直到有一天，有个人求见，说是他有法子摆平李轨。李渊大喜，当即命人传入。

来者名叫安兴贵，他的官方身份是大唐的臣子，私人身份是李轨麾下重臣安修仁的亲哥哥。安兴贵说了，他有把握说服李轨归降。

李渊不信："河西地形险要，朕联合吐谷浑、突厥，都担心不能取胜。你凭一张嘴就能办到？"

安兴贵笑了："陛下，我们老安家世居凉州，在当地颇有群众基础。我弟弟安修仁现在是李轨手下的重臣，我家的很多子弟都在李轨手下当官。您就让我去说服李轨吧，他肯听我的，那自然再好也不过了；他要是不听，我就联合子弟们解决他。"

李渊一斟酌，当下也没有更好的办法了，便立刻派安兴贵前往凉州。

五月初，安兴贵抵达凉州。因为他是安修仁的亲哥哥，所以李轨对他的到来表示了热烈的欢迎，并当即任命他为左右卫大将军，加以笼络。

但安兴贵并没有忘记自己的使命，他找了个机会劝李轨："陛下，咱们凉国的辖地不过千里，土地贫瘠，百姓穷困。如今，大唐战必胜，攻必取，这恐怕是天意啊！我觉得，您不如以河西之地归唐。"

说实话，这话说得有点儿早了。果然，李轨一听，脸色一下子晴转多云了。安兴贵的错误就在于他忽略了皇权对一个人的诱惑，李轨已经深深地爱上了当皇帝的感觉。你现在让他放弃，他能干吗？李轨冷冷地回道：“河西地形险要，李唐虽然强大，又能拿我怎么样？”紧接着，他又问了一个极其恐怖的问题：“你莫不是为李唐当说客的吧？”

这句话吓得安兴贵浑身直冒冷汗，赶紧忽悠李轨说：“当然不是了。我听说富贵不归乡，就好像穿着锦衣夜行一般，别人是不会知道的。我全家都享受着陛下赐予的荣华富贵，我怎么会投靠李唐呢？我只不过是说说自己的想法而已罢了，采纳不采纳全凭您决断。”

可笑软耳根子的李轨竟然又信了。事到如今，人类已经阻止不了他的愚蠢了。

一蠢二蠢再蠢，蠢到极处，就得蠢死了。

回到家中，安兴贵依旧“心在跳，情在烧”。他立即找来弟弟安修仁，商讨如何对付李轨。因为梁硕那件事儿，安修仁早就对李轨不满了，再加上他也觉得跟着李轨不如跟着李渊有前途，便毫不犹豫地答应下来。哥俩儿说干就干，联合河西诸胡，于十三日突袭李轨。

事发突然，李轨仓促应战，被诸胡联军击溃，只得退入城中，坚守不出。安氏兄弟指挥大军将凉州城围了个水泄不通。安兴贵对城里军民喊话：“大唐皇帝派我来诛灭李轨，有谁胆敢援助他的话，诛杀三族。”

河西军民早就对李轨失望透顶了，听了安兴贵的话，纷纷出城投降。李轨见状，自知败局已定，只得带着妻儿登上玉女台。须臾，安氏兄弟率领大军杀入城中，李轨被俘。消息传出，河西五郡纷纷归附大唐。

不久，李轨被押送到长安。

李渊十分干脆地将李轨全家杀于长安闹市。至此，甘肃地区完全并入了李唐版图。

4. 雀鼠谷之战

李轨死了，但他的死并没有让老李的高兴延续多久。因为，就在凉州城破后的第六天，刘武周的大军便攻占了平遥。

天兴军（刘武周年号天兴）前进的速度极快，三月二十二日南下，四月初一便抵达了黄蛇岭。在黄蛇岭，刘武周与唐将车骑将军张达干了一仗。张达理所当然地失败了。为啥说理所当然呢？以一百多人对抗五千人，焉能不败，胜了反倒不正常了！有人说了，张达脑袋没事儿吧，带着一百人就敢对付五千人？他的脑袋没问题，但是他的领导脑袋有问题！

这个极品的领导是谁啊？张达的领导赫然便是李渊的四小子——并州总管李元吉。

李元吉丑得惊世骇俗。李家四兄弟，老大建成一表人才，风流倜傥，老二世民也是一副魁伟的男人模样（具体参见李世民的宫廷画像），老三元霸虽然早年夭亡，但想来也不至于太差，唯独这李四却是丑得出奇。

丑到什么程度呢？他刚生下来的时候，老妈窦氏只看了一眼，心就变得拔凉拔凉的。窦夫人不愿意抚养这个丑儿，就命人把他丢弃在荒郊野外了。侍女陈善意人如其名，觉得这样太过残忍，又偷偷地将李元吉抱了回来，秘密抚养。

等到李渊回家后，陈善意便将详情告诉了李渊。手心手背都是肉，老李倒是不嫌弃儿子丑，李元吉这才保住了小命儿。常言道，儿不嫌母丑，其实倒过来说也是成立的，做母亲的怎么会嫌弃自己的孩子呢？李元吉的丑，居然让生身母亲都无法忍受，其丑简直无法想象。兴许，李元吉也是一个天使，但很不幸，他是脸先着地的。

李元吉谋了个好差事，大业十三年七月初四，也就是义军举兵西进的前一天，李渊任命他为太原留守，全权处理后方一切事务。打这以后，李元吉就一直在晋阳待着了，躲过了西进大兴的所有战争，躲过了平定薛氏父子的战争，小日子过得那叫一个滋润啊！

但该有的封赏人家一点儿都没少。十一月二十二日，已经是唐王的李渊封他为齐公。武德元年三月初四，老李又任命他为镇北将军、太原道行军元帅，都督十五郡军事。称帝之后，李渊又册封李元吉为齐王。

没有了父亲的约束，封疆大吏李元吉在晋阳过着神仙一般的日子。

李元吉酷爱打猎，光是装载打猎工具的车，就有三十辆之多。他曾经声称："我宁三日不食，不能一日不猎。"打猎也行，你打你的猎，别骚扰百姓啊。他偏不，每次打猎，都要践踏民田，有的时候打不着猎物，就拿老百姓家的牲畜来充数。结果，"境内六畜，因之殆尽。"

李元吉府上的大门从来都不关。因为，每天晚上，李元吉都要出去泡妞，有的时候是去妓院，但更多的时候则是去祸害白天盯上的良家妇女，回来得晚，所以门得给他留着。

李元吉还喜欢在大街上射箭，看到群众躲避弓箭的狼狈样子，他就开心得哈哈大笑。后来，他又嫌这样不过瘾，便让手下的奴隶和侍妾披着铠甲，相互打斗。刀剑无眼，所以经常搞出人命，但李元吉并不在意，依旧我行我素。

直到有一天，他亲自参加游戏，结果被别人不慎刺中。他的奶妈陈善意看见了，十分心疼，就不让李元吉再玩儿了。李元吉暴跳如雷，居然命人将陈善意活活地扯死了。

通过以上种种就可以得出一个结论：这是一个不成熟的人，甚至还有几分孩子气。

让一个孩子指挥战争，这铁定是要出事儿的。收到刘武周率五千精兵逼近黄蛇岭的消息后，李元吉就任命张达率一百人出战，给出的理由居然是：先试探一下敌人的虚实。张达都快哭死了，区区一百人探个屁啊，便“固请不行”。李元吉大怒，强令张达出战。张达无奈，只得率领这一百人赶到黄蛇岭。只一个冲锋，这一百多条鲜活的生命就从人间消失了，张达暴怒，当即便投降了刘武周。第二天，他就引着刘武周的大军攻陷了榆次。

十六天后，天兴军便出现在了晋阳城下。李元吉吓坏了，仓促集结人马迎战。好在当时刘武周带的人并不多，李元吉才勉强将老刘击退。战后，李元吉立即飞书长安求援。李渊一听宝贝儿子有危险，立即于二十日下敕，命左武卫大将军姜宝谊、太常卿李仲文率军救援晋阳。

姜宝谊和李仲文还没到，五月十九日，刘武周便攻破了平遥。六月初十，他又攻陷了介休。

介休城池坚固，兵精粮足，本不至于骤然失陷，但谁让城中出了一个内鬼呢！这个内鬼是一个僧人，法号道澄。古希腊的奥德修斯在攻打特洛伊城的时候搞了一出木马计。无独有偶，这个道澄也玩了一个类似的把戏，他用佛幡做伪装，将刘武周的突击队运入了城中。于是，介休城当天就陷落了。

此时，姜宝谊和李仲文的援军刚刚抵达介休。在这里，他们遭遇到了刘武周的部将黄子英。姜宝谊和李仲文发现，天兴军的战斗力并没有想象的那么强，理由很简单，一连三次，他们都是一触即溃。当黄子英第四次来挑衅的时候，姜宝谊和李仲文决心将其彻底消灭，并出动全部兵力追击。

追着追着，唐军就追到了介休城郊的雀鼠谷。当他们醒悟过来时，才发现脚下的道路已经越来越狭窄了。接下来发生的事情就和历史上很多战事的情节相雷同了。只听两岸的悬崖峭壁之上，突然连珠炮响，杀声四起，转瞬之间，四周都是天兴军的旗帜。

原来，狡猾的黄子英预先在这里埋伏下了一支奇兵。先前交战失利、四散奔逃，只不过是为了诱敌深入的障眼法而已。骄傲自大的唐军轻敌冒进，果然上当受骗。自古以来，等待骄兵的结果就是两个字儿：必败！唐军大部被歼，主帅姜宝谊、李仲文被俘。但这哥俩儿比较机灵，瞅了个空子，又逃了回来。

战败的消息传到长安，李渊的头又开始痛了，这该怎么办呢？谁都没想到，在这个关键时刻，裴寂竟然会站出来，主动要求去晋阳前线，对付刘武周。

小玉曾说过，裴寂和李渊有着非常深的交情，以至于当年李世民都要借助裴寂的影响力来说服自己的父亲。

晋阳起兵之后，裴寂特意拿出了大手笔来襄助自己的好朋友。他利用职务之便，一口气提供给义军铠甲四十万领、彩布五万段、大米九万斛。此外，他还将晋阳宫中的五百名宫女送到了军营，据说是从事缝补衣服等杂务，具体干啥小玉就不清楚了。“职业三陪”张美人和尹美人则被送到了李渊的府上。老李万分感激，从此在心中给老裴重重地记了一笔。

老李也是个知恩图报的人。他进入长安后不久，即让傀儡皇帝杨侑提拔裴寂为大丞相府长史，进封魏国公，食邑三千户；此外，还赏赐给裴寂良田一千顷、豪华别墅一栋、布匹四万段。老李给裴寂这么大的好处，其感激之情、信任之意可见一斑。

后来，老李打起了龙椅的主意。当然了，他本人是绝对不会说“我想当皇帝，你们拥立我吧”之类的话。老李的矫揉造作别人看不出来，却瞒不过裴寂的眼睛。傀儡皇帝提出退位让贤的想法之后，老李拼命地推辞。大臣们纷纷劝说，可李渊偏偏要讲究“高风亮节”，就是不上座。

关键时刻，又是裴寂跳了出来，他引经据典地劝李渊说：“夏桀和商纣王败亡之时，他们的儿子都在。但是商汤和周武王却并没有臣服于他们的后代，而是自己当了天下之主。”裴寂的潜台词其实这样的：想要成为一代明君，就不能执着于迂腐的礼法观念。对一个人的忠诚是小忠，对天下人的忠诚才是大忠。他还撂下了狠话：“我的权位和俸禄都是大唐给的，如果你不当大唐的皇帝，我就辞官不干了。”

他的表态给李渊挣足了面子。在裴寂的一手策划之下，老李高高兴兴、体体面面地登上了皇帝的宝座。登基之日，李渊才对裴寂说出了自己的真心话：“我能有今天，全都拜你所赐啊。”

李渊对裴寂的好是常人难以理解和想象的。老李每天上朝，都要在自己的龙椅旁给裴寂设一个专座，两人一起处理国家大事。在房间里谈话，面对面坐着都嫌不够亲密，愣是要把裴寂拉到自己的床上。裴寂说东，老李绝不说西。裴寂说坐，老李绝不说站。见了裴寂不叫裴爱卿，而是叫裴监（相当于我们现在的“张总”、“刘董”等称呼）。

现在，当李渊面临困难的时候，裴寂又一次站了出来。李渊十分感动，哥们儿就是哥们儿，关键时刻可以替朕分忧。他当即任命裴寂为晋州道行军总管，率军讨伐刘武周。

裴寂一定就比李元吉强吗？李渊觉得，答案应该是肯定的。

5. 悲催的唐版诸葛亮

九月初六，发生了一件大事儿，大唐开国元老刘文静居然死了，而且是死在了自己人的手上。

众所周知，刘文静为大唐帝国做出了无与伦比的贡献。我们可以大胆假设，如果没有他，中国历史很有可能被彻底改写。起初，老李对刘文静也不错。入主长安后，李渊当上了唐王和大丞相，随即就让杨侑册封刘文静为鲁国公，授光禄大夫，转大丞相府司马。称帝后，老李又征拜刘文静为纳言。

世所公认，刘文静是一个非常有才华、有智慧的人。但是，大家可能不知道，他同时也是一个嫉妒心极重的人。其实，刘文静嫉妒谁都可以，唯独不应该嫉妒裴寂。可他偏偏就是嫉妒裴寂。正是这个不该有的嫉妒要了他的小命儿。好奇害死猫，嫉妒却能害死人。

刘文静自己却有充分的理由去嫉妒裴寂：他的才干远在裴寂之上，功劳也远在裴寂之上，但他的职位却在裴寂之下。这让他情难以堪，表现出来就是“意甚不平”。其实，刘文静这么想，倒也属于人之常情。

反观裴寂，除了在起兵之初，从隋炀帝的腰包中拿出铠甲四十万领、彩布五万段、大米九万斛和五百零二个女人给李渊外，期间确实鲜有建树。他之所以能够“转大丞相府长史，进封魏国公，食邑三千户”，位在刘文静之上，说穿了，还不是因为他和李渊关系好。

不公平，确实不公平，但这个世界本就是个不公平的世界，很多事情是无法用大道理来解释的。有些人生来就擅长玩弄权术，有的人生来就会搞关系，可有些人却怎么学也学不会。这是让人十分无奈却又真实存在的事实。一个人想要活得舒服，活得自在，心胸就一定要豁达，要学会理性地看待世间的种种不公。不然，轻则自我折磨，抑郁伤身；重则铤而走险，自取灭亡。

刘文静就是一个想不开的人，思想上想不开，行为上就做不开。每次廷议，凡是裴寂所支持的，刘文静一概坚决反对；凡是裴寂所反对的，刘文静一律坚决拥护。是非对错被搁置，国利民益被忘却，剩下的就只是一口气了。裴寂也不是傻瓜，二人因此结怨。多年友谊就此毁于一旦。

但是，裴寂有大哥大李渊罩着，刘文静毕竟动不了人家。于是，郁闷的刘文静就经常拉着弟弟刘文起借酒浇愁。心里面不爽，酒至酣处，免不了就会发发牢骚，刘文静有时候还会拔出刀子，对着柱子一顿乱砍，一边狠狠地砍，一边恨恨地说："必当斩裴寂耳！"

刘文静的轻率举动恰恰犯了人臣的大忌。要知道，一个帝王最忌讳的事情就是群臣党争。而今，刘文静与裴寂水火不容。两人意见相左并非是因为对事情的看法不一致，而是因为彼此怄气，互不相服。这种泼妇斗嘴式的争吵于公于私都有百害而无一利。

碰到这种情况，皇帝通常会来个一刀切，各打五十大板，最多搞个三七开。但是，别忘了，裴寂和李渊的关系不一般，两人除了是君臣，更是相亲相爱的哥们儿。而刘文静呢，他和李渊就是单纯的上下级关系。况且，对于刘文静这样的牛人，李渊本来就"素疏忌之"。于是，偏情的李渊就打算把这一百大板通通打在刘文静的屁屁上。

说来也巧，存心作死的刘文静主动给李渊提供了一个这样的机会。不知是何原因，刘文静家中屡屡有妖精作祟。刘文起关心哥哥，便从外面请来一个巫师作法除妖。可巧刘文静的一个小妾失了宠，一朝变作长门怨妇。这妞儿因爱生恨，就把这件事儿告诉给了自己的哥哥。她哥哥听说之后，决心为妹妹做主，便上书诬告刘文静图谋不轨。

李渊这下可逮着机会了，立即将刘文静投入大牢。刘文静极力辩白，顺带还坦然承认了自己对裴寂的嫉妒之情："今寂为仆射，据甲第，臣官赏不异众人，东西征讨，家口无托，实有觖望之心。"

李渊听了刘文静的辩解，就说了八个字儿："文静此言，反明白矣。"

小玉仔细研究了这两段话，都没搞清楚其中的因果关系。哦，因为刘文静嫉妒裴寂，所以他就会造反？亲娘咧，这也太偏心了吧？

李世民一听老爸的口气，知道要坏事儿了，便赶紧为刘文静说好话："当年咱们举兵之初，是刘文静最先定下了妙计，而后才告知裴寂的；入主京城以后，他和裴寂的待遇却有所差别，他难免会有一点儿不满意。不过，刘文静只是发发牢骚而已，他可不敢谋反，请陛下明断。”

李世民的这番话却得罪了一个人。于是，这个人从遥远的前线发回来一封信：“刘文静的才华和谋略，堪称当世第一。但是，他的性格比较粗糙，为人阴险。听他所说，明显已经有谋反的心思了。现在，天下还没有平定，外有强敌环伺。如果赦免了刘文静，恐怕有意想不到的后患啊。”

正是这句话要了刘文静的命，而说这句话的人赫然便是裴寂。

刘文静临刑之前，悲不自胜，仰天长叹：“高鸟逝，良弓藏，故不虚也。”

时为武德二年（公元 619 年）九月初六，李唐建国尚不足两年。

这一年，刘文静仅五十二岁。

6. 度索原之战

当刘文静在长安闹市受刑的时候，裴寂已经率军抵达介休，扎营于城郊的度索原。

安下营寨之后，裴寂突然发现了一个神奇的物理现象：原上那道涓涓流淌的泉水水流越来越细，最后竟然断流了。呀，奇了怪了，刚才还流得好好的，怎么一转眼儿的功夫就断流了呢？水是生命的源泉，没有水，这一大群生命体该咋办啊？

唐军远道而来，人困马乏，却喝不上水，个个怨声载道。

其实，裴寂应该顺着刚才的问题再往上想想：泉水突然断流背后是不是有什么黑手在作怪。但很可惜，他的那颗脑袋没有这样的觉悟，或者说缺乏一个优秀统帅所应有的敏感。裴寂顺着常人的思维往下想：我们得离水源更近一点。

裴寂传令，全军拔营，向水源地开进。此令一下，将士们立即行动起来，准备移营。正在乱作一团之际，只听一声炮响，杀声四起。裴寂定睛一瞧，只见一员敌将带着如狼似虎的敌兵气势汹汹地杀来；再仔细一瞧，敌将身后的大旗上书着一个大大的“宋”字。原来，是宋金刚到了。

宋金刚早已等候裴寂多时了。裴寂大军前脚在度索原扎下营寨，他后脚就命人切断了水源。宋金刚就等着唐军移营这一刻，他好趁乱袭击，打唐军一个措手不及。结果，傻乎乎的裴寂果然上当。

说起吃喝玩乐拍马屁，十个宋金刚也敌不过一个裴寂；但要是提到排兵布阵打埋伏，一百个裴寂也比不上一个宋金刚。过程就不细说了，我们直接看结果：唐军几乎全军覆没，仅裴寂等少数人逃脱。

裴寂还在无形之中创造了一项纪录：他仅用了一天的时间便狂奔回晋州（今山西临汾）。要知道，军中有不少赳赳少年，随便拉出来一个都比老裴的体能好！岂料，最终逃出生天的反倒是老胳膊老腿儿的裴寂。老裴，你真行！

值得一提的是，在被俘的唐军当中，有一个我们的老朋友——姜宝谊。倒霉蛋儿姜宝谊是二进宫了，上一次他落在了刘武周的手上，这一次他落在了宋金刚的手上。

李渊听说他被俘的消息后，眼泪“唰”地一下就涌了出来：“完了！姜宝谊性子刚烈，绝对不会向敌人屈膝，这次他死定了。”起初，群臣还都持怀疑态度。但没过几天，果然传来了姜宝谊被杀的消息。

原来，姜宝谊被俘后，又做起了逃归的打算。但是，宋金刚明显比刘武周有经验多了，姜宝谊的逃跑计划没有成功。宋金刚可不含糊，直接命人杀了姜宝谊。临刑之前，姜宝谊向着长安的方向大呼：“臣无能，有负陛下。”话音未落，寒光一闪……

度索原战役后，天兴军士气大振，攻城略地，所向披靡，晋州以北的城池，除李仲文守卫的西河外，全部落入敌手。十六日，刘武周携胜利之师，再次逼近晋阳。

李元吉的表现却大大出乎众人的意料，他相当淡定。大家都觉得他有些不正常，毕竟上次围城时他的惊慌恐惧给众人留下了难以抹去的记忆。难道这位齐王爷的思想境界升华了？

李元吉集合幕僚，召开紧急会议。他气定神闲地对司马刘德威说：“刘大人，你带老弱守城，我带强兵出城迎敌。”刘德威当然不答应，但李元吉把胸脯拍得哐哐响，就是不让步。刘德威感动得热泪盈眶。

刘德威的泪还没干呢，就收到了一个让他哭笑不得的消息：就是刚才那位信誓旦旦的齐王爷，趁着夜半时分打开城门，带着妻妾一溜烟儿跑了。刘德威还没来得及骂娘呢，刘武周的大军已经杀到。

龙的故乡——晋阳就此沦陷。

刘武周留居晋阳，派宋金刚四出攻掠。宋金刚端的是厉害，克晋州，逼绛州（今山西新绛），陷龙门（今山西河津），收浍州（今山西翼城），指哪儿打哪儿，打哪儿下哪儿。

裴寂已经被宋金刚打怕了，一路收缩收缩再收缩。面对咄咄逼人的宋金刚，裴寂想到的法子就是坚壁清野，避而不战。他派出工作队，给虞、泰二州的老百姓做工作，号召人们烧掉粮食田园，都躲入城堡中，打一场焦土抗战。老百姓们舍不得田园宅舍，当然不答应。裴寂见软的不行，便充分发挥流氓本色，挥舞起了野蛮的大棒。他竟然命人四处纵火，将百姓们的财产付之一炬。

这下可捅了马蜂窝喽！ 要知道，对于老百姓而言，他们并没有义务支持李唐对付刘武周，也没有义务毁掉自家财产来搞什么焦土政策。他们只知道，谁不让他们过日子，谁跑来烧他们的房子、田地和粮食，谁就是他们的敌人。结果，老裴推行的坚壁清野政策遭到了民众的强烈抵抗，不断地有老百姓造反，投入刘武周的怀抱。其中，势力最大的是夏县人吕崇茂领导的义军。

裴寂前往讨伐，反倒被吕崇茂给打了个落花流水。堂堂正规军居然被一帮由农夫组成的勉强可称为杂牌军的队伍击败，这究竟是谁的过错？就这，裴寂还振振有词，不是我军无能，而是敌军太狡猾。

这还不算啥，据守蒲坂（今山西永济北）的隋将王行本（屈突通旧部）也与宋金刚眉来眼去，勾搭成奸。宋金刚仅用了半年多一点儿的时间，就将大半个山西收入囊中。刘武周的实力虽然远逊于薛氏父子，但是给李唐造成的威胁却比老薛小薛要大得多得多。

眼见着火越烧越大，李渊急眼了，派堂弟永安王李孝基、工部尚书独孤怀恩、陕州总管于筠、内史侍郎唐俭等人带兵讨伐吕崇茂。

7. 人在窦营心在唐

福无双至，祸不单行。正当老李被刘武周、宋金刚搞得焦头烂额的时候，他又收到了一条坏消息：窦建德攻破了黎阳，他的堂弟李神通、妹妹同安长公主、魏征、李世勣的父亲李盖全都被俘；李世勣随后也投降了窦建德。

话说窦建德灭掉宇文化及后不久，即开始对李唐用兵。八月初一，窦建德亲率十万大军奔袭洺州（今河北省广平县）。别看李神通能力不行，他起码知道自己不是窦建德的对手，直接退守相州（今河北省临漳县西）。

初三，窦建德大军抵达洺州。仅仅支撑了八天，洺州便沦陷了。李神通以为退一步可以海阔天空，岂料窦建德得寸进尺，十九日，他又率军望相州而来。李神通觉得自己退得还不够，干脆弃守相州，跑到黎阳，和李世勣挤去了。

窦建德尝到了甜头，他算是看出来了，这个李神通就是个软蛋。九月初四，窦建德攻陷相州。二十五日，他又攻陷赵州。进入十月后，窦建德又带兵奔卫州去了。

要去卫州，就必须得经过黎阳。但是，窦建德也知道李世勣不好惹，担心攻不下黎阳，反惹了一身骚，所以干脆放弃了攻打黎阳的打算。夏军绕黎阳而过，已经走出了三十多里地。

但是，李世勣不知道啊，他还以为窦建德要玩儿什么花样儿，便派麾下骁将丘孝刚率三百精骑尾随夏军侦察。丘孝刚带着三百人瞎逛，竟然意外地碰到了夏军一哥窦建德。丘孝刚是个二杆子，一见对方是窦建德，兴奋得两眼放红光，当即嗷嗷地扑了过去。

窦建德身边有一千多人，本没有将丘孝刚等人放在心上。但是，打起来之后，他才知道自己错了，丘孝刚这家伙儿太厉害了。窦建德怕了，只得率军败退。丘孝刚不干，又带着人马追了上来。老窦被追得那叫一个狼狈啊。追着追着，人家夏军的大军上来了，一次齐射，丘孝刚和他的部将就被送上了西天。

虽说最后还是打赢了，但窦建德心里面憋屈啊！娘的，我不去打你们，你们反倒来骚扰我，好，我去打你们！盛怒的窦建德也不去卫州了，带着大军掉头就奔黎阳来了。只用了半天不到的时间，夏军就攻入了黎阳，李神通、同安长公主、魏征、李世勣的父亲李盖全部被俘。

混乱当中，只有李世勣带着几百骑兵逃了出去。李世勣跑得挺快，直接跑过了黄河。但是，过了黄河之后，李世勣就不想走了，因为他想到了自己的父亲李盖。李世勣是个孝子，他担心自己一走了之，老父就要遭到窦建德的毒手了。思来想去，李世勣咬了咬牙，掉头回到黎阳，投降了窦建德。窦建德既欣赏李世勣的能力，更欣赏他的人品，便任命他为左骁卫将军，依旧镇守黎阳。

李世勣投降大夏本是权宜之计，总想着伺机归唐。但窦建德为了防止他反水，竟将他父亲李盖带在了身边。这可把李世勣给愁坏了。

人在窦营心在唐的滋味不好受啊！

震惊归震惊，担心归担心，但李渊现在根本无暇顾及李神通等人，在刘武周、宋金刚的咄咄相逼之下，李唐在黄河东岸的势力范围只剩下晋西南一隅之地了。老李慌了神，召集群臣开会，讨论御敌之策。李渊有些过度悲观了，甚至想放弃河东，收缩兵力，固守关中。

这个时候，李世民跳了出来，举四肢反对。他认为，晋阳是大唐的龙兴之地，是国家的根本，不能轻言放弃；而且，河东地区是大唐控制范围内比较殷实富裕的地区，国家的财政税收主要靠这里了，丢了河东，以后就得勒紧裤腰带过日子了。所以，李世民强烈要求率兵出击宋金刚。

李渊同意了，并将关中所有的军队都调拨给李世民。十月二十日，李渊亲自为李世民送行。世民，看你的了！

十一月中旬，李世民乘着黄河结冰的时机，率军从龙门渡河，进驻柏壁（今山西新绛西南）。这时，宋金刚的军队也已经进驻浍州。宋军屡胜，气势正盛，求战心切。为了挫一挫宋军锐气，李世民采取了“深壁高垒，以挫其锋”的战术。双方“相持者久之”。

李世民和宋金刚面临着一个共同的困难：缺粮。粮食哪里去了？都被裴寂烧了。但让宋金刚十分羡慕嫉妒恨的是，李世民很快就解决了这个问题。李世民抵达柏壁后，即发布教令，晓谕百姓。百姓们听说当代偶像巨星英明神武的秦王李世民来了，乐坏了，扶老携幼，赶来投奔。李世民提出征收粮食的想法，老百姓都同意，唐军的粮草问题很快就解决了。

虽然粮草充足，但李世民就是坚守不出，因为他在等待。等待什么呢？等着宋金刚军断粮的那一刻。宋金刚老谋深算，当然看出了李世民的打算，但是他又不能撤，只能多次派人催刘武周解运粮草。

8. 天下第一使槊高手

话分两头表。与此同时，李孝基已经将吕崇茂死死地围在了夏县。眼见城池将破，吕崇茂只得向宋金刚求援。宋金刚严重地鄙视了吕崇茂，连个李孝基都打不过，好了好了，我就派手下第一猛将去支援你吧。

这员猛将，大家应该都知道，他的名字叫作尉迟敬德。

尉迟敬德绝对可以算得上是五千年中华史上最最知名的历史人物之一了。在任何一部讲述初唐历史的评书、小说或者电视剧中，都有此人的身影和事迹。时至今日，乡野村夫提起尉迟敬德，都是如数家珍，滔滔不绝。

但是，大家真得了解他吗？偶看不见得。不信就考大家一个简单的问题：尉迟敬德是什么民族？有人说了，难道不是汉族吗？当然不是，尉迟敬德实际上是个彪悍的羌族汉子。

大业末期，尉迟敬德从军于高阳，“讨捕群贼，以武勇称，累授朝散大夫”。刘武周占据马邑造反后，便将尉迟敬德招入麾下。他骁勇异常，极善使槊（就是长矛），号称天下第一，威震代北。

李孝基在关键时刻犯了麻痹大意的错误。就在他以为必胜无疑的时候，尉迟敬德的援军突然出现在他的后方。城中的吕崇茂趁势出击，与尉迟敬德里应外合，夹击李孝基。这一仗，唐军败得实在是太惨了，又一个全军覆没。李孝基、于筠、独孤怀恩、唐俭等人全部被俘。后来，李孝基图谋逃归，事泄被杀，成了李唐在统一全国的过程中牺牲的第一位王级烈士。

李世民听说宋金刚派人去救援吕崇茂，担心李孝基出事儿，也派了一员名将去增援。这个人大家认识，正是我们的老朋友秦叔宝。

秦叔宝怎么成了李世民的人了？这话就要从王世充与李密的北邙山大战讲起了。北邙山一战，瓦岗军遭到决定性的惨败。李密率少数人马远赴关中。秦叔宝、程知节突围不成，只得投降了王世充。

王世充对他二人倒是不错，虽然不像曹操对待关羽那样“三日一小宴，五日一大宴”，但也是高官厚禄，锦衣玉食。然而，秦叔宝和程知节很快发现，王世充为人狡诈，并不值得他们拼死效命。程知节曾对秦叔宝说：“王世充肚量狭小，满嘴跑火车，还爱讲迷信，根本就不是什么拨乱反正的明主！”秦叔宝亦有同感，于是两人开始找机会离开王世充。

武德二年二月十九日，王世充兴兵犯境，与李世民交战于九曲（今河南宜阳西北）。双方射定阵脚，排好阵形，就等主帅一声令下，开磕。

这厢王世充正与李世民答话呢。突然，他发现，一小队人马向唐军冲去。老王纳闷儿了，这是谁啊，没有我的军令，怎么能擅自出击呢？他定睛这么一瞧，看清楚了，原来是秦叔宝、程咬金、李君羡（《至尊红颜》中男二号李君羡的历史原型）等数十骑。

王世充大声喝问：“你们要干什么？”

秦、程等人勒住缰绳，拨转马头。秦叔宝下马躬身，客气地向王世充说道：“谢谢你对我们的恩宠，但是我们不愿意服侍你，就此告别。”

王世充正要回答，只见程咬金冲他揖了揖手，直愣愣地说道：“你这个人生性多疑，且耳根子比较软，容易相信小人的话，不是我想托付的那种明主。咱们就此拜拜了。”

王世充又惊又气，却也只能眼睁睁地看着秦、程等人纵马冲入唐军的营中。

秦叔宝和程知节归唐之后，被李渊指派到李世民帐下效力。这两人本就是奔着李世民来的，李渊这么安排，正好遂了两人的愿。李世民早已听说他们的名声，对二人礼敬有加。这次出征刘武周，李世民就把他俩都带上了。

尉迟敬德打了个大胜仗，高兴坏了，哼着小曲儿往回走。路过美良川的时候，傻眼了，有埋伏。

秦叔宝虽然没赶上救援李孝基，但他左思右想，也不能白来一趟啊，否则回去怎么和李世民交代？于是，他就在美良川设伏，准备干尉迟敬德一票。果然，得胜的尉迟敬德未加防备，被秦叔宝一顿暴揍，丢下两千具尸体，灰头土脸地跑了。

这回，桀骜不驯的尉迟敬德可算是遇到对手了。不久之后，宋金刚又派他率兵前去救援蒲坂的隋将王行本。这一回，李世民亲自出马，亲率三千骑兵连夜抄近道，截击尉迟敬德军。尉迟敬德此次败得更惨，仅与部将寻相逃脱，其余人马全都被李世民消灭了。

时间一天天地过去，李世民手下的将领们坐不住了，纷纷要求与宋金刚交战。

李世民只得向他们交了底儿：“宋金刚麾下集中了天兴军的精兵猛将，但是他们没有储备，只能通过抢掠来补充军需。也就是说，像他们这样的军队利于速战。而我们呢，只需要关闭营门不出，养精蓄锐，就可以挫败他的锐气。此外，我还会分兵攻打汾州、隰州，不断地骚扰敌人。等到宋金刚粮尽之时，他自然会退军。到时候我们倾巢而出，就能一举将其击败。”

众将无奈，只得耐心等待。

9. 李世勣又回来了

这一等，就等到了武德三年（公元620年）。正月，李世民等来了一个好帮手，李世勣。

李世勣怎么回来了？因为他成功地“越狱”了。

打从去年十一月起，李世勣天天都在琢磨着怎么“越狱”。说实话，如果只是他自己一个人，李世勣早就颠儿了。但是，他的父亲李盖在人家窦建德的手上，你就是拿刀逼着他逃跑，他都不会跑。想跑却不能跑，这确实是一件非常痛苦的事情。

危难关头，部将郭孝恪给他指了一条明路：“咱们刚刚跟随窦建德，肯定不被信任。现在就是想跑都跑不掉。我看你应该先建功立业，以取得窦建德的信任。等到他不再防备的时候，我们就可以寻机归唐了。”

李世勣想了想，也只好如此了。对谁下手呢？肯定不能是李唐，所以只能是王世充了。李世勣主动出击，接连攻陷了王世充的许多座城池。他将俘虏来的财物统统献给了窦建德。窦建德十分满意，渐渐地对李世勣信任起来。不过，直到李世勣将一个人送到窦建德面前时，窦建德才完全信任了李世勣。这个人名叫刘黑闼。

刘黑闼？对，刘黑闼！“刘”是刘黑闼的“刘”，“黑”是刘黑闼的“黑”，“闼”是刘黑闼的“闼”。刘黑闼，祖籍贝州漳南，也就是今天河北省武城县的漳南镇。一提起漳南，估计有的朋友该拍大腿了，哎哟，那他和窦建德是同乡啊！没错，刘黑闼和窦建德确实是乡党，而且两人的关系还很不错。

不过，当年的同乡好友后来却走上了两条不同的道路。窦建德先是跟着高士达混，高士达被杨义臣干掉之后，他就自个儿当了老大。刘黑闼呢，跟当下的一些小白领差不多，频繁地跳槽。起初，他在郝孝德那里工作，干了一段时间，看郝孝德不顺眼，又跳槽到李密这边儿。在李密这儿干得倒是不错，只可惜北邙山一战，瓦岗军大败，刘黑闼只得又投降了王世充。王世充任命他为骑将。但是，刘黑闼压根儿看不上王世充这个人，“每见世充所为，窃笑之”。

王世充让刘黑闼守卫新乡。结果，李世勣突然袭击新乡，刘黑闼稀里糊涂做了俘虏。李世勣听说他是窦建德的同乡好友，便将他献给窦建德。话说，李世勣要是有先见之明的话，肯定第一时间杀了刘黑闼，但很可惜，他没有。窦建德是个念旧情的人，当即任命刘黑闼为将军，赐爵汉东公。

用起来之后，窦建德才发现，刘黑闼这个人真好使。这个不难理解，看看刘黑闼跟过的这些人物，郝孝德、李密、王世充，都不是等闲之辈。在频繁跳槽的过程中，刘黑闼积累了丰富的领导经验和带兵方法，这就注定了他将来会成为一个比窦建德还要难缠、还要厉害的角色。窦建德自打有了刘黑闼之后，更是如虎添翼。也正因为如此，窦建德才彻底信任了李世勣。

李世勣开始行动了，他派人劝窦建德说：“曹、戴二州，户口充实，孟海公占据二州，与东都的郑国貌合神离，如果发大军进取二州，指日可下。得孟海公后，再率兵逼近徐州、兖州，黄河以南可不战而定。”

窦建德听得心花怒放，当即决定对孟海公用兵，他先派小舅子曹旦率军五万大军，南渡黄河打前站。与此同时，李世勣也率三千人马渡过黄河，与曹旦会和。

李世勣是白天想，夜里盼，就等着窦建德来。这倒不是因为他有多么想念窦建德，而是因为窦建德来，意味着他的父亲李盖也会来。届时，李世勣便会以精兵偷袭窦建德，能杀了窦建德最好，即使杀不了窦建德，最起码可以将父亲救出来。

但人算不如天算，恰巧窦建德的老婆曹氏生孩子，陶醉在当爹喜悦中的老窦当然顾不上孟海公了，迟迟不来。李世勣哭死，但也无可奈何，只好继续等待良机。

他可以等，但是李商胡却不想再等了。李商胡是李世勣近来新收的一个小弟。他本是河南当地一伙儿盗贼的首领，曹旦进入河南后，便投降了夏军。但是曹旦对他很不好，李商胡愤愤不平。

本来，李世勣和他约定等窦建德到了以后再动手。但是，李商胡已经坐不住了。当晚，李商胡召来曹旦手下的二十三位偏将，用酒把他们灌醉，然后全部杀死。此时，曹旦的别将高雅贤、阮君明还在黄河北岸没有过河，李商胡用四艘大船运河北岸的三百士兵过河，船到河中心，将三百人全部杀光。混乱当中，一位兽医跳船逃脱。

李商胡起事后，才派人通知李世勣。李世勣的营地与曹旦相接，郭孝恪劝李世勣立即袭击曹旦，李世勣犹豫了半天。正要动手之际，却收到情报：曹旦已经加强了戒备。原来，逃归的兽医已经将情况报告给了曹旦。曹旦知道李世勣和李商胡的关系不一般，立即决定加强戒备，以防李世勣偷袭。

李世勣长叹一声，带着郭孝恪等数十骑逃出大营，望长安的方向去了。三十日，李世勣一干人等抵达长安。

李世勣降而复叛的消息传来，大夏群臣强烈要求窦建德杀掉李盖，但窦建德却说：“李世勣是唐臣，虽然被我俘虏，但却始终不忘唐朝。这说明他是一个大大的忠臣。再说了，他的父亲又有什么罪呢？”所以，窦建德并没有为难李盖。

消息传来，李世勣总算是松了一口气。与此同时，代北战事吃紧，正是用人之际，李渊就把他派到李世民手下了。这才有了本文开头的那一幕。

10. 人家只当他是一条狗

转眼之间，已经是武德三年的四月份了。

粮食马上就要见底儿了，宋金刚急得要死，眼巴巴地盼着刘武周送粮草来。那种急迫的心情只能用望眼欲穿这四个字来形容了。其实，刘武周也明白宋金刚的痛，他很想送，但就是送不上去。因为，在他和宋金刚之间，还隔着一个浩州（今山西汾阳）。

而此时，浩州正在唐将李仲文的控制之下，不拿下浩州，粮草就运不上去。不过，尽管刘武周多次率军围攻浩州，但不是无功而返，就是大败而归。无数次的尝试，无数次的失败，最终，刘武周无奈地放弃了，只能向着柏壁的方向慨叹：宋金刚，你可要 Hold 住啊！

四月十四日，已经绝望的宋金刚做出了这一生中最艰难的决定：北撤。其实，宋金刚自己都明白，撤退将意味着什么。果然，他的人马刚刚开拔，李世民便带着唐军展开了追击。对于李世民而言，宋金刚军迈出后撤的那第一脚，就是唐军全面大反攻展开的信号。

宋金刚撤退的速度极快，一昼夜竟能走二百多里，平均每小时要走五公里。其实，天兴军之所以走得这么快，是有充分理由的：因为他们是在和死神赛跑，一旦被唐军追上，等待他们的就是死亡。

那么，如此高强度的行军，唐军能不能办到呢？从理论上讲，他们办不到。但事实上，他们办到了。因为，他们的统帅是意志无比坚定的李世民。虽然绝大多数人都不愿意累死累活地追击敌人，但李世民始终在坚持。他是统帅，他有权力去强奸众人的意志。所以，唐军追击的速度竟要快于天兴军逃窜的速度。

天兴军第一次被追上是在吕州。负责殿后的倒霉蛋儿寻相被李世民一顿暴揍。随后的一路上，唐军就和天兴军纠缠不下，时断时续地打了几十仗。

人家天兴军是在为生命而奔跑，但唐军就没有这个必要了。到了高壁岭，唐军将领们终于忍受不了了。总管刘弘基居然扯住李世民战马的缰绳，半软半硬地规劝道："大王，咱们已经将敌人击败了，追击到这里，功劳已经足够了。再这么急行军下去，您能受得了吗，士兵们能受得了吗？依我看，我们不如就地扎营休息，让大家都恢复一下体力，而后再继续追击敌人也不迟。”

但李世民坚决不同意：“宋金刚之所以要跑路，是因为他已无计可施了。我们一定要趁着这个千载难逢的机会，一举消灭他。如果停滞不前，他就有时间思考对策并加强防备了，我们就未必能击败他了。我尽心竭力效忠国家，怎么能只顾惜自己的身体呢？”说罢，他不理刘弘基，拍马继续前行。

刘弘基等人面面相觑，心中虽然老大不情愿，但也只能跟进。经过艰苦卓绝的跋涉，唐军终于在雀鼠谷追上了宋金刚。短短一天内，两军竟交锋八次，宋金刚军八战八败，唐军毙俘敌人达数万名。当天夜里，李世民终于勉强同意在雀鼠谷西原宿营休息了。

直到这时，他才意识到自己已经连续两天粒米未进了。至于他的将士们，毫无疑问，只可能比他更惨。但他们都不是最惨的，最惨的是这一位——一只无名的羊儿。

五万唐军将士找了半宿，最后只找到这只可怜的羊。羊儿看了看四周黑压压的人群，它明白了，无比惨烈地叫了一声“咩”。然后，史上死得最为惨烈的羊儿就在大唐武德三年的四月诞生了。这只可怜的羊儿被李世民和他的五万将士分吃了。一只羊净重不到百斤，每个人能分到多少肉，大家可以算算。与其说是吃肉，倒不如说是喝带羊肉味儿的汤水。

二十三日，宋金刚带着三万小弟终于结束了逃亡生活，躲入了介休城。

他刚进城不久，李世民就风风火火地来了。唐军在城外搦战，叫骂不休。宋金刚看见李世民，恨得牙根儿都痒痒，你妹的，不带这么欺负人的，还让不让人活了。这一次，宋金刚是发了狠了，仅留尉迟敬德部八千人守城，他亲率本部两万人马出城，与唐军展开了最后的决战。

这一战成了宋金刚人生的最后演出。是役，天兴军惨败，大部被歼，少部投降，宋金刚仅带数骑逃出生天。城中只剩下尉迟敬德的八千人马了。李世民派任城王李道宗、宇文士及去招降尉迟敬德。

事实证明，尉迟敬德并不是一个粗人，而是一个识时务的见机君子。他当即和寻相以介休、永安二县降唐。李世民素知尉迟敬德骁勇善战，便大力加以笼络，不仅任命他为右一统军，继续统领旧部，还让他的部队和其他各营掺杂，丝毫不加预防。这种安排引起了其余将领的严重不满，比如屈突通就担心尉迟敬德会反水，强烈建议李世民将尉迟敬德杀掉了事儿，但李世民就是不听，疑人不用，用人不疑嘛！

介休失守、宋金刚战败的消息传来，刘武周骇得面无人色。他深知大势已去，流着眼泪对妹夫苑君璋说：“还是你说得对啊。我当初没有采纳你的意见，所以才落到现在这般田地。”

随后，刘武周放弃晋阳，北逃突厥。宋金刚本想收拾残部，再与李世民一决雌雄，但众人已经不肯再战了。宋金刚无奈，也只得北逃突厥了。

不久之后，刘武周的地盘儿全部落入李世民之手，代北就此归入大唐版图。

像刘武周、宋金刚这样失意又失败的人，当然不招突厥人的待见。不久之后，受够了白眼的宋金刚从突厥难逃中原。岂料，他刚刚走到半路，就被突厥骑兵追上。突厥人很干脆地剁掉了他的脑袋。

刘武周也想逃，但他的运气还不如宋金刚呢，人家宋金刚起码还跑了一半的路，他倒好，计划还在萌芽状态呢，就被人家发觉了。突厥人依旧是那么的干脆，一代枭雄刘武周到底还是死在了主子的手上。

事实再次无可辩驳地证明，一个漠视同胞、背弃同胞的人在敌人那里也得不到丝毫的尊重，人家只当他是一条狗。

突厥人扶植苑君璋为大行台，统领刘武周的余部。

第五章

逐鹿中原

【本章提要】：王世充击败李密之后，即于武德二年四月初七迫使皇泰主杨侗禅让，称帝建郑。但他任人唯亲，且对内实行高压政策，致使人心离散。李渊趁机于武德三年七月初一颁布敕书，令秦王李世民统率五万精兵东出函谷关，挺进中原。在李世民的正确指挥之下，唐军节节胜利，郑军困守孤城洛阳。十一月，走投无路的王世充只得向夏王窦建德求援。武德四年三月，窦建德率十万大军赶来救援。李世民仅率三千五百精兵赶赴虎牢关，遏制夏军。五月初二，虎牢关大战，夏军遭到决定性失败，窦建德被擒。七天后，王世充出城投降。不久之后，郑夏两国的地盘全部并入李唐版图，中原平定。七月，窦建德与王世充相继死于非命。

1. 烛光晚餐门事件

“中原”这个词儿绝对是我国历史上的高频词汇，一说起来，国人没有不知道的。但中原究竟是指哪些地方，恐怕知道答案的人就不是很多了。河南的朋友们说了，中原不就是指我们河南吗？这么说，既对也不对：说对，是因为中原的主体确实就是今日的河南省；说不对，则是因为中原实际上是一个以河南为中心，包括今天河北南部、山西南部、陕西东部、湖北北部、安徽北部和山东西部在内的广大区域。

中原地区既是华夏民族的发源地，也是中华文明最核心的区域。在我国历史的绝大部分时期，中原地区始终集政治中心、经济中心和文化中心三种角色于一身，具有其他地区所无法比拟的战略地位。所以，历来就有“得中原者得天下”的说法。

现在，一心想要夺取天下的李氏父子就瞄上了中原这块风水宝地。其实，李渊惦记中原也不是一天两天了。但是，早先大唐置业集团实力有限，所以李渊只能先开发关中周围的陇右（甘肃东部）、河西（甘肃西部）、代北（山西北部和内蒙古南部）、巴蜀（四川）这些欠发达地区。截至武德三年四月，这些地方全部被老李盘了下来，大唐置业赚了个盆满钵满。实力上去了，进军中原的时机也就成熟了。

现在，中原地区最大的武装势力就是我们的老朋友王世充了。有人问了，为啥不是皇泰主杨侗呢？因为，杨侗和他的大隋都已经不在了，洛阳现在是大郑皇帝王世充的天下。

话说武德元年九月北邙山一战，王世充一举击败宿敌李密。十月十二日，隋军班师回朝。为了表彰王世充的丰功伟绩，皇泰主杨侗于三天后下敕，册封他为太尉、尚书令、内外诸军事，并授予他一项特权，即：准许王世充建立太尉府，设置官属，选拔优秀人才。

武德二年正月初二，王世充的太尉府正式“挂牌营业”。他可是一点儿都没客气，将朝中所有的达官和名士都收罗进自己的太尉府。光是这一点儿，皇泰主就已经有些不爽了，但老王在过分的道路上越走越远，他开始疯狂揽权。没过多久，皇泰主的朝廷就成了摆设，各台、省、监、署均无事可做，而太尉府则门庭若市，俨然已经成了实际上的小朝廷。

当朝中之朝已具雏形的时候，皇泰主杨侗才意识到：当初不杀王世充，真是他这辈子所犯的最大错误。但这个觉悟已然来得太迟了。

很快，东都的市民发现，太尉府的大门外不知何时立起了三块牌子。啥牌子啊？招徕人才的牌子。这三块牌子各有说道：第一块牌子招募博学经典、可以治国安邦的人才；第二块牌子招募武艺超群、能够攻城略地的人才；第三块牌子招募熟谙法律、能够公正断案的人才。瞅这阵势，老王似乎是想网罗尽天下的英才，其志不小。

事到如今，王世充下步想干什么，已经是司马昭之心——路人皆知了。

但是，要晓得，谋朝篡位这件事儿可是个高难度的技术活儿。根据著名厚黑学者北溟玉的《篡位指南》，要想成功篡位，必须同时具备以下三个条件：

首先，要掌握仅次于皇帝的权力，要拥有仅次于皇帝的地位。因为，只有大的权力、高的地位才能支撑住大的野心。试想，如果一个九品芝麻官怂恿你跟着他篡位，我估计你一定会把他送到精神病院。当然，前提是你还没有笑死。这一点，王世充已经做到了，他的权力炙手可热，他的地位仅在皇泰主一人之下。

其次，要具有相当的群众基础。道理很简单，一个好汉三个帮，要想干成大事儿，就必须得有人支持你，拥护你；单枪匹马闹革命，那简直就是痴人说梦，连皇帝的边儿都没挨着，就被剁成肉酱了。这一点，王世充一直在做，但是做得还不够。

最后，必须要掌握舆论导向，做好思想上的铺垫。因为，篡位和造反不同，不能霸王硬上弓，强奸民意，必须要通过大量细致认真的宣传，做好群众的思想工作，使大家能够接受你。这样做，一是能保证篡位成功，二是能保证在篡位成功之后不会被轻易推翻。这一点，王世充还没有开始做，但是已经在酝酿了。

好了，现在我们对照《篡位指南》，来看看王世充是怎么做的。

升任太尉的王世充对政事表现出了极大的热情和关心，事情无论大小，他都要亲自处理。据《资治通鉴》记载，“上书陈事日有数百”，王世充却始终“悉以引见，躬自省览，殷勤慰谕”。

他始终坚定不移地走群众路线，大施小恩小惠，收买人心，上自百官群臣，下到普通一兵。小鬼呀，当兵累不累，想不想家，家在哪儿啊？哦，那地方我去过，好好干，前途不可限量，我很看好你呦……这么做的结果是显而易见的，群众“人人自喜”。

夯实群众基础之后，王世充拍拍身上的灰尘，振作疲惫的精神，把视线投向了敬爱的皇帝陛下。

搞皇帝是需要理由的。因为，皇帝不是你想搞，想搞就能搞。不过，对王世充而言，这样的理由并不难找。

话说这日，皇泰主杨侗请王世充来吃烛光晚餐。一顿山吃海喝之后，酒足饭饱的王世充回到了府中。可能是因为吃得太多了，也可能是因为食物相克引发中毒，反正他是上吐下泻，所幸并无性命之忧。

重要的不是这件事本身，而是事后王世充逢人就说，某某人阴谋害他。不管这个理由能说服多少人，反正王世充用这个理由说服了自己。从此以后，他明目张胆地独断乾纲，皇泰主完全成了傀儡。

这件事情带给我们以下两点启示：第一，食品中毒问题自古就有，就连皇宫的食品安检也是有漏洞的，所以说，当下我国的食品安全工作问题频出是有历史原因的；第二,千万不要忽视小事儿，小事儿一旦被小人借题发挥，就会变成大事儿。

“烛光晚餐门事件”之后，王世充加快了抢班夺权的步伐。他暗中授意狗腿子段达上书，要求皇泰主为自己加九锡之礼。

啥是九锡呢？九锡其实就是九种礼器，即车马、衣服、乐则、朱户、纳陛、虎贲、斧钺、弓矢、秬鬯。所谓九锡之礼，就是天子赐给大臣以上九种器物，以表示最高礼遇。依据礼法传统，这九锡之礼，只能授予王者。所以，段达请求为王世充加九锡之礼，实际上就是要求皇泰主封王世充为异姓王。

异姓王这个东东绝对是中国历史上的稀有产品。在隋朝以前，只有西汉初年和东汉末年才授予异姓大臣以王者称号，比如汉高祖刘邦封韩信为楚王，汉献帝封曹操为魏王等等。而在隋朝，这异姓王的记录尚且为零，以李渊那么好的出身，也只能封个唐国公。而现在，王世充居然想当异姓王。皇泰主打心里就一百八十个不乐意，他委婉地推脱道：“郑国公平定了李密，所以才官拜太尉。等他再立新功之后，再讨论此事也不迟嘛！”

岂料，段达相当直白，就说了四个字儿：“太尉欲之。”（太尉想加九锡。）

皇泰主哪想到段达会这么嚣张，这么无耻，他狠狠地瞪着段达，良久，才从牙缝中挤出两个字儿：“任公！”言下之意，你们想怎么干，就怎么干吧！

三月二十日，段达以皇泰主的名义下敕，给王世充加了一个实职——相国，一人之下，万人之上，领袖群臣；又加了一个荣誉称号——郑王，加九锡之礼。

这样，郑王王世充连同曾经称唐王的李渊，成为有隋一代唯二的两个合法异姓王。

2. 称帝要我等，不可能！

水涨船自高。在王世充的眼中，区区一个郑王已算不得什么了。说穿了吧，郑王仅仅是在为受禅称帝做铺垫。但是呢，受禅称帝的难度系数要远远高于封异姓王，所以操作起来也就不能像先前那么毛毛躁躁了。要想办成这件事儿，就必须在群众当中造好声势。可是造舆论这种事儿，老王和段达等圈里人是没法出面的，这就需要有一个圈外人来挑头。

有什么样的政治需求，就会有什么样的投机分子。一个优秀的政治投机分子，最起码应当具有以下两项素质：首先，要有敏锐的政治嗅觉，知道领导需要什么，如果不具备这种素质，本来是要拍马屁的，结果拍在了马嘴上，那绝对是自寻死路；其次，还必须得有良好的实干头脑和实干技能，能够有条理、有步骤地实现领导的政治意图，所采取的措施既不能过犹不及，也不能欠了火候。

道士桓法嗣就完全具备了以上素质。他给王世充呈上了一幅名为《孔子闭房记》的画。

王世充接过来一看，怒了，这画得什么玩意儿嘛。只见偌大一幅画上，只画了一个拿着长竿的男人在赶羊。要新意没新意，要画技没画技，怪不得老王要生气。

桓法嗣微微一笑，王爷您别急啊，请看这条上天入地、举世无双的长竹竿，一个“干”字再加个“一”字是个什么字？

王世充略一沉吟，“王”字啊。

桓法嗣又问了，那国姓是啥？

王世充都烦了，这还用问吗，当然是“杨”了。

然后，高潮就来了，桓法嗣悠悠地问道，“王”在后面赶“杨”，这又暗示着什么？

“王”在后面赶“杨”？难道是……

桓法嗣用一个暧昧的眼神及时阻止了王世充。

王世充心头一阵狂喜，乖乖，原来，you are the one。

别急，桓法嗣带来的惊喜远不止这些，他又变戏法似的拿出了两本书，大王请看，这是什么？

王世充定睛一看，原来是《庄子人间世》和《德充符》。他又不明白了，这两本书能有什么说道啊？

桓法嗣看着一头雾水的王世充，笑嘻嘻地解释道，您看啊，这《庄子人间世》里有一个“世”字，《德充符》里有一个“充”字，连起来不就是您的名讳吗？

王世充大喜，我以为这个世界上最有才的人是我，没想到你比我还有才。他当即任命桓法嗣为谏议大夫。

按说戏演到这个程度，也差不多该收场了。但或许是受了桓法嗣的启发，老王居然玩上了瘾，玩法任你绞尽脑汁都想不到。他老人家派人四处捕鸟，老鹰、鸽子、家雀、画眉……只要是长翅膀会飞的，全不放过，就差拿鸡来充数了。

他逮这么多鸟儿干吗啊？说出来能把大家笑死，老王命人把写有桓法嗣鬼话的帛条系在鸟的脖子上，然后再把这些系着围脖的鸟儿放飞。紧接着，他宣布了一条命令：只要有人用弹弓打下了怪鸟，并献给郑王爷，他就可以当官了。

此令一出，洛阳全城总动员，老老少少、男男女女停止了日常的工作、生产、生活，全身心地投入到了捕鸟大业当中。在捕鸟的过程中，洛阳人民都看到了鸟脖子上系的帛条，帛条上所写的内容在民众当中引起了强烈反响。

玩腻了，玩累了，该是摊牌的时候了。

翌日早朝，段达等十多人忙不迭地将这件怪事儿禀告给皇泰主："陛下，可了不得了，天象异常，连鸟儿都带围脖了。围脖上写着，郑王王世充应该当皇帝。陛下，看来这是天意啊！希望陛下能够仿效尧、舜，将皇位禅让给郑王。"

好啊，老狐狸终于露出尾巴了，老子一让再让，一忍再忍，你们这帮混蛋居然还蹬鼻子上脸了？暴怒的皇泰主拍案而起，厉声说道："天下，是我们杨家的天下。大隋的运道还没有结束，这是你们这些臣子们该说的话吗？"

小玉仔细查阅过史书，这是杨侗生平第一次（也是最后一次）发脾气。段达等人哪想到老实人杨侗会突然发飙，都被杨侗强大的皇家气场给镇住了，一个个汗流浃背，噤若寒蝉。散朝后，杨侗再也控制不住自己的情绪，放声痛哭。是啊，事到如今，他还能指望谁啊！

王世充听完段达的汇报，脑海中的第一反应是：哎哟，这个小崽子居然雄起了。好啊，硬的不行，咱就来软的。这回，他又派人去忽悠皇泰主，理由绝对能让大家笑抽了。该人是这么对杨侗说的："陛下，现在天下还没有平定，所以需要有一位年长的君主来收拾河山。您毕竟还是过于年轻了一些，不如这样，您先把位置让给郑王。郑王发誓了，待到天下统一之后，一定会把皇位还给您。"

写到这里，小玉都有些哭笑不得了。王世充，你实在是太有才了，这种理由都想得到。翻翻历朝历代的史书，权臣在逼君主退位时，哪有这么说的？况且，杨侗又不是三岁的小孩子，这种理由，他怎么可能会接受？！

果然，皇泰主再一次决绝地否定了禅让的可能。不过，他的态度对于王世充而言，其实并不重要。既然杨侗软硬不吃，王世充索性撇开他，直奔主题而去。

四月初五，王世充以杨侗的名义，发布了一道隋禅位于郑的敕令。随后，他指使兄长王世恽将皇泰主软禁在含凉殿。两天后，王世充于洛阳即皇帝位，改国号为郑，建元开明。

从三月二十日进封郑王，到四月初七称帝建国，王世充只用了不到二十天的时间。人家李渊起码还伪装了小半年呢，王世充真是急得不能再急了。

> 我是个急性子，称帝要我等，不可能！
>
> ——王世充

王世充一朝梦圆，终于登上了梦寐以求的皇帝宝座。在立长子王玄应为太子的同时，王世充加封王家子弟十九人为王，从自己的兄弟一路封到侄子。翻翻老王家的族谱，最牛的一代也不过是个州县的豪强，哪曾有过封王拜相的荣耀。现在好了，一下子冒出了这么多的王爷。老王家的祖坟哪里是在冒青烟啊，简直就是在喷火。有句话咋说来着，对了，一人得道，鸡犬升天。

老王家的人都很满意，但王世充手下的这帮兄弟可就不乐意了。哦，兄弟们把脑袋别在裤腰带上，和你闹革命、打江山，到头来连个侯都没捞上，你哥家的那个小毛孩子还没有断奶呢，就已经是王了。这也太不靠谱、太不公平了吧！

是啊，常言说得好，在每一个成功帝王的背后，都站着一大群成功的部下。如何妥善处理亲戚与功臣之间的关系，是历代帝王面临的一大难题，能摆弄清楚的皇帝并不多。领导者最大的忌讳就是任人唯亲。为什么呢？因为亲戚固然可靠，但你的事业全都是这些个手下辛辛苦苦为你打拼下来的。如果在亲人和部下之间一碗水端不平，还有谁肯为你卖命？

很不幸，王世充就没有摆弄清楚。而且，他也没有重视部下的这种不满情绪，更没有用心去解决这个问题。结果，这种不满情绪无声无息地蔓延开来了，仿佛一道无形的墙横亘在老王和他的部下之间。现在的他还没有意识到问题的严重性，但在不久的将来，他铁定会为今天的疏忽而感到后悔。

历朝历代都有忠臣，而且一个王朝越是在没落的时候，忠臣越是大批量地涌现。洛阳朝廷也并非铁板一块，老王一党强逼隋帝逊位，很多忠心于隋室的大臣将他视为眼中钉、肉中刺。新生的大郑政权表面上气象更生，内里却是暗流涌动。

春末五月，保皇派策划了一场宫廷政变。以礼部尚书裴仁基、左辅大将军裴行俨父子以及尚书左丞宇文儒童为首的数十名大臣合谋诛杀王世充，重新拥立杨侗，复兴大隋。但谋事不周，计划泄露，裴仁基、宇文儒童等人均遭诛灭三族。

齐王王世恽看形势不妙，就给王世充出了一个馊点子：除掉杨侗，以断绝保皇派的复辟幻想。王世充采纳了这个建议，就指派王世恽和他的儿子王仁则（《少林寺传奇》中的大反派）去干这件事儿。

含凉殿中，瑟瑟发抖的杨侗苦苦哀求王世恽："太尉之前不是说过嘛，待到天下统一之后，会把皇位还给我。现在怎么能这样对我呢？"王世恽不答应。杨侗又请求与母后诀别，但王世恽还是不答应。

杨侗无奈地叹了一口气，拿起一把香点燃，插放在佛龛前的香炉中。这是他被软禁以后，每天都要做的事情。望着面前的佛像，杨侗思绪良久，最终说出了一句经典："愿自今已往，不复生帝王家！"说罢，他端起王仁则递来的毒酒，一饮而尽。但上天似乎有意要让这幕人间惨剧更悲情一点，饮了毒酒的杨侗虽然痛苦，但并没有气绝身亡。王仁则拿起三尺白绫快步上前，套在了杨侗的脖子上……

杨侗的死标志着在中国历史上具有承前启后重要作用的大隋王朝正式退出了历史的舞台。

想当年，隋炀帝分外倚重李渊和王世充。结果，这两人先后干掉了他两个孙子。至此，隋炀帝阿广的嫡系子孙就剩下三个了，一个是老二齐王杨暕的遗腹子杨政道，一个是已经出家为尼的南阳公主，还有一个是他的小女儿杨氏。

寄居突厥的杨政道于贞观四年归唐，唐太宗任命他为员外散骑侍郎。令人称奇的是，此后杨政道的身影便从史书中消失了，他什么时候死的，有没有留下子孙，这些史书上完全没有记载。这一点，非常耐人寻味。

与姐姐南阳公主和外甥杨政道比起来，杨氏算是比较幸福的了，她被一个男人看中。后来，这个男人当上了唐朝的第二任皇帝，正是唐太宗李世民。杨氏和李世民给隋炀帝生了两个外孙，其中的老大就是《贞观长歌》里面那个牛得不得了的蜀王李恪。

3. 这回，狼真的来了！

干掉杨侗之后，王世充尚且自以为得计。殊不知，将士们的心已经寒到家了。杨侗虽然是高高在上的皇帝，但是对大臣、对士兵还是很不错的，拥有一定的群众基础。王世充恩将仇报，夺了人家的江山倒也罢了，可是要了杨侗的小命儿，这就实在太没有人味了。再联想联想老王任人唯亲的举动，众人的心实在是寒得不能在寒了。

于是，王世充麾下的将士们开始跑路。最先付诸行动的是瓦岗军旧将，这其中就有前文提到的投唐的秦叔宝、程咬金、李君羡等人。后来，骁将罗士信也跟着降唐了。这些人跑路的深层原因是看透了王世充的为人，直接诱因则是裴仁基、裴行俨父子被杀。

起初，老王还不以为意，毕竟不是自己人，走就走，没有你们，我这大郑还垮了不成？！但是，渐渐地，王世充的嫡系将领也开始逃跑了。这下，老王可就坐不住了。

一个人犯一次错误并不难，难的是一直犯错误却不见觉醒。老王思前想后，居然认为问题的根因在于自己对手下人太过宽容了。于是，他大刀阔斧地制定了一系列恐怖措施：首先是规定一家人中只要有一个投敌，全家不分老幼一律处死；其次是规定每五户互为投保，只要有一家逃跑，而相邻的四户没有及时发现报官的，这四户全都得死。

有道是，你尽可以欺骗所有人于一时，也可以欺骗部分人于一世，却无法欺骗所有人于一世。事到如今，人们终于看清了慈眉善目的王世充的真面目：恐怖大亨。于是，大家跑得更欢了，一个人带着一家人跑，一户人带着四户人跑，五户人带着全村跑……

眼见逃跑的势头不但没有受到遏制，反而有愈演愈烈的趋势，老王陷入了深深的思考：这是为什么呢？

终于，他想通了：是嘞，是人们的思想发生了变化，没有及时地改造自己的世界观和人生观，结果在是非问题和敌我问题上丧失了立场，犯了逃跑主义的错误。要想从根本上解决这个问题，就必须得扭住思想这个源头毫不放松，通过深入细致的思想工作，促使人们不断地改造自己的世界观和人生观，明辨是非，分清敌我，坚定革命立场。老王说干就干，在洛阳城里开展了轰轰烈烈的“思想大革命”，搞得全城上下鸡飞狗跳，人心惶惶。

按说到了这个程度，正常人都该有所觉醒，收手不干了，但王世充不是这样，他不仅没有收手，反而变本加厉。只要怀疑某个人要跑路，他就派人把人家全家都请到皇宫中来“做客”。你不是想跑吗？好啊，你跑吧！我把你全家都放在我的眼皮子底下，看你怎么跑？

有了内忧，外患就是不可避免的。且说自李密降唐以后，李唐的势力范围便延伸至了中原地区，与王世充、窦建德的地盘儿相接壤，三方势力犬牙交错。这一接壤，问题就来了。自武德二年二月唐将张孝珉率兵袭击王世充的汜水城起，李唐和王世充就摩擦不断。双方基本上是一天一摩擦，一月一小打。

现在，王世充自毁根基，自乱阵脚，李渊看在眼里，乐在心中，此时不出手，更待何时？武德三年七月初一，李渊颁布敕书，命秦王李世民统率五万精兵东出函谷关，攻击王世充的郑国。

当五万唐军雄赳赳、气昂昂地越崤山、出函谷之际，大郑皇帝王世充正在宫中宴饮。当值班太监急匆匆地把唐军来袭的战报呈到王世充的面前时，老王再也无法保持往昔的那份从容与潇洒了，“当啷”一声，金樽坠地，酒水飞溅，脆生生的金石撞击声在空旷的大殿中经久不息。

在那个崇尚武功的年代，李世民在民众心目中的地位无异于流行教主，其影响力丝毫不逊色于今日之皮特、杰伦。从晋阳起兵到霍邑鏖战，从巧渡河东到入主长安，从平定陇右到收复代北，在每一个关键的时刻，李世民总是能挽狂澜于即倒，扶大厦于将倾。

李世民绝对是那个时代独一无二的战神。

是的，这回，狼真的来了。

兵贵神速是李世民一贯的风格，二十一日的时候，他的大军已经推进至了新安。

与此同时，王世充做出两项部署：

首先，着眼全国，抓住四个重点地区。这四个重点地区分别是洛阳、襄阳（今湖北省襄阳市）、虎牢（今河南省荥阳汜水镇西北）和怀州（今河南沁阳市）。危难关头，老王可信不过外人，他派遣三个侄子分赴三地镇守，魏王王弘烈镇守襄阳，荆王王行本镇守虎牢，宋王王泰镇守怀州。

其次，着眼洛阳一城，精细部署，分片包干。四哥齐王王世恽守卫洛阳南城，三哥楚王王世伟守洛阳宝城，太子王玄应守洛阳东城，次子汉王王玄恕守卫洛阳的卫星城——含嘉城，侄子鲁王王道徇守卫洛阳的另一个卫星城——曜仪城。

很快，唐军先锋部队包围慈涧（今河南新安县东）的消息就传来了。王世充大骇，忙问统兵的唐将是谁。手下回答说是罗士信。王世充一听，立马沉默了。从前的部下今天引着敌人来打自己，这种事儿搁在谁身上都不好受。

罗士信降唐已经是一年前的事儿了。

在《隋唐演义》、《说唐》和《兴唐传》当中，罗士信位居“四猛”之首。他力大无比，使一柄三百斤重的镔铁枪，有万夫不当之勇，人送外号“今世孟贲”。大家都知道，在三部演义小说当中，无敌呆霸王李元霸都是响当当的天下第一。四平山大战时，李元霸遭遇罗士信。两个人锤棍来往，叮当乱响，斗了数百回合，最后居然是难分高下。由此可见，罗士信足可与李元霸并列天下第一。

罗士信有三大绝技：第一绝，力拔牛骨。两头牛打架，他去劝架，牛不听，继续顶，罗士信毛了，咔嚓一下就把牛的犄角给掰下来了，牛哭死；第二绝，飞石打鸟，天空有鸟儿飞过，罗士信随手一颗石子儿，鸟儿以后就再也不用飞了；第三绝，夜辨蚊牤。夜晚一只虫子从眼前飞过，罗士信瞟一眼，就知道是公是母。

当然了，这是演义的夸张。但是，历史上的罗士信确实也是一员猛将。

且说北邙山战役后，瓦岗军大败，罗士信随裴氏父子投降了王世充。王世充对罗士信器重有加，经常请他吃饭。那时的罗士信觉得，王世充真是个义薄云天的好领导。然而，当邴元真也来归附以后，罗士信就对王世充彻底失望了。

邴元真见利忘义，卖主求荣，对这种卑鄙无耻的小人，罗士信根本就看不上，更不要说与之为伍了。他以为王世充也看不上这种人，肯定会杀了邴元真。岂料，王世充不仅没有杀邴元真，反而还给了他不亚于罗士信的待遇。

那一瞬间，罗士信发现，自己简直是傻到了家的程度，王世充分明就是一个惺惺作态的小人，故作姿态，收买人心。从那以后，他的脑海里始终萦绕着一个问题：到底要不要离开郑国？

没错，子是曾经说过，良禽择木而栖，贤臣择主而事，但罗士信毕竟不想做吕布那样的三姓家奴，为千夫所指。然而，树欲静而风不止，一件小事的发生，促使他最终下定决心，离开郑国，离开王世充。

自古宝马配英雄，罗士信十分幸运，得到了一匹千里良驹。马这个东东在古代的地位就相当于今日的汽车。如果把普通的马比作奥拓、奇瑞的话，那么罗士信的这匹宝马就相当于陆虎了。

宝马一上路，引得全城围观，整个洛阳城的人都知道了，大将军罗士信有一匹堪称马中极品的千里良驹。齐王王世恽的三小子赵王王道询也知道这件事儿了。王道询也不含糊，仗着自己是当朝皇帝亲侄子，直接跑来向罗士信讨马。

罗士信当然不肯将良驹拱手送人了，脑袋摇得跟拨浪鼓似的，就是不肯松口。王道询十分不爽，便跑去向王世充告状。王世充的处置相当欠妥，他也不说和罗士信商量商量，直接就将宝马夺了过来，转送给王道询。

武将对战马的热爱是常人所无法理解的。对罗士信来说，夺了他的宝马简直就跟要了他的命似的。王世充收留邴元真，这口气他咽了。但横刀夺马这口鸟气儿，他无论如何也咽不下去。打这件事儿以后，罗士信就琢磨着怎么反水了。

机会终于在武德二年的七月来临了，王世充派他率军进攻李唐。罗士信索性带着一千多人马，直接降唐了。别看罗士信年龄不大，早就名满江湖了。李渊听说他来投降，甭提有多高兴了，主动派人前去迎接慰问，把个罗士信搞得心里热烘烘的。老李一点儿都没有怀疑罗士信的忠诚，很干脆地任命他为陕州道行军总管。老李如此，小李也如此，这次东征，李世民特意让罗士信打头阵。

消息传来，王世充亲自带领三万兵马，星夜驰援慈涧。二十八日，郑军抵达慈涧。王世充未作片刻停留，立即指挥大军奔袭唐军。

李世民已经知道王世充来了，但他可没想到王世充竟然会直接扑上来。这不，为了侦察敌情，李世民又带着小部轻骑向郑军大营摸了过去。摸了半路，摸不下去了。为啥呢？因为前方有人拦住了去路。谁啊？正是王世充的大军。

郑军有三万人马，李世民等人还不足三百，很快就被人家给圈住了。好个李世民，泰山崩于前而面不改色，只见他策马飞奔，左右开弓，弓弦响处，便有敌人应声而倒。郑军人数虽多，却也奈何不得他。

王世充麾下骁将燕琪瞧着生气，策马奔着李世民就过去了，结果连李世民长啥样儿都没看清，就被人家一箭给放倒了。王世充见状大惊，又担心恋战过久，唐军主力会来援救，便撤兵了。

郑军走了之后，李世民才想起来害怕，他赶紧率众返回营地。岂料，到了大营门前，守门将士不仅不给他开门，反而还用箭瞄准他。原来，这一仗打得太狠了，李世民满脸都是灰尘，部下认不出他是谁，所以才不给他开门。李世民无奈，只得摘下头盔，抹了抹脸，大声说道："我是秦王"。营中守军这才打开了营门。

李世民很生气，决心报仇，第二天一大早，他率领五万步兵骑兵开赴慈涧，要和王世充死磕。岂料，王世充已经在半夜时分偷偷地撤回了洛阳。

唐郑两军的第一次正面交锋就此戛然而止。

4. 兵分五路

慈涧会战之后，李世民将所部分为五路：第一路，由行军总管史万宝率军自宜阳南下，占据伊阙龙门；第二路，由将军刘德威率军自太行山东进，包围郑国的河内郡；第三路，由上谷公王君廓部从洛口出击，一举切断郑军的粮草运输线；第四路，由怀州总管黄君汉率部从河阴出击，夺取洛阳的大粮仓——回洛仓；最后一路是李世民率领的主力，进抵洛阳郊外的北邙山，攻打洛阳城。

李世民找上门来了，王世充无奈，只得率军出城，在郊外的青城宫列阵，迎战唐军。

隔着河水，两个同时代最为杰出的人才进行了一次十分有趣的对话。

王世充向李世民喊话："喂，李世民，隋炀帝暴虐无道，致使天下分崩离析。如今，你们父子坐拥关中，而我王世充占据河南，大家井水不犯河水，各过各的日子不是挺好吗？我王世充不曾向西侵唐，而你却突然率军来犯我郑国，这是为什么？"

李世民只是用鞭子轻轻地敲着战靴，低头不语，若有所思。

王世充一看，心中窃喜，有戏，这小子虽然厉害，但毕竟嫩了些，看这个情形，八成是被我说动了，我再加点猛料，吓唬吓唬他。于是乎，他话锋一转，软中带硬地说："你率偏师深入我国腹地，补给线拖得这么长，你不觉得这种作战方法很危险吗？我真没看出来有什么可取之处！"

老王还想再说些什么，这时，李世民终于开口了："现在，全天下的人都盼望着我爹一统河山，可你王世充却执迷不悟，妄想着用你的小螳臂挡我们的大车，用你的小鸡蛋砸我们的大石头。如果你识时务的话，就麻溜点儿，趁早投降，还可以保全你的荣华富贵；如果想负隅顽抗，那就放马过来吧。”

老王被噎了个够呛，唉，话都说到了这个份上，还有什么可说的，操刀子开磕吧！

两军一顿混战，直杀到傍晚时分，难分胜负，各自收兵回营。

正当李世民顿兵洛阳城下的时候，其余四路唐军兵锋所指，遍地开花。

胜利的凯歌首先在黄君汉这边响起。九月十四日，黄君汉一举攻陷回洛仓。回洛仓一丢，洛阳军民很快就又要过上喝西北风的日子了。同日，郑国显州总管田瓒奉所辖二十五个州前来降唐。自此，襄阳的王弘烈就与王世充失去了联系。洛阳、襄阳、虎牢和怀州四地构成的铁四角崩了一角，变成了破三角。三天后，王君廓又拿下了轘辕（今河南偃师东南）。

李世民趁机颁布了一项新政策：郑国各级官吏只要主动来降，全部留任原职，不做任何变动。这招比较狠，意在从内部分化瓦解王世充集团。据史书记载，临床效果也相当不错，“河南郡县相继来降”。

从此以后，招降纳叛就成了唐军对敌工作的主流。不过，逆流也是存在的。这不，谁都没想到，在唐军形势一片大好之际，原先投降的刘武周部将居然全都叛逃到王世充那里去了，只剩下尉迟敬德一人。

自打尉迟敬德来到唐营以后，李唐诸将就始终在用有色眼镜看他，一心想置于他死地。这下可让他们逮着机会了，以屈突通为首的众将立即将尉迟敬德逮捕下狱，并纷纷向李世民进言，要求将尉迟敬德杀掉了事儿。

尉迟敬德到底是不想跑，还是想跑没跑了，这个问题谁也说不清楚。不过，不管怎么说，嫌疑毕竟是存在的，屈突通等人的怀疑也未尝没有道理。李世民就算是接受了他们的提议，杀了尉迟敬德，也没什么。然而，在这个紧要关头，李世民却展现了惊人的识人眼光，他力排众议，坚信尉迟敬德不会叛逃：“我和你们的想法刚好相反，尉迟敬德要是想叛逃，早就跑了。”

李世民不仅下令释放了尉迟敬德，而且还赏赐给他大量的金银。尉迟敬德被搞得满头雾水。李世民诚恳地对他说：“大丈夫之交，应该意气相投。我从来没有怀疑过你，你应该体谅。如果你不能谅解，想要离去的话，我就把这些金银送给你。”

这个姿态摆得挺高，我李世民冰心一片，如果你非要走，那也没关系，放心大胆地往前走，我不仅不会阻拦，而且还要支付你为我办事的酬劳。

尉迟敬德当然没走，但他什么也没说。

二十一日这天，李世民率五百骑巡视战区地形。一干人等登上高坡，极目远眺。站得高，自然望得远，但自己也就显得分外突出。

城中的郑军很快就发现远处的高山顶上有一小队唐军。王世充隐隐觉得，来着应该是李世民。他当即点起一万精兵，悄悄地摸了过来。

等到李世民发觉的时候，已经晚了。王世充指挥大军将李世民等人团团围住。慈涧遭遇战当中，王世充亏就亏在身边没有带猛将，否则的话，李世民他插翅难逃。这一次，老王充分吸取了上次的教训，临行之前，他特意带上了一员猛将。谁？正是原瓦岗军大将单雄信。王世充特别叮嘱单雄信，谁都不要管，只要拿下李世民，你就是头功。

开战以后，单雄信谁都不管，抄起长枪，直奔李世民而来。你别看单雄信人品一般，武功那可是刚刚的。李世民的一班裨将根本就不是他的对手，纷纷败退。李世民的武艺也算一流，但碰到单雄信，那就好比是小鬼碰到了阎王。李世民慌了，虚晃一枪，策马狂奔。单雄信一边喊杀，一边紧追不舍。

眼看着李世民就要被生擒活捉了，正在这时，一员唐将及时杀到，大喝一声，只一槊就将单雄信刺于马下。李世民、王世充定睛一看，赫然便是刚刚出狱不久的尉迟敬德。原来，尉迟敬德在营中瞧见远处黄尘四起，隐隐有喊杀声传来，便觉得李世民情形不妙。他立即点起本部精骑，赶来救援。好在有他及时杀到，否则大唐的历史就要完全改写了。

郑军为尉迟敬德神威所慑，不敢再追。尉迟敬德趁机护着李世民突出重围。李世民大怒，稍作休息之后，便与尉迟敬德统率唐军精骑，向郑军发动了凶猛反攻。单雄信一受伤，郑军之中再无可与李世民、尉迟敬德相抗衡的悍将。李世民与尉迟敬德如狼入羊群，郑军登时乱作一团。

与此同时，屈突通也率领唐军主力杀到。在两路唐军的夹攻之下，郑军迅速崩溃。唐军斩首一千余级，俘虏六千人，生擒郑军大将陈智略，王世充只身逃脱。

战后，李世民又赐给尉迟敬德一箱金银，并满怀感激地对他说："怎么这么快就得到了您的回报？"

这次突如其来的遭遇战，成了尉迟敬德一生中最重要的转折点。从此，李世民就在心中给他重重地记下了一笔。

5. 只能求他了

进入十月后，战局越来越对唐军有利了。唐军诸将仿佛竞赛一般，在立功方面你追我赶，互不相让。十五日，罗士信一举攻克了郑军要塞——千金堡。千金堡一破，坚守顽抗的郑国各州县士气一落千丈。紧接着，李世勣又接连劝降了郑国的管州总管杨庆、荥州刺史魏陆和汴州刺史王要汉。

十一月，唐皇李渊又调金州总管李大亮安抚樊州、邓州，伺机攻打已经成为孤军的王弘烈。初一，李大亮攻克樊城，斩王弘烈手下将领国大安。二十九日，他又袭破了沮州（今湖北省南漳县）和华州（今湖北省宜城市）。

失利的消息一拨接一拨地传来，王世充急得好比热锅上的小蚂蚁。他当前的处境完全可以用八个字来概括：战亦不能，守亦难久。这该如何是好呢？王世充几经斟酌，最终决定：去求窦建德。

这是一个无比艰难的决定。因为，老王曾经得罪过窦建德。

话说老王和老窦也曾有过蜜月期，但是去年四月王世充称帝自立后，窦建德就不干了，他公然宣布，与王世充划清界限，断绝外交关系。不过，直到这时，双方仍未彻底闹僵。然而，六个月后，王世充派兵进犯黎阳，这可把老窦给惹急眼了。窦建德立即还以颜色，派兵袭击了郑国的殷州，作为报复。王、窦二人从此交恶，摆出了一副老死不相往来的架势。

好面子是人的天性。本来呢，王世充无论如何都是不会去求窦建德的。但现如今山穷水尽，命都快要保不住了，还管什么面子不面子的。老王以无比复杂的心情写了一封求援信给窦建德。

王世充不知道，此时的老窦正在闹心的当口。

三个月前，唐皇李渊派人来了，希望窦建德能够把同安公主、李神通等人放归李唐。窦建德想了想，觉得养着这两个人也没用，还不如卖个人情给李渊，便将二人放回了长安，但李世勣的父亲李盖他愣是扣住没放。

大夏与李唐的关系隐约出现了缓和的势头。可惜啊，李唐要统一中国，而老窦又想做一方霸主，双方的根本利益存在着不可调和的矛盾，想要彼此相安无事纯属白日做梦。人情该走就走，可是这仗呢，该打还是得打。于是乎，唐夏两国在边境地区频繁交火，造成大量无辜平民伤亡。当时也没有联合国，自然也就不会有什么安南、潘基文之类的跳出来搞个斡旋、调停或者国际维和啥的。

罗艺始终是老窦的一块心病，不把他除掉老窦誓不罢休。从五月份起，窦建德就不断对罗艺用兵。可罗艺也不是省油的灯，老窦接连吃了好几个大亏，损兵折将。

望着巍峨雄壮的幽州城，窦建德除了叹气，就是叹气。正当他万分郁闷的时候，王世充的求援信来了。阅过信后，窦建德陷入了深思。

平心而论，对王世充这个人，老窦是极为鄙视的。当然，老窦不是一个极端民族主义分子，他鄙视王世充，并不是瞧不起王世充的胡人出身，而是看不上王世充卑劣的行径。这个大鼻子的家伙和那个宇文化及完全是一丘之貉，同样位极人臣，受尽恩宠，同样恩将仇报，杀害主人，一样的小人。对于这样的小人，老窦向来是耻于与之为伍的。而且，这个家伙曾经还打过老窦地盘儿的主意，虽说没有造成什么实质性的损失，可是却搞得老窦心里十分不爽。单冲以上这两点，老窦就巴不得王世充赶快下地狱。

可是，话总是得说回来。老窦虽然没读过书，但“唇亡则齿寒”的道理他还是懂得的。王世充的郑国可以说是老窦抵御唐军的一道屏障。如果这道屏障没有了，那么在漫长的边境线上，夏军将会面临唐军铁骑的冲击。

天平的一端是情感，另一端是理智。站在天平的两端，一样的为难，唯一的答案：做一个抉择好难!

事情重大，关乎国体，不可个人感情用事啊，听听大家伙儿的意见吧，开会!

是的，战争与和平虽只在一念之间，但其决断过程则如十月怀胎一般艰难，来不得半点儿的马虎。战与不战，这是个问题。

毫无疑问，与会人员自然而然地分成了两个对立的阵营，并展开了激烈的辩论。

正方辩手主要以文官为主，他们主张救援王世充，虽然王世充有千般不是、万般不好，但郑国的存在对我们利大于弊。总而言之，他们的论点可以概括为一句话：Just do it.

反方辩手主要以武将为主。这些家伙大多数是一些四肢发达、头脑简单的家伙，特别喜欢感情用事。他们纷纷跳出来，大骂王世充。这个说王世充背信弃义，那个说王世充卑鄙无耻。言而总之，他们的态度也可以概括为一句话：不救，不仅不救，还要在一旁看热闹，亲眼见证一下什么叫天理报应。

双方互不相让，各执一词，吵作一团，从陈述立论阶段吵到举例证明阶段，又从举例证明阶段吵到攻辩阶段，然后又从攻辩阶段吵到自由辩论阶段，直吵得昏天黑地、飞沙走石。

老窦也被吵得没了主见，一会儿认为小 A 的建议有道理，一会儿又觉得小 B 的想法也不错。

关键时刻，有人站出来了。谁？中书舍人刘斌是也！

国际政治学研究生刘斌同学侃侃而谈，他首先分析了一下国际局势："当前，李唐占据关陇，王郑据有河南，而我们窦夏则坐拥河北山东，三足鼎立的趋势已经初现端倪了。"

此言一出，老窦依稀看到殿中站着一个羽扇纶巾的家伙在纵论天下大势，诸葛亮？

刘斌浑厚的声音在大殿里久久回荡，撞击着每一个人的耳膜："三家当中，李唐实力最强，王郑和我们大夏则在伯仲之间，与李唐相比均略输一筹。现在，郑国险象环生，朝不虑夕。虽然我们非常痛恨王世充，但别忘了，郑国一旦败亡，我们就会成为李唐的下一个目标。等到那个时候，我们独木难支，叫天天不灵，叫地地不应，可如何是好啊？"

果然是高级知识分子啊，看这话说得，既有理论阐述，又有现实分析，既分析了理性，又兼顾到情感，真是不一般啊。

朝堂上的喧闹早已不见了踪影，大家都竖着耳朵，认真听刘斌演讲。老窦也是紧锁双眉，面色越来越凝重了。刘斌确实说到了他的心坎儿上了。

刘斌环顾了一下众人，狡黠的眼神中透着几丝捉摸不定的笑意，终于抛出了自己最厉害的杀手锏："依照臣的考虑，如果我们救援郑国，里应外合，必定可以大破唐军。唐军退却之后，我们不费吹灰之力就可以吃掉元气大伤的郑国。然后，大王尽起夏郑两国之精兵，挥师直入关中，一举荡平李渊，鼎定关陇。""大王，这才是帝王之道啊"，刘斌的最后一句话像鼓槌般重重地击打在老窦的心房上。

窦建德闻言，顿生醍醐灌顶之感，当即拍板儿：救援王世充。他一面派人去洛阳见王世充，答应出师援救；一面派人去见李世民，要求唐军停止进攻洛阳。

李世民接信大怒，猪鼻子里面插大葱，你装什么大象，他以扣押使者的行动向窦建德做出了回答。

虽说答应出兵救援，但窦建德并没有立即动手。因为，当下他仍有一个对手需要摆平。不好意思，不是罗艺，而是孟海公。李世勣虽然走了，但他说过的话，老窦并没有忘记。现在，他要去救援王世充，十分担心孟海公会在他的后院放火。于是，老窦便定下决心，先搞定孟海公，再去帮王世充。

十一月，老窦亲率大军南渡黄河，攻打孟海公。

饱汉不知饿汉饥，老窦虽然知道王世充现在很不容易，但到底不容易到什么程度，他是无法感同身受的。进入十二月后，郑国各级官吏再次掀起了投降狂潮，许、亳、随等十二州接连投降李世民。

王世充朝思暮想，望眼欲穿，就等着夏军来，可左等右等，就是不见窦建德的影子。老王实在是坐不住了，便派特使王琬（王世充的侄子）和长孙安世（长孙无忌的堂兄）赶往窦建德大营，请求窦建德速速出兵救援。

窦建德瞧出来了，王世充这回是真急眼了，但他现在正和孟海公打得热闹，并且老窦相信，以王世充的能耐，再坚守个把月应该没什么问题，所以他没有理会王世充的要求，继续埋下头来对付孟海公。

6. 孤城血泪

王世充在极度的忐忑不安中迎来了新的一年。

正月，坐不住的老王第三次率军出击，却遭到了李世民的迎头痛击。此战，唐军生擒郑将葛彦璋，毙俘敌六千余人，硬生生将王世充赶回了洛阳城。

回洛仓早已落入唐军之手，洛阳城的粮食危机迫在眉睫。万般无奈之下，老王只得冒险让太子王玄应从虎牢关运粮到洛阳。果然，这是一次冒险的旅行。王玄应的运粮队在半路上遭到了唐将李君羡的截击。结果，王世充连一粒米的影子都没见到。

王世充愁得要死，一种说不出的寒意笼罩在他的心头。

二月十三日，李世民的大军已经推进至洛阳城郊的青城宫。王世充站在城头，就能清楚地看到“唐”的旗号了。望着城下忙忙碌碌的唐军将卒，王世充的心就好像被油煎过一般难受。这回唐军是真的逼到眼皮子底下了。老王决定破釜沉舟：趁唐军立足未稳，以奇兵破之。

客观地讲，这是一个具有强烈冒险色彩但却十分高明的决断。因为，唐军从上至下都觉得郑军已经被打怕了，不敢再出城交战了。果不其然，老王率两万精兵出击的举动，着实吓了李世民一大跳。瞅这阵势，王世充是要拼命了。

郑军在谷水南岸列阵，唐军则背靠北邙山列阵，双方隔河对峙。大战一触即发，肃杀的气氛凝固了战场的上空。

李世民给将士们打气："敌人现在是做困兽之斗，他们倾巢而出，不过是想侥幸打赢这一仗而已。只要我们今天将他们打败，那么他们以后就再也不敢出战了！"唐军将士山呼万岁。

动员完毕就该调兵遣将了，李世民命屈突通率五千步兵渡过谷水，进攻郑军。临行之前，李世民对屈突通叮嘱道："你部与郑军接战之后，要立刻放烟以为信号。届时，我将亲率主力，凭借有利地形，直冲王世充大营。"

"末将得令"，屈突通郑重地点了点头。

北邙山下，五千大唐健儿目不转睛地望着屈突通。屈突通手擎利剑，朗声说道："兄弟们，胜败就在此一仗了，大家随我杀。"五千勇士迸发出一声开山裂地的呐喊，如风卷残云般掠过冬日萧瑟的原野，往谷水南岸杀去。

与此同时，南岸的郑军也如潮水般涌了上来。双方很快便杀在了一处。

依照事先的约定，屈突通放烟为号。李世民远远瞧见，立刻带领大军，直冲王世充的中军。

然而，战场局势瞬息万变，任你是大罗金仙也难以做出准确的预测。李世民没想到，郑军居然冲而不散，预期目的完全落了空。原来，郑军也知道成败生死系于此战，所以个个都拿出了背水一战的勇气，与唐军展开死拼。唐郑两军搅在一处，整个战场乱成了一锅粥。

这是隋末唐初最为精彩的战役之一，击败瓦岗军的江淮勇士对阵大唐健儿，端的是一场恶战。激战当中，李世民和他的护卫队走散，身边只剩下一个丘行恭，十分危险。恰在此时，一小队郑军骑兵发现这种情况，一片箭雨就向李世民的身上招呼过去了。

李世民左右格挡，总算挡掉了洒来的箭雨，但他的坐骑却不幸中箭倒毙。丘行恭已经跑出去一大截了，听到李世民呼救，便立刻拨转马头回援。他张弓搭箭，与郑军对射起来，弓弦相处，必有一名郑军坠于马下。

追兵慑于丘行恭的箭术，不敢逼得太近。于是，丘行恭将坐骑让给李世民，自己在马前开路。他手执长刀，接连砍杀十余名郑军，终于领着李世民冲出了郑军小包围圈，重归唐军大部队。

在主帅王世充的鼓舞之下，郑军虽然先后数次被击溃，但很快就能重整旗鼓。不过，唐军也不是泛泛之辈。双方从辰时一直血战到午时。郑军渐渐不支，显露败像。李世民果断抓住战机，发动反攻，郑军大败，丢下八千多具尸体，狼狈退入洛阳城。李世民乘胜直逼洛阳城下。

王世充不甘心，又于第二天出右掖门，临洛水列阵。正要渡河攻打唐军之际，突然斜刺里杀出一人，一槊捅在王世充的背上。一切都发生得那么突然，电光火石之间，众人根本无暇做出反应。

莫非明年的今天就要成为王世充的祭日了？这时，只听“咔嚓”一声脆响，长矛竟然断为两截。原来，猴精猴精的王世充里面穿了一件刀枪不入的护身铠甲，长槊折断未能刺进。王世充扭头一看，刺客赫然便是唐军降将王怀文。

此时，郑军诸将已经反应过来，纷纷拔出利剑，向王怀文冲来。王怀文计划落空，骇得面无人色，赶紧拨转马头，向唐军大营逃去。郑军随后追击，结果王怀文在写口被追兵赶上，英勇就义。

出了这么一档子事儿，王世充也无心进攻李唐了，索性收兵回城。不过，他决心利用这件事儿，好好做做文章。回到城中以后，王世充脱下外衣，将自己的内甲袒露给群臣看，并得意扬扬地说：“王怀文突然袭击，竟没有伤到我毫毛，这不正说明天命归于我王世充吗？！”

唐军将洛阳宫城团团围住，不断攻打。小玉说过，此时襄阳的魏王王弘烈已经成了孤军，王世充所能依靠的就是河阳的宋王王泰和虎牢的荆王王行本了。但二十二日，传来了一个不幸的消息，王泰放弃河阳逃跑。破三角又变成了烂两角。

在李世民的部署之下，唐军对洛阳发动了猛烈的进攻。攻城的人马一队接着一队，一伙连着一伙，前面的倒下了，后面的马上补上。可是，即便如此，李世民却始终没能突破洛阳的城防。洛阳城下，到处都是残缺的尸体，空气里飘着死人腐烂的味道。

没错，洛阳确实已经成为一座孤城了，但却是一座特别的围城。洛阳的特别之处就在于她是一座“永恒之城”，像罗马那样的“永恒之城”，可围而不可陷。

洛阳之所以如此坚固，要感谢两个人。谁？隋炀帝阿广和宇文恺。

当年，阿广在建造东都洛阳时特别嘱咐施工人员，要把新的洛阳城建成史上最坚固的城池。为了实现隋炀帝“永恒之城”的构想，隋代最杰出的工程人才宇文恺殚精竭虑，运用当时世界上最为先进的建筑技术，征集了数量庞大惊人的“志愿者”队伍，终于打造出了洛阳——这座中国古代建筑史上的奇葩。

最为关键的是，在这生死存亡的危难关头，王世充终于重拾自我。是啊，进无可进，退无可退，决战就在此处！胜者将得到一切，而败者将输掉一切。

发了狠的王世充充分发挥了自己的军事才能，在他的精心组织之下，郑军终于重振了士气。

为了守住城池，郑军甚至搬出了看家的重型武器：大砲飞石和八弓弩。大砲飞石是一种类似于抛石机的武器，据《旧唐书》记载，这个东东的射程可以达到两百步之远。八弓弩则大致相当于今日的机关枪，一次就可以射出八只利箭。而且，八弓弩所用的不是普通的箭，而是一种特制的箭。据《资治通鉴》记载，这种箭的箭身有马车的车辐那么长，至于箭头，其大小竟相当于一把斧头。要命的是，这么长、这么重的箭竟然可以飞行五百步之遥。大家可以想想，如果被这玩意儿射中，会是个什么情形。

唐军也是唐军他妈生的，血肉之躯哪能受得了这些重型武器的袭击？老王拿出了如此阵势，李世民只好望城兴叹。唐军的士气遭到了沉重的打击。如果再拿不下洛阳，就真要有麻烦了。眼见着，洛阳城变成了一块鸡肋。

一般而言，到了这个时候，就该有人出来说话了。

总管刘弘基第一个站了出来，他建议暂时停止进攻，先撤回关中，进行休整，等到士气恢复之后，再来攻打郑国。

但李世民不同意，机不可失，失不再来，等你的士气恢复了，人家的士气也恢复了，好不容易打下的大好结局，若要一朝放弃，实在是太可惜了。面对众将的苦苦相求，李世民决然地下了死命令："洛阳不破，决不回军，再有胆敢提起班师的一律斩首。"

但紧接着，又冒出来一个人，这个人着实让李世民费了一番踌躇。因为，这个人正是他的老爹——大唐皇帝李渊。听说洛阳久攻不下，李渊心急如焚，他连夜给李世民下了一道密令，要求他速速退兵。

望着眼前的密令，李世民愁坏了。圣旨是万万不能抗的，但若遵旨放弃洛阳，他死不瞑目，这该如何是好啊？蓦地，李世民脑中灵光一现，对了，有他呢，若是派他回长安，一定能让父皇回心转意。

封伦，字德彝，出身于世家大族。这是一个相当聪明的人，封德彝小的时候，他的舅舅卢思道就常常对外人说："此子智识过人，必能致位卿相。"此言后来果然应验。

开皇年间，时任内史令的杨素前往江南平叛时，将封德彝征召为行军记室。大船行至海曲时，杨素突然要召见这个传说中的封德彝。

可能是有些过于激动了，封德彝居然在进谒途中失足落水，好在有人及时相救，才无性命之忧。封德彝回去换了一身衣服，又来拜见杨素，整个会见过程中，他却绝口不提刚才落水之事。

最后，杨素实在是忍不住了，主动问封德彝为什么不将刚才的事儿告诉他。封德彝一本正经地回答说："私事也，所以不白。"杨素听了，"甚嗟异之"。

后来，杨素负责营造仁寿宫的时候，隋文帝来检查验收。杨坚是个崇尚勤俭节约的人，他见宫殿造得十分奢华，便大发雷霆："杨素你这个混球，居然把宫殿造得这么豪华，让我怎么面对天下的老百姓啊？"

杨素吓坏了，生怕皇帝会治他的罪。可是，封德彝却相当淡定："您不必惊慌，待会儿皇后到了，肯定会为你说好话。到时候，皇上就会下敕重赏你了。"杨素表示严重怀疑。

果然，独孤皇后替杨素说了好话，杨素不仅没有挨罚，反而还受了赏赐。杨素十分惊诧，回来后便问封德彝："卿何以知之？"

封德彝呵呵一笑："陛下崇尚节俭，所以必然会生气。但是，他特别听皇后的话。而皇后是个女人，就喜欢奢华漂亮。只要皇后满意了，皇帝肯定也就不会生气了。"

杨素听了，佩服得要死。杨素这个人自恃出身高贵且有点儿才华，从来不把任何人放在眼中，却独独欣赏封德彝。每次和封德彝聊天，一聊就是一整天。他每每不胜感慨地抚着自己的座位对封德彝说："封郎必当据吾此座。"

客观地讲，封德彝确实很有能力，但此人心术不正，品德欠奉。对于老封而言，撒谎骗人如同家常便饭一般平常，跳槽背叛如同食色二性一般自然。

小玉给他起了一个外号，叫作千面人兽。这位仁兄简直将厚黑学发挥到了极致。他四面玲珑，八面来风，见人说人话，见鬼说鬼话，从隋朝一直混到了唐朝，周旋于当世最为杰出的人才之间，不仅毫发无损，而且人富大贵、大红大紫。最最让人叹为观止的是，在他有生之年，没一个人能发现他的阴险卑鄙，当真是不负"千面人兽"这个诨名。

隋文帝时期，杨素是第一红人，老封就投靠杨素；隋炀帝时期，虞世基走红，老封又选择虞世基做自己的老板；隋炀帝坐困江都之后，老封又投靠了宇文化及。宇文化及要篡位，派他去挤兑皇帝。结果，巧舌如簧的封德彝被隋炀帝一句"卿是士人，何至于此"噎得"赧然而退"。后来，宇文化及被窦建德击败之后，封德彝便跟着宇文士及归降了大唐，被李渊任命为内史舍人。

现在，李世民就想到了封德彝，他觉得以封德彝的口才，一定能够说服李渊回心转意。他还真选对人了，“大忽悠”封德彝到了长安，一番大论，就打消了李渊撤兵的念头。

不过，李世民还是调整了战略，将速战速决改为围困迫降。他写信给王世充，晓以祸福利害，但王世充没有回复。

二月三十日，王世充又收到了一个坏消息：唐军攻破虎牢关，荆王王行本被俘。事到如今，自己人是指不上了，王世充只能寄希望于窦建德了。

进入三月后，围城的唐军总是能在夜里看到洛阳城头有许多双闪着诡异绿光的瞳仁。大家都很害怕，以为王世充又搬出了什么凶猛的野兽。后来才知道，原来洛阳的粮食终于全部告罄，郑军饿得眼珠子都绿了。

你别看洛阳城外唐军尸骸如山，其实城内的情形也不比城外好多少。为了填饱肚子，人们想尽了各种办法，最常用的一种办法是这样的：随手从地上抓起一把土，投入到水缸当中，等到沙石等物完全沉淀后，捞出漂浮在水面的杂质，再活上一些米屑、麦麸，做成“烙饼”充饥。不久之后，连这样的烙饼都吃不上了。城中兵民饿得身体浮肿，头晕耳鸣，四肢无力，天天都有人饿死。最后，甚至出现了这样可笑而又可悲的结果：堂堂郑国尚书郎卢君业和郭子高竟活生生饿死了。连达官都不能幸免，洛阳粮荒之严重可见一斑。

王世充日日夜夜眺望东方，窦建德，你怎么还不来啊？

7. 我在虎牢关等着你！

早春三月，草长莺飞，万象更新，中原大地到处都是一副生气盎然的醉人景象。洛阳城内，树木已经悄悄地抽出了嫩芽，堤岸旁的垂柳不知何时已换上了绿色的衣裙，绿茸茸的原野上缀满了各色的小花，在微风的吹拂下摇曳着婀娜的身姿，仿佛在吟唱着轻声的歌谣。

历经战火和饥寒双重袭扰而幸存下来的人们满含热泪，望着这自然的造化。人们奔走相告：春天来了！春天来了！春天终于来了！阔别已久的欢声笑语终于再次出现在这座曾经被饥饿和绝望充斥着的“永恒之城”。春的降临给了人们以生的希望。

王世充尤其高兴，因为就在这一天，他接到探子的报告：夏王窦建德已经打败了孟海公，他尽起全国之兵，连同徐圆朗和孟海公部，合十万之众，前来援救郑国了。现在，窦建德已经进入了滑州，与郑国的行台仆射韩洪顺利会师。

好啊！洛阳有救了！大郑有救了！王世充激动的手都在颤抖。窦建德果然豪爽，居然拿出了这么大的手笔，十万，这是何等可怕的一个数字啊，围城的唐军只有五万，合我两人之力，必定可以击败唐军，生擒李世民那也是很有可能的。老王站在城头上，望着城下唐军的营寨，心儿却早已飞到了滑州。

窦建德，你让我等得好苦啊！

……

洛阳城下，唐军大营。恐惧像瘟疫一般迅速传遍了整个大营，悲观的气氛弥漫着整个天地。李世民还没有把探子的快报读完，整个唐营上下已经全部都知道了。李世民最担心的事情还是发生了，窦建德果然来救援郑国了。而且，他拿出了自己的全部家当，看来是准备一决雌雄了。这该如何是好呢?

李世民还没理出个头绪呢，一众文臣武将已经涌进了他的大帐。瞬间，争吵声就把整个大帐都淹没了。有的说，大王，别犹豫了，赶快闪吧，再不闪就来不及了。有的针锋相对，你这是逃跑主义路线，是要受到批判的。

就在这当口，一封又一封的急报呈递了上来。

报！夏军攻陷元州！

报！夏军攻陷梁州！

报！夏军攻陷管州！

报！夏军已进驻荥阳！

报！夏军已与郑国徐州行台王世辩部合兵一处，有三十万之众（号称），在成皋东原扎营，在板渚修筑宫室。

每一封急报都像一桶滚烫的油浇在人们早已火急火燎的心上。争吵声更是沸反盈天，而造成这混乱情形的原因只有五个字：窦建德来了。

主帅李世民紧锁双眉，望着众人，别争了，开会！

李渊重臣萧瑀（萧皇后的弟弟）第一个站了出来，他主张马上撤退，理由很简单：围城已经这么久了，但洛阳依然稳如泰山，什么时候能拿得下来，谁的心中也没底儿。郑军将士多是江淮精锐，其战斗力十分可观，只因缺少粮饷才处处受挫。而夏军多年来也一直在经受战火的历练，实力同样不可小觑。如果两军合流，我军断无取胜之理。

萧瑀说出了绝大多数人的心声。他这一表态，拥护他的人马上就呼啦啦地站了出来，劝李世民赶快撤退。

李世民沉默不语，他在等，等那个唱反调的人。

然后，原瓦岗军旧将、李世勣的部下郭孝恪就站了出来。当他的同僚们都在极力劝谏李世民回兵关中的时候，郭孝恪却一直在微笑。当他看到李世民的表情时，眼里的笑意更加的浓了。现在，这个满含笑意的人站了出来，在人群中显得那么另类。

对于目前的形势，郭孝恪表现出了与众不同的乐观，他只说了一句话："王世充弹尽粮绝，洛阳城指日可下，窦建德却赶来援助，这分明是老天爷要让他们全部覆灭啊！我军应该凭借虎牢关的天险抗拒窦建德，伺机击溃夏军。"

此言一出，犹如镜湖之中投下一块巨石，顿时激起千层浪。第一个吃螃蟹的人已经站了出来，主战派也纷纷跳了出来。薛收进一步细化了郭孝恪的想法，他指出，当务之急是兵分两路：一路人马继续围困洛阳，遏制王世充；另一路人马则进驻虎牢，以逸待劳，伺机一举击溃窦建德。只要打败夏军，洛阳可不战而破。薛收更是做了大胆的预测："不过二旬，两主就傅矣！"

李世民笑了，他终于露出了自己的真实面目——最最坚定的主战派："郑军上下离心，败局已定；窦建德刚刚大胜孟海公，将骄卒惰。当前的首要问题是将南下的夏军挡住，使其不能与郑军合流。而阻挡夏军的唯一位置就在这里——虎牢关（今河南荥阳汜水镇）。只要我们占据了虎牢关，就相当于扼住了窦建德咽喉。""一举两克，在此行矣"，李世民斩钉截铁地说道。

领导这么强势，下属也不好说些什么了，开干吧。

李世民望着远方的天际，窦建德，你终于来了，我在虎牢关等着你！

8. 老好人也会发飙

根据薛收的建议，李世民决定将全军一分为二：由齐王李元吉和大将屈突通率主力继续围困洛阳；他本人则率步骑兵三千五百人东进虎牢关。

事不宜迟，必须要抢在夏军的前面赶到虎牢关。正午时分，李世民率军出发，过北邙，经河阳，取道巩县（今河南省巩义市），直奔虎牢关而去。

王世充在城头上已经远远地瞧见了，但他猜不透李世民的意图，犹豫了半天，最终放弃了出城袭扰的念头。说实话，如果他此时跳出来折腾一番的话，李世民的行程必定会被耽搁。而在这段时间里，窦建德的大军就有可能先行抵达虎牢关，那么后来的结局就有可能发生惊天的逆转。

但历史没有如果，李世民等人于三月二十五日顺利进驻虎牢关。他们刚刚入城，窦建德的大军就到了。唐军三千五百，夏军十万（号称三十万），实力对比太过悬殊。

但李世民一点儿都没犯怵，第二天，他就给了窦建德一个下马威。他亲率五百精骑，出虎牢关，前去观察夏军大营。就是这可怜的五百人，李世民一路上还不断分流，先后留下李世勣、程知节、秦叔宝三支小队埋伏于道旁。最后，李世民仅带着尉迟敬德等四人，一直推进到距离夏军大营仅三里的地方。三里是个什么概念呢？一千五百米，相当于在学校的四百米跑道上跑个四圈，太近了。

这绝对是挑衅，赤裸裸的挑衅！

离敌人这么近，不出事儿才怪！果然，李世民等人很快就碰到了夏军巡营的游兵小队。夏军小队还因为他们是唐军的斥候，立刻扑了上来。尉迟敬德等人惊出一身冷汗。岂料，李世民居然冲着人家自报家门："我是秦王。"说吧，张弓搭箭，一箭射落对方一骑。

这下可捅了马蜂窝了。老窦听说李世民居然跑到自己的眼皮子底下了，而且仅带了四个人，顿时大喜过望，马上派出五千骑兵追击。

夏军精骑卷起漫天黄尘，气势汹汹地扑了上来。尉迟敬德等人吓得脸色都变了。反观李世民，却跟个没事儿人似的，无比淡定，他对其余三人说："你们只管往回跑，有我和尉迟敬德垫后就好了。"

三人闻言，如获大赦，立即策马狂奔。李世民却与尉迟敬德勒住缰绳，慢慢地溜达起来。不一会儿，夏军骑兵就撵了上来，二人拉弓放箭，一箭一个，搞起了杀人竞赛。夏军哪见过这么厉害的主儿，不敢再靠近，只是远远地跟着。

很明显，王世充在求援信中没好意思提自己上次是如何吃亏的。结果，窦建德吃了李世民一闷棍。夏军跟着跟着，就跟到了唐军的埋伏圈。李世勣、程知节、秦叔宝三支小队突然杀出，夏军遭到失败。这次伏击战，唐军斩首三百多级，俘虏了夏将殷秋和石瓒，狠狠地打击了夏军的士气。

窦建德不知道，这一切仅仅是个开始。

回到大营后，李世民给窦建德写了一封信。信的内容是这样的："赵魏之地历来为我大唐所有（纯属扯淡），现在却被你抢走了。但念在你放回我叔和我姑，所以我们大唐就不计较了。但是，眼看着我们就要拿下王世充了，你却偏偏要横插一杠子。为一个外人耗费自己的人力和财力，我觉得挺不值的。刚才，我已经和你的部队交过手了，说实话，你的人挺一般的，没我想得那么好。我之所以要挫你的锐气，是希望你能知难而退，不要执迷不悟，自取灭亡，小心将来买不到后悔药。”

窦建德阅过后，勃然大怒，李世民，你小子欺人太甚。

唐夏两军在虎牢关下展开了拉锯战，拉大锯，扯大锯，这一拉扯就是一个多月。到了四月三十日这天，窦建德扯不下去了，因为他的运粮道被唐将王君廓给抄了。夏军将士见久战不胜，人人思归。窦建德在极度的不情愿中迎来了人生的最大危机。

开会！开会！

窦建德的幕僚当中不乏有真才实学之人，凌敬正是其中之一。和其他人一样，凌敬也极力劝说窦建德放弃虎牢关。不过，他的想法可不是什么退回洺州之类的陈词滥调。凌敬认为，与其耗在虎牢关下，不如全军渡过黄河，攻取怀州和河阳，而后翻过太行山，进上党，抵壶口，尽收李唐河东之地。

这个大胆的想法引起了老窦的注意。凌敬进一步指出，这么做有三个好处：一是大军如入无人之境，非常安全；二是可以拓展疆土，扩大军队的规模；三是围魏救赵，曲线救郑。凌敬的分析高屋建瓴，有理有据，老窦的心被说动了。

相信聪明的读者您也看出来了，这是一个相当高明的计划。但出人意料的是，凌敬的想法却遭到了绝大多数人的反对。

原来，王世充的使者王琬和长孙安世探听到风声，急了，这怎么行呢，你们去攻打河东，谁来解我们郑国的危难呢，不行，绝对不行！哥俩儿合计了一下，决定用重金贿赂窦建德的大臣们，让他们劝说窦建德放弃采纳凌敬的点子。

吃人家的嘴软，拿人家的手短。夏国的大臣们拿了好处，便纷纷向窦建德进言，说凌敬只是一个光会纸上谈兵的书生而已，怎么能和他商量军国大事呢？窦建德经不住这些人的百般游说，便回绝了凌敬：“现在，我大夏将士士气高涨（没看出来），这说明老天爷是站在我这一边的。我相信，与李世民的决战一定可以大获全胜。”

凌敬这个书生性子硬，据理力争，非要窦建德采纳他的建议不可。一来二去，窦建德毛了：“我已经听从大家的意见了，不能再听你的了。”凌敬不干，窦建德就命人将他撵了出去。后来窦建德才知道，他撵走的哪里是凌敬这个人啊，分明是撵走了命运之神留给他的最后一次机会。

一向脾气温和的窦建德居然发了这么大的火，以这么粗暴的态度对待一个士人。消息传出，引起了一个人的高度重视。此人便是夏王妃曹氏。毕竟是相亲相爱的两口子，曹氏说话就比较直接：“凌敬的计谋非常好，极具可操作性，你为什么不采纳呢？”

老窦的气儿还没消呢，他气鼓鼓地顶撞了自己的老婆：“争战之事哪是你们女人所能知道的呢？洛阳危在旦夕，只盼望着我来解救他们。我既然已经答应了他们，怎么能因为遇到一点困难就退却了呢？”小玉翻了翻史书，这是窦建德这一生中唯一一次对自己的老婆说不恭敬的话。

凌敬和曹氏的劝谏不但没有打消窦建德的念头，反而更加坚定了他与李世民斗争到底的决心。

李世民，别再小打小闹了，来个爽快的吧！

9. 决战虎牢关

据细作的情报显示，唐军的马料已经消耗殆尽。窦建德闻讯大喜，马料没了，唐军的骑兵就只好到黄河北岸去放牧了，虎牢关的防守力量必定会大大削弱，届时……

可惜，老窦万万没有想到，李世民的情报工作要比他做得好。窦建德以为李世民不知道他知道，事实上，李世民知道窦建德以为他不知道他知道。他将计就计，于五月初一率一千骑兵北渡黄河。

这一切都被窦建德看在了眼里。但没关系，李世民就是要让窦建德看到。当天晚上，李世民便返回了虎牢关。是夜，关中的唐军忙得不可开交。

窦建德果然中计，第二天一大早，他便带着大军倾巢而来。夏军大营北靠黄河，西临汜水，南连鹊山，连绵二十里，气势极为宏大。当夏军如雷般的战鼓声响起的时候，唐军众将各个面有惧色。请原谅他们的怯懦，因为这是自起兵以来，唐军首次遭遇这么庞大的敌军。

与诸将的惊恐形成鲜明对比的是主帅李世民的超级淡定。李世民微微一笑，对诸将朗声说道：“自山东起兵以来，窦建德从未碰见过强有力的对手。

夏军虽然人数众多，但是纪律松弛。现在，他们逼近虎牢关列阵，很明显有轻视我军的意思。大家不要慌，只要我们按兵不动，时间一久，他们的士气就会低迷。待到他们松懈的时候，我们全军出击，必定会一举击败他们。”

望着诸将写满质疑的面庞，李世民坚定地说道：“我可以和各位打赌。一过正午，我军就肯定能打败他们。”

十多万夏军在虎牢关下呜呜咋咋，但城中的唐军就是不肯出战。时间一久，老窦真就有些坐不住了。他脑子一转，想了一个激怒唐军的点子。老窦派三百精骑渡过汜水，逼近虎牢关。上次李世民搞侦查，推进到距离夏军大营三里的地方。这一次，老窦以牙还牙，以眼还眼，这三百精骑跑到距离虎牢关一里的地方才停了下来。一里，区区五百米，就是这么近。

老窦派人对李世民喊话：“这三百人是我夏军的精锐，他们待得有些手痒痒了，就麻烦你挑选几百精兵，和他们打着玩玩儿吧！”

李世民冷笑一声：“王君廓何在？”

王君廓应声而出：“末将在。”

“就着你率二百长枪手，陪他们好好玩玩儿”，李世民轻蔑地挥了挥手。

王君廓领命而出，带着二百长枪手直扑夏军精骑。两队人马立刻厮杀在一处。这是唐军精锐与夏军精锐的一次正面对抗。理论上来讲，夏军人数比唐军多一百人，应该占优。但实际的结果是，王君廓等人力敌夏军，双方居然战成了平手。最后，只得各自收兵回营。

李世民很不高兴，依着他的意思，王君廓本应一举击败这股夏军。岂料，竟然打成了平手。平局的结果，李世民是万万不能接受的。

正在这时，他一眼望到夏军大营前，有一员大将骑着一匹让他感觉十分眼熟的骏马。李世民定睛一瞧，那匹马竟然是隋炀帝御用的青骢马，马上所坐之人则是王世充的侄子王琬。

隋炀帝的马，当然不是等闲之物。李世民这个人就爱马，看到这匹神驹，情不自禁地赞道：“真是匹好马！”

说者无意，听者有心。尉迟敬德站了出来，要求去夺取青骢马。说实话，李世民真动心了。但是，他觉得尉迟敬德去夺马，似乎有些危险。骏马再好，毕竟只是一头畜生，犯不着为它搭上一员大将的性命。所以，李世民拒绝了尉迟敬德的提议。

岂料，尉迟敬德不听，带着高甑生、梁建方二人，跃上马背，就向夏军大营冲了过去。这三个人都是唐军当中响当当的猛将，瞬时便冲到了夏军阵前。夏军士兵哪想到唐将居然如此大胆，仓促之下，乱作一团。尉迟敬德三人趁机将王琬团团围住。尉迟敬德猿臂一伸，就将王琬提溜了过来。高甑生牵住青骢马，梁建方殿后压阵。三人顺顺当当就回来了。

这两段小插曲之后，两军阵前重又归于平静。夏军左等右等，但唐军就是没有出战的意思。眼瞅着天色已近正午，老窦心急如焚。夏军士兵从早晨一直等到中午，又渴又饿又累。窦建德看在眼中，疼在心中，他下令全军原地休息。众军得令，如获大赦，纷纷跑到汜水边上，喝水饮马。

李世民瞧在眼中，就把宇文士及叫了过来："你带三百骑兵，由夏军大营西侧，向南推进。敌人如果不动，你就带兵返回；敌人如果出动，你就领兵向东避险。"

宇文士及领命而出，带着三百骑兵突然出现在夏军大营西侧。窦建德还以为唐军发动突然袭击呢，赶紧派兵追击。夏军的注意力完全被宇文士及吸引住了。

李世民大喜："传我将令，全军出击！"

此时，窦建德正在接受群臣的拜谒。突然间，晴日里一声炮响，唬的老窦的茶碗都掉了。只见虎牢关的城门终于打开了。

窦建德大喜，我等的就是这一刻。

李世民大喜，我等的也是这一刻。

老窦兴奋得嘴巴都合不拢了，但紧接着，他的表情就凝固了。这是怎么回事儿？唐军骑兵不是渡河牧马去了吗，怎么出现在这里呢？原来，尉迟敬德抢回青骢马之后，李世民就派他去北岸将骑兵接了回来。

风驰电掣之间，唐军已涉过汜水，扑了过来。等到老窦反应过来的时候，唐军的骑兵已经冲到了近前。夏军仓皇应战，两军杀在一起。阵地上杀声震天，尘土飞扬，箭如雨落。

唐军来得太过突然，大夏群臣见状，赶紧向老大窦建德跑了过去。本来，窦建德已经召集骑兵来援了。但是，援兵被无头苍蝇似的大臣们挡住了，根本过不来。窦建德急得大喊大叫，喝令群臣退下。大臣们这才会过意来，赶紧散开。

战场上的每一分每一秒都是至关重要的。就在这一进一退之际，唐军的骑兵已经杀到了窦建德近前。窦建德大惊，赶紧向东撤退。

李世民在阵中左冲右突，如入无人之境。他带着史大奈、程知节、秦叔宝、宇文歆等人，将一面唐军大旗卷起，直扑敌人大后方，而后打开大旗。

窦建德的士兵回头看见李唐的旗帜在身后飘扬，还以为已经被唐军包围了呢，顿时战意全消。唐军趁机猛攻，夏军全线崩溃。

老窦也在乱军中中了一枪，没办法，刀枪面前人人平等。慌不择路的窦建德就奔着牛口渚来了。唐将白士让、杨武威本不认识老窦，见他的穿着打扮，还以为他是一名高级将领，便沿路追来。

窦建德哪能跑得过他俩，不一会儿就被撵得从马上摔了下来。白士让不含糊，举枪就要刺下。这个时候，窦建德张口了："别杀我，我是夏王，献上我可以使你们得到富贵荣华。"哥俩儿一听，原来是个大家伙啊，赶紧下马，验明正身，果然是窦建德。杨武威将窦建德捆住，往马背上一搁……

说来也怪，当初夏军中流传着一首童谣，来来去去就八个字儿："豆入牛口，势不得久。"今天，窦建德果然入了牛口渚，果然"势不得久"。真是邪乎了！

这一仗，夏军惨败，五万人被俘，三千人被杀。窦建德的妻子曹氏和左仆射齐善行仅带着几百名骑兵逃回洺州。

唐军大营之中，李世民怒斥窦建德："我们大唐讨伐王世充，干你屁事，你为什么要插手？"

据《资治通鉴》记载，窦建德是这么回答的："现在我不自己来，恐怕以后还得烦您远途去攻取。"这句话很没有骨气，完全不像窦建德的风格。所以，小玉觉得，这可能是史官杜撰的。窦建德的真实意思恐怕是这样的：我现在不来找你的麻烦，将来你也会去找我的麻烦。

四天后，王世充终于在洛阳的城头看到了自己日夜悬盼的夏主窦建德，确切地说，是一个五花大绑的窦建德，旁边还有一个得意扬扬的李世民。

头脑一片昏然的王世充问自己的部下："突围南下襄阳怎么样？"

回答他的是一片可怖的沉默。良久，才有人回道："我们依赖的是夏王窦建德，如今夏王已被俘，我们就是突围，最终也无法成功。"

"唉"，王世充长叹一声。

五月初九，洛阳这座永恒之城的城门终于打开了，身着白色罪衣的王世充带着手下文武官员缓缓地走了出来……

面对李世民，王世充汗流浃背。李世民得意之情溢于言表："你总认为我是个小孩子，如今见了我这个小孩子，却为何如此恭敬？"

王世充极力辩白，头磕得跟捣蒜瓣儿似的。他的这种表态让李世民十分受用。王世充瞧在眼里，趁机提出，希望李世民网开一面，不要杀他。

李世民一个激动，答应了。

在唐军的大营中，王世充与窦建德终于相逢了。

你也来了？

嗯！

来了就好！

如果说相逢是首歌的话，那么王窦的相逢注定是一首悲情的绝唱。一个枭雄和一个英雄被另一个枭雄给打败了。从理论上讲，这个时代既是属于他们的，也是属于李世民的，然而从这一刻起，属于他们的时代已经过去了，未来是只属于李世民一人。

10. 双雄殒命

王世充出城投降后的第二天，大唐秦王李世民即率得胜之师开入了永恒之都——洛阳。

进城之后，李世民马不停蹄地做了两件事儿：

一是将洛阳府库当中的金钱布帛统统没收，并全部封赏给将士们。革命战士也是肉做的，也都喜欢钱，没有点儿好处，谁甘心为你卖命啊？！将士们撇家舍业，把脑袋别在裤腰带上闹革命，说白了，图的就是个荣华富贵、封妻荫子。这个道理李世民也懂，所以才会大慷王世充之慨。可笑老王这么多年搜刮掳掠来的财富，如今却被李世民一朝顺手做了人情。

二是对王世充的部将进行了清算。

清算榜上的第一人就是单雄信。李世民是人不是神，他也有自己的喜恶与爱憎。虽然单雄信武功高强，是个人才，但谁让他当初差点儿害了世民GG的性命呢？

听说李世民要对单雄信下手，有一个人急坏了。这个人便是单雄信的同乡好友兼结义兄弟李世勣。遥想当年，单雄信、李世勣兄弟二人携手走出家乡，立誓要干一番惊天动地的事业。然而，世事难料，谁能想到昔日情同手足的兄弟最后竟然站到了两个相互敌对的阵营。这可真是造化弄人啊！

李世勣苦苦哀求李世民，希望他能对单雄信网开一面。

李世民不听。

李世勣急了，提出以自己所有的官爵来换单雄信一条命。

但李世民已经铁了心要杀单雄信了，坚决不肯答应。

李世勣绝望了，泪如雨下。万般无奈之下，他只得怀着无限愧疚的心情，来与单雄信做最后的诀别。

单雄信还一个劲儿地埋怨他："我固知汝不办事。"

李世勣听了，放声痛哭："大哥，你怎么这么说话呢？我李世勣不惜余生，情愿和兄长你一同赴死。但是，我已经把这条命献给了大唐，忠义难以两全啊！况且，我死了以后，谁来照顾你的妻儿呢？"

说罢，他掏出一把匕首，"唰"地从大腿上切下一块儿肉，鲜血很快就渗透了衣裤。

单雄信见状大惊。

李世勣含泪将血淋淋的肉片递到单雄信的嘴边："请兄长将此肉吞下。就让这块肉随兄长化为尘土吧。或许可以不负当年你我二人同生共死的誓言吧？！"

单雄信泪落如珠，接过肉片，大口咀嚼起来。泪水混着血水，打湿了他的胸襟……

随后，单雄信与段达、王隆、崔洪丹、薛德音、杨汪、孟孝义、杨公卿、郭什柱、郭士衡、董睿、张童儿、王德仁、朱粲、郭善才等人一同赴死。

在所有受死的郑将当中，只有一个人的死亡真正受到了人民群众的热烈拥护。这个人就是朱粲。

朱粲，反抗军领袖，隋末唐初第一狠人。大业十一年十一月，朱粲于家乡亳州城父聚众为盗，部众很快便发展至十万人。义宁元年，瓦岗军攻破黎阳仓以后，朱粲遣使归附李密，被李密任命为扬州总管，封邓国公。李密失败以后，朱粲又接受了唐政府的招安，李渊封他为楚王。后判唐，投奔王世充，王世充任命他为龙骧大将军。

论历史影响力，朱粲远不如同时代的很多造反领袖，但《旧唐书》和《新唐书》竟然都有他的传记。究其原因，无非就是一句话：他是中国历史上著名的吃人魔王。

据《资治通鉴》记载，朱粲大军"所过噍类无遗"。他的军队除了抢掠和杀人外，没有任何的政治目的和军事目的，每攻破一个州县，便坐地就食，等到转移时就把剩余的物资全部焚毁，听任当地百姓活活饿死。可怜饿死的老百姓尸体堆得像山那么高，"民馁死者如积"。

朱粲绝对是个变态，爱吃人肉，尤好婴儿肉。等到他的军队再没什么可掠夺的时候，朱粲就让部下四处抢夺女人和婴儿，充作军粮。他曾经公开宣称：“食之美者，宁过于人肉乎！但令他国有人，战何所虑？”隋朝的著作佐郎陆从典和通事舍人颜闵楚因事被贬南阳。朱粲为沽名钓誉，就将这两人招为幕僚。后来，军中粮食告罄，可怜陆从典、颜闵楚连同全家竟被左右军人当作粮食，吃了个精光。

最夸张的是，在转战期间，朱粲军队竟然不向地方征收税金，而是要求以妇女、婴儿代替金银。这下，老百姓可不干了，原本降附的周围州郡再也忍受不了这群虎狼队伍，纷纷起兵进攻朱粲。人民群众的力量是无比巨大的，朱粲的二十万大军顷刻间灰飞烟灭。朱粲率残部数千人败逃至菊潭，无奈之下，投降了李唐。

武德二年二月，李渊下敕立朱粲为楚王，并派散骑常侍段确前往菊潭慰问。四月初三，段确抵达菊潭，朱粲设宴款待他。

宴会的气氛非常融洽，宾主觥筹交错，喝得不亦乐乎。一切都很好，直到喝高了的段确嘴一嘟噜，说了一句不该说的话：“听说你常常吃人，滋味如何啊？”

吃人毕竟不是什么光彩事儿。朱粲听了段确的这句话，勃然变色，语带杀气地回道：“吃醉鬼的肉就像吃酒糟猪的肉一般。”

段确虽然喝高了，但好话歹话还是能分清楚的，他拍案而起，指着朱粲的鼻子大骂道：“你个贼人狂什么狂？你入朝以后，不过是我家陛下的一个奴仆而已，到时候可就吃不上人肉了！”

他的这句话无异于火上浇油。朱粲听了，顿时怒从心头起，恶向胆边生，当即命人将段确和几十名随从下锅煮了。煮熟之后，朱粲和他的部将美美地吃了一顿。随后，朱军屠杀了菊潭百姓，改投王世充去了。

王世充是个没有底线、没有立场的人，邴元真可以接受，朱粲他也能接受。而且，老王不仅接受了朱粲，还任命他为龙骧大将军，委以重任。

然而，善恶终有报，人在做，天在看，不是不报，时候未到，时候一到，小命难保。洛阳城破之后，朱粲还是落到了李世民的手上。对这种残忍嗜血、降而复叛的人渣，李世民绝不姑息。处决朱粲的那天，几乎所有的洛阳人都来了。当朱粲的脑袋被砍下以后，现场欢声雷动。就这，老百姓还不解气，纷纷用瓦块、砖头砸打朱粲的尸身，不一会儿的工夫，竟然堆成了一座小山。

十五日，大夏国王妃曹氏、左仆射齐善行、右仆射裴矩、行台曹旦带领百官，以相、魏等州来降唐。不久之后，原属窦建德的领地全部落入李唐之手。六天后，郑国徐州行台杞王王世辩以徐、宋等三十八州之地降唐。至此，郑国全境并入李唐版图。

自武德三年七月唐军东出函谷关，到武德四年五月攻占洛阳，前后历时仅十个月。李世民于虎牢关一战两克，大唐最为强劲的两个对手——伪郑和伪夏——转瞬便灰飞烟灭，王世充与窦建德束手就擒，中原平定，李唐进军全国的障碍被彻底扫清，一统山河指日可待。

谁是最大的功臣？三岁的小孩子都知道：秦王李世民是也！

这一回，李世民立下的不是功劳，而是盖世奇功。以三千五百人马 PK 夏郑联军三十万（后经证实此数为号称，但联军至少也在十五万人以上），居然以少胜多，以弱胜强，胜得那叫一个漂亮啊！想来三国之赤壁、秦晋之淝水亦不过尔尔。

这一战绝对是隋末唐初最为经典的战役。在这场大战中，战神李世民的军事才华得到了最大程度的体现。这场巨大的胜利一下子就把李世民推上了荣誉的顶峰，朝野上下欢声雷动，好评如潮。“秦王李世民”这五个字恰如这夏日的风儿般吹遍整个神州。

李唐之有李世民，实乃上天之莫大垂爱！

七月初九，李世民率领东征大军凯旋长安。在入城仪式上，李世民出尽了风头。你看他身披黄金战甲，一马当先，进入城中。这一年，李世民只有二十三岁，正是男人一生中最好的时节。年纪轻轻就有如斯成就，正应了那句“自古英雄出少年”的古谚。

紧随其身后的是以齐王李元吉为首的二十五员唐军悍将。再往后，是一万多唐军精骑。盛大的军乐声脉动着整个长安城。

李世民押解着一众战俘，直奔太庙，举行了清点战利品的“饮至礼”，以王世充、窦建德以及隋朝皇室的车驾、御物祭奠祖先。真不知被人当作祭品的王世充和窦建德当时会有着怎样的心情。

随后，李世民携王世充、窦建德面见唐皇李渊。

李渊见到王世充之后，就是一顿数落，将王世充从头数落到脚。王世充吓得腿都软了：“陛下教训的是，王世充罪该万死，但是秦王答应不杀我！”

依着李渊的小暴脾气，王世充非死不可。但是，既然李世民发话了，面子总是要给的。所以，十一日，老李颁布敕书，对王世充实施特赦。不过，死罪可免，活罪难逃，李渊将王世充削职为民，与其兄弟子侄一起流放四川。

窦建德就没有这样的好运气了。就在王世充被豁免的当日，英雄窦建德与孟海公等部属在长安闹市迎来了人生的终点。回想窦建德的一生，重情重义，侠名远播，纵横天下。谁曾想，到了却落下这么个结果。执着于信义，必定死于信义，这似乎是古往今来所有英雄的悲剧式宿命。“唰”，刀光一闪，窦建德的人头转着弯飞上了天空，映入这个英雄眼中的最后景象是那片瓦蓝瓦蓝的天空。

李世勣高兴坏了，因为他的父亲与前隋大臣裴矩自洺州携手入朝。李渊见到两人十分高兴，当即恢复了李盖的官职，并且任命裴矩为殿中侍御史，封安邑县公。

得知窦建德的死讯后，王世充暗自庆幸。第二天，他就带着一大家子从长安启程，赶往四川。由于随行的卫士尚未配备好，李渊颁下敕书，令他一家暂时住在雍州的官衙内。

消息传出，引起了一个人的高度重视。这个人就是时任大唐定州刺史的独孤修德。他咬牙切齿地说道：“王世充，你也有今天，我要报仇！”

王世充怎么和独孤修德结下梁子的呢？这就要从武德二年正月讲起了。话说当月，大隋马军总管独孤武都联合司隶大夫独孤机、虞部郎杨恭慎、前勃海郡（今河北沧州一带）主簿孙师孝、步兵总管刘孝元、李俭、崔孝仁等人，图谋发动政变，引唐军入东都。结果，计划泄露，以上一干人等全部为王世充所杀。

独孤修德正是司隶大夫独孤机的儿子。现在，机会千载难逢，独孤修德决心为父报仇。他带着一帮兄弟来到雍州官衙外，诈称是前来传敕的李渊特使。王世充和大哥王世恽听说朝廷特使驾到，赶紧跑出衙门外接旨。结果，旨没接到，却接来了闪着寒光的屠刀。一代枭雄王世充就此殒命。

王世充好歹也是一国之主，且秦王李世民当初又答应饶他不死，岂料现在却惨遭唐臣毒手。按理说，犯了这么大的事儿，独孤修德理应处斩才对。但老李仅仅是下敕罢免了他的官爵而已。这个事情还有下文，王世充其余的兄弟子侄在赴蜀途中被唐地方政府处死，理由居然是“谋反”。

其中滋味，大家慢慢品吧。

第六章

南征北战

【本章提要】：武德四年注定是李渊父子生命中最为忙碌的一年。前半年，李唐同时与王世充、窦建德两股强大势力以及孟海公、徐圆朗、朱粲等寄生的小股势力做殊死搏斗。五月，虎牢关一战两克，这才终于艰难地奠定了胜局。后半年七月十九日，窦建德的部将刘黑闼等人再次起兵反唐。九月三十日，李渊应李孝恭、李靖的请求，颁布敕书，征讨南部中国最大的割据势力——萧铣。突厥新任可汗颉利也趁机落井下石。李唐于南北两线同时作战。十月二十一日，胜利的歌声首先在南线唱响，萧铣投降。武德六年正月，刘黑闼兵败被擒，于洺州英勇就义。林士弘、徐圆朗等小势力相继败亡。至此，天下反王只剩四家。

1. 为夏王报仇？中啊！

本来呢，刘黑闼是想跟着窦建德好好干一番事业的。谁曾想虎牢关一战，老窦兵败被擒，大夏国随即崩塌。昔日的光华和荣耀遽然散去，心灰意冷之下，老刘卸甲归田，从此不问世事。但英雄的人生注定是波澜壮阔的，老天爷决心让他走向更大的辉煌。

村中方数日，世上已千年。从前的沙场悍将、今日的种田高手老刘并不知道，就在他埋首田间、以耕疗伤的这段日子里，外面的世界已经发生了翻天覆地的变化。

首先是七月十一日，大夏国主窦建德于长安英勇就义。人人都知道，窦建德侠骨柔肠，义薄云天，是个真正的大英雄。这一点，连李渊父子都得承认。不过，正因为他是英雄，所以他必须得死。

但这还不算完，李渊为了一劳永逸地解决问题，转而实施极端残酷的高压政策，大肆搜捕、残杀窦建德的旧将。《资治通鉴》还在为他们的残忍行径遮遮掩掩，说什么“窦建德之败也，其诸将多盗匿库物，及居闾里，暴横为民患，唐官吏以法绳之，或加捶挞，建德故将皆惊惧不安”。其实，李渊就是担心窦建德的部将会再次抱成团儿造反。

不过，有一点《资治通鉴》说对了，“建德故将皆惊惧不安”。是啊，人家李唐已经举起血腥的屠刀了，试问谁还能 hold 住？所以，身在洺州（昔日大夏王国的首都）的范愿、董康买、曹湛、高雅贤等人惶惶不可终日。但该来的怎么也躲不掉，不久之后，他们就收到了洺州地方政府的通知：即日起程，到长安报到。

对范愿等人而言，这绝对是晴天一记霹雳。

报个屁到啊，明眼人一眼就看出来了，这份通知其实就是阴曹地府的催命符，到了长安，等待范愿等人的绝对是刀削面。

古人曾经说过，狗急了还会跳墙呢，何况人乎？最先跳出来的是范愿，他将董康买、曹湛、高雅贤等人召集在一起开会，第一句话就是：“王世充投降以后，他的部将杨公卿、单雄信等人被全家抄斩。咱们这些人要是到了长安，肯定要步单雄信等人的后尘！”

这句话在众人当中引起了强烈的共鸣，一时间，群情激奋，有拍桌子骂娘的，有摔盘砸碗的，有号啕大哭的……

范愿长吁了一口气，接着说道：“这十多年来，咱们兄弟把脑袋别在裤腰带上，跟着夏王爷造反。说实话，咱们早就是在阎王生死簿上挂名的人了。现在，别人已经把刀架在我们的脖子上了。我想，与其任人宰割，不如我们再次团结起来，轰轰烈烈地干它一场。”

屋里的空气异常凝重，只有范愿朗朗的声音在回荡：“当年，夏王俘虏了李渊的弟弟李神通和妹妹同安公主，不仅好吃好喝地招待他们，最后还把他们安然无恙地送回了李唐。可是，李渊抓到了夏王，却把他残忍地杀害了。我们蒙受夏王的厚恩，如果不为他起兵报仇，还有什么面目去见天下人呢？”

范愿的这一番话，说得在场众人无不动容。尤其最后的那句“若不起兵报仇，实亦耻见天下人物”，更是如一记重锤般敲打着人们的心头。众兄弟一致决定：造反！

但常言说得好啊，鸟无头不飞，蛇无头不行。造反这件事情，既是个粗活儿，也是个精细活儿，总得有个领头的不是，那谁合适啊？那年代讲迷信，于是众人卜了一卦，卦象显示，“以刘氏为主吉”。

刘氏？谁姓刘啊？大家一下子就想到了刘雅。于是，一大帮子情绪激动的家伙就跑到了刘雅他们家，要求刘雅当带头大哥，领着他们一起闹革命。岂料，人家刘雅不干，还说什么“天下已平，乐在丘园为农夫耳。起兵之事，非所愿也”，真是气死个人喽！众人一怒之下，就把他给做了。

干掉刘雅之后，大家就寻思，以前的老同事中还有谁姓刘啊？这回，范愿就想到了刘黑闼：“汉东公刘黑闼果断勇敢，足智多谋，且为人十分宽容，在士兵当中很有威信。我很久以前就听说刘氏当王的说法（这个纯属扯淡）。现在，我们要举大事，想要尽收夏王的老部下，非得有刘黑闼不可。”于是，众人又跑到刘黑闼他们村儿。

没想到啊没想到，这个刘黑闼简直太爽快了，就说了一句话：为夏王报仇？中啊！

事儿就这么成了。七月十九日，也就是窦建德英勇就义后的第八天，刘黑闼、范愿等人杀牛盟誓，集合一百多小弟，攻破漳南县，正式举兵反唐。

哪里有压迫，哪里就有反抗，这是千古不易的道理。但李渊可没有想到，他一手种下的这株恶花，最后居然结出了三个恶果。

第一个恶果自然就是刘黑闼了。汉东公刘黑闼聚集窦建德旧部起兵反叛的消息很快就传到了长安。李渊还是比较重视的，立即颁布敕书：在洺州成立了平叛总指挥部——山东道行台，由淮安王李神通出任山东道行台右仆射。

第二个恶果则多少来得有些突然。七月底，唐戴州刺史孟啖鬼（这个名字比较拽）胁迫禹城（今山东省禹城市）县令蒋善合，起兵反唐。孟啖鬼和蒋善合以前都是孟海公的人，前者是孟海公的堂兄，后者是孟海公的亲信。咱已经知道了，这一年早些的时候，窦建德裹挟着孟海公救援王世充，结果虎牢关一战，李世民在拔起窦建德这根萝卜的时候，也顺便带出了孟海公这块泥巴。孟海公被擒的消息传来以后，六月十二日，蒋善合、孟啖鬼便投降了李唐。

可是，孟啖鬼万万没有想到，李渊竟会下敕处死自己的堂弟。他既为孟海公的境遇感到悲伤，又为自己的身家性命感到担忧。终于，孟啖鬼坐不住了，挟持孟义（孟海公之子）、蒋善合，举兵造反。不过，他的运气似乎不太好，没有注意到蒋善合的不满情绪，于是起兵没几天，就被自家人给剁掉了脑袋。

等到孟啖鬼被摆平以后，李渊再次把目光投向了刘黑闼。这时，他才发现，他已经错失了消灭刘黑闼的最佳时机。八月十二日，刘黑闼带着全部家当——一百多小弟，便攻下了鄃县，李唐魏州刺史权威、贝州刺史戴元祥被当场打死。消息传出，窦建德的老部下纷纷前来投奔，刘黑闼的队伍在一日之间便扩充到两千人马。随即，老刘在漳南修筑祭坛，为老上级、老朋友窦建德举办了一个盛大的追悼会。在追悼会上，老刘声泪俱下地向窦建德的亡魂表了态：与李唐誓不两立。

表态如此坚决，来势如此凶猛，老李一看，这还了得，立刻调将军秦武通、李玄通率三千关中步骑兵，进攻刘黑闼；同时，他还命令幽州总管罗艺速速率军南下，围攻刘黑闼。秦武通、李玄通、罗艺哥三儿还在路上走着呢，二十二日，刘黑闼又攻陷了历亭县，唐屯卫将军王行敏被杀。

好家伙，这个刘黑闼果然厉害，起兵刚一个月多点儿的时间，就先后干掉了三员唐将。

但直到这时，李渊还是没有把刘黑闼放在眼里。区区千把人，就算放开手脚让你闹，你又能闹到什么程度啊？但是，当第三个恶果冒出来之后，他就不这么想了。

徐圆朗，隋末群雄之一，大业十三年正月于东平起兵，占据今山东一带地区，拥有精兵两万，称霸一方。

“墙头草，随风倒”这六个字用在他身上真是再合适也不过了。李密实力占优的时候，他便投靠李密；窦建德行情看涨的时候，他又归附了窦建德；虎牢关大战后，他又归降了李唐。老李对他还是很不错滴，任命他为兖州总管，封鲁郡公。

因为曾同在窦建德帐下效力的缘故，所以刘黑闼起兵后不久，就秘密派人与徐圆朗取得了联系，希望徐圆朗能和他并肩战斗，为窦建德报仇。徐圆朗降唐本就是权宜之计，说实话，他早就想摆脱李唐地控制了，见刘黑闼主动相邀，便立即答应下来。

八月二十六日，徐圆朗正式起兵反唐。刘黑闼大喜，当即任命他为大行台元帅。徐圆朗在山东一带经营多年，拥有扎实的群众基础，他这边登高一呼，兖、郓、陈、杞、伊、洛、曹、戴等八州的豪强均起兵响应。九月初七，徐圆朗嫌大行台元帅的名头不够响亮，干脆自称鲁王了。

眼见着刘、徐二贼合流，李渊十分着急，给李神通下了死命令，要求他务必一举消灭刘黑闼。李神通不敢怠慢，立即征发邢、魏、恒、赵等州兵力共五万多人，与南下的罗艺会师于冀州。

九月三十日，李神通、罗艺联军逼近饶阳（今河北饶阳东北）城南。刘黑闼及其一万精兵早已等候多时了。唐军总数近十万，连营绵延近二十里，声势相当浩大；而刘黑闼军由于人少势孤，只能背靠饶河大堤列阵。双方分两线对决：东线，李神通 PK 刘黑闼；西线：罗艺 VS 高雅贤。

公元 621 年的第一场雪，比以往时候来的要更早一些，才刚刚九月底，竟然降下了鹅毛大雪，而且还伴着凛冽的北风。望着漫天飞舞的雪花，李神通乐了。为啥呢？原来，唐军在北，正好处在上风头，而倒霉的刘黑闼则处在不利的下风头。真乃天助我也，李神通立即指挥军队，向刘黑闼军发动了猛攻。

应该承认，李神通出击的时机把握得非常好。刘黑闼军虽然骁勇，却被呼呼的北风吹得连眼都睁不开。两军刚一接触，胜负立判，刘军手忙脚乱，险象环生。眼看着，这场战斗就要以唐军的胜利而告终了。

谁曾想，老天爷突然间变了脸，风向竟然奇迹般地变了，由西北风变成了东南风。转眼之间，唐军反倒处在了下风头，一个个被吹得东倒西歪，叫苦不迭。主客易位的结果必然是胜败颠倒。这次轮到刘黑闼大叫天助我也了，立即收拢人马，向唐军反扑过去。

结果可想而知，李神通打了一个大大的败仗，兵马物资损失了近三分之二，这是东线。西线那边，罗艺 PK 高雅贤。罗艺何许人物，区区一个不入流的高雅贤当然不是他的对手喽，不一会儿他就把高雅贤揍得抱头鼠窜。但是，这场战斗的主战场在东线。东线的败是关键性的，西线的胜只是无关痛痒的小胜而已。所以，罗艺虽然得胜，却也只能退守藁城。

智者千虑，难免一失，罗艺设想了无数种可能，就是没想到刘黑闼会发扬连续作战的艰苦奋斗精神，一路追了过来。没办法，罗艺只能在藁城下仓促应战。以无备之师对阵有备之师，罗艺个人能力就是再强，也避免不了失败的厄运。这一仗，罗艺输了，败得也挺惨，带着残军跑了，连麾下大将薛万彻、薛万均哥俩儿（薛世雄的儿子）都被人家刘黑闼给活捉了。

李神通名字叫得贼拉响，打起仗来却稀松平常，本就是个庸人。但罗艺等三人可都是当世杰出的将领，他们输了，不是因为盛名之下其实难副，而是因为刘黑闼比他们还要优秀，还要杰出。刘黑闼挺会玩儿，将薛氏兄弟剃成了秃子，当作使唤的奴隶。薛氏兄弟找了个机会，又逃了回来。罗艺见胜利无望，只得带兵返回了幽州。

2. 一个小县令的复国美梦

就在李神通、罗艺兵败饶阳的当日，李渊发布了一道敕书，调集四路大军，会攻南部中国最大的割据势力——伪梁皇帝萧铣。

萧铣和徐圆朗、梁师都、刘武周、薛举、李渊、李轨等人一样，也是在隋末乱世的最高潮——大业十三年起兵举义的。正月，徐圆朗起兵；二月，梁师都和刘武周起兵；四月，薛举起兵；七月，李渊和李轨起兵；萧铣稍晚一些，十月起兵。

十月初，大隋巴陵郡（今湖南岳阳市）下董景珍、张绣、徐德基、杨道生等中下级官员趁乱发动起义，举起了反隋的旗帜。革命初步成功后，这帮人同样因为选谁当老大的问题发了愁，你推我，我推他。最后，挑头的董景珍得票最多，大家一致拥护他当一哥。但董景珍死活不干，实在是被逼得没辙了，他便抬了一个局外人出来。这个局外人就是巴陵郡辖下罗川县的县令萧铣。

董景珍之所以看重萧铣，并非因为萧铣是罗川县县令，而是看中了他的另一个身份——西梁皇室的宗亲。西梁？大家估计该挠头了，历史上有南梁、后梁，就是没听说过什么西梁，从哪疙瘩冒出来的？

有关西梁的故事，就得从南北朝时期掰扯起了。公元 554 年，北朝的西魏进攻南朝的梁国，杀掉了南梁的皇帝，扶植其宗室萧詧在江陵（今湖北江陵）附近八百里的范围内建立了一个傀儡政权。为区别已有的南梁和后来五代十国中的后梁，我国史学家将这个打着“梁”字旗号的政权称为“西梁”。西梁政权先后沦为西魏、北周和隋的附庸，仅传宣帝萧詧、明帝萧岿、靖帝萧琮爷孙三代，历三十三年（公元 555 年—公元 587 年），灭于隋。

明帝萧岿有个亲弟弟，名叫萧岩。萧铣正是萧岩的亲孙子，所以，他实际上是西梁皇室的旁系宗亲。隋炀帝阿广的老婆萧皇后和大舅哥萧瑀正儿八经是明帝萧岿的亲生子女，属皇室嫡系。论资排辈，萧铣理应称呼萧皇后为姑姑，萧瑀为叔叔。

本来呢，萧铣一家日子过得也不错，但他爷爷萧岩在隋文帝当政的时候办了一件蠢事儿，叛隋降陈。结果，隋文帝灭掉南陈以后，就把他给干掉了，老萧家从此破落。童年时期的萧铣着实过了一段苦日子。后来，隋炀帝登基之后，他姑姑摇身一变，成了当朝皇后。萧铣这才有了出头之日，以外戚的身份擢授罗川令。

巴陵这个地方在历史上正是西梁国的势力范围，萧铣机缘凑巧，居然回到了故国旧土。适逢炀帝失政，天下大乱，群雄并起，萧铣野心膨胀，居然就做起复辟的梦来了。但想归想，势单力孤的他终究还是不敢有所行动。也是老天爷有意成全，正当萧铣犹豫难决之际，董景珍把一个现成的热煎饼递到了他的手上。

董景珍之所以提议把头把交椅让给萧铣，理由是：他本人出身贫寒低贱，群众基础薄弱，号召力弱；而萧铣就不同了，人家是西梁皇室宗亲，出身高贵，在巴陵一带有扎实的群众基础，号召力肯定强。众人一琢磨，觉得很有道理，就都同意了。

但光他们几个同意也不行啊，还得看人家萧铣的态度不是？于是，董景珍就派人去罗川，征求萧铣的意见。萧铣听了，顿生天上掉馅饼之感，乐屁了，忙不迭地答应了下来，生怕董景珍等人反悔似的。双方一拍即合。使者催促萧铣赶紧到巴陵主持工作。萧铣说还不行啊，我手头上还有活儿呢，等处理完就去。

原来，此时罗川正在打仗，一方是县令大人萧铣，一方是颍川地区的义军领袖沈柳生。隋末群雄大都有两把刷子，比如李密、王世充、窦建德等，都是用兵的猛人，唯独这个萧铣，在军事方面属菜鸟级别（以后大家会深有体会），连个不入流的沈柳生都打不过。

不过，人家萧铣长了一张好嘴，他对沈柳生说："巴陵的豪杰董景珍等人已经起兵了，一致推举我当老大。很快，我就可以号令江南，中兴大梁了。你要是跟了我，保证以后封王拜相，荣华富贵享之不尽，你看咋样啊？"

沈柳生听了，怦然心动，贼始终是贼，名声不好，萧铣是正统，跟了他，就可以漂白了。于是，沈柳生就带着自己的小弟归附了萧铣。萧铣随即自称梁公，任命沈柳生为车骑大将军。名门之后的号召力就是不一般，起兵刚五日，远近归附的就有近十万人。萧铣很高兴，这下资本更足了，率军向巴陵进发，当老大去也！

老大要来了，总得有人迎接不是？于是，董景珍就派徐德基带着几百名乡绅、豪杰去迎接萧铣。消息传来，沈柳生不高兴了。为啥呢？因为沈柳生有自己的小算盘，本来呢他是第一个推举萧铣的，以后论功行赏，他绝对是第一名。但是，董景珍等人个个位高兵多，沈柳生寻思自己要是进了巴陵，不仅拿不到第一名，还得天天看这些人的脸色。所以，他就想先干掉徐德基，而后攻入巴陵，再把董景珍等人全干掉。土贼就是土贼，考虑问题不够全面，爱钻死胡同，沈柳生立刻就把徐德基给杀了。

萧铣气坏了，大骂沈柳生："大业未兴，我们反倒自相残杀起来了，这还干个屁啊，我走了！"他的戏演得真好，一直走出了营门。沈柳生一瞅，坏了，真生气了，别介啊，你走了我可咋办啊，赶紧跪在地上，承认错误。萧铣见目的已经达到，装模作样地训了沈柳生一通，事儿也就不了了之了。

徐德基又不是萧铣的亲戚，所以萧铣不在乎。但人家董景珍在乎啊，哦，我派哥们儿去迎接你，你反倒把他给杀了，这也忒不人道了吧？于是，萧铣入城之后，董景珍就极力要求他杀掉沈柳生。沈柳生在萧铣的眼中，根本就是一个工具。所以，他眼睛都没眨一下，就答应了。

于是，董景珍又把沈柳生给杀了。沈柳生临死之前，大骂萧铣言而无信。他的部下也都觉着萧铣不仗义，纷纷离开了巴陵。说实话，在处理内部关系的问题上，萧铣是一错再错：当初没有看好沈柳生，致使徐德基被杀，这是一错；进入巴陵后，没有维护好沈柳生，致使他为董景珍所杀，这是二错；沈柳生死后，没有及时抚慰他的余党，致使人心离散，这是三错。没水平就是没水平！

十九日，萧铣在董景珍等人的扶持下，于巴陵称梁王，改年号为鸣凤，正式加入了隋末反王的队伍当中。

萧铣以时不我待的精神，迅速投入到了武力扩张当中。

林士弘成了他黑名单上的第一人。大业十二年十月，江西鄱阳人操师起兵反隋，以同乡林士弘为大将军，但不久后他便在与隋军的战斗中牺牲，林士弘接过了革命的钢刀。第二年二月初十，他自称皇帝，定国号为楚，建元太平。林士弘这个人在打仗方面很有天赋，他接连攻下九江、临川、南康、宜春等郡，势力范围很快便扩展至北起九江、南到番禺的广大地区。也就是说，今天的江西、广东两省基本上都是他的地盘儿。林士弘的地盘儿紧挨着巴陵，所以萧铣起兵后，就派军从林士弘的嘴中抠出一个豫章郡。林士弘慑于萧铣的兵锋，只得暂时忍气吞声。

武德元年四月，萧铣美梦成真，于巴陵称帝，定国号为梁。他仿照西梁旧制，设置百官僚属，并封董景珍、张绣等七位功臣为异姓王。

随后，萧铣继续扩张，一面派宋王杨道生攻取南郡，迁都江陵；一面派鲁王张绣攻占了岭南。起初，各地的隋将还能据城顽强抵抗，但是当隋炀帝被杀的消息传到江南以后，他们就开始成批成批地投降了。萧铣大喜，兵不血刃，多好啊！

但是，林士弘偏偏在这个时候掺和了进来，非要分上一杯羹。萧铣招降了钦州刺史甯（音宁）长真。林士弘就招降了汉阳太守冯盎。两人你争我夺，互不相让。最后，只剩下一个交趾太守丘和了。交趾在哪儿呢？告诉大家，在今天的越南。

萧铣先派人去劝降，岂料人家丘和根本不甩他。见萧铣毫无进展，林士弘笑了，也派人去劝降，满以为会马到成功，谁知道也碰了一脑门子的灰。原来，交趾地处边疆，离内地太远了，丘和还不知道隋炀帝被杀的消息呢。

萧铣毛了，派甯长真率军攻打丘和。结果，丘和采纳军司马高士廉的计策，一举打败了梁军，甯长真只身逃脱，他的部下全部被俘，把萧铣给愁得呀。好在不久以后，丘和终于知道了隋炀帝的死讯，万般无奈之下，便归附了萧铣。

高士廉这个人小玉得为大家补充介绍一下。高士廉，名俭，字士廉。他的妹妹嫁给了大隋右骁卫将军长孙晟，生了三男一女，其中的三小子名叫长孙无忌，女孩儿名字不详，但是她老公特有名，便是后来的唐太宗李世民。长孙晟死得太早，是高士廉把长孙兄妹拉扯大的。长孙氏和李世民的姻缘也是他一手促成。本来呢，高士廉在大兴当官儿当得好好的，但是因为叛逃高句丽的斛斯政是他的好哥们儿，隋炀帝恨屋及乌之下，就把他给踢到交趾了，在丘和的手下任了一个小小的军司马。

好了，回过头来再说萧铣，收降丘和之后，他便占有了东起九江、西至三峡、南到交趾、北达汉川的大片地区，手下能征惯战之士达四十万之众。大梁政权成为南部中国最大的割据势力，同时也成为群雄当中实力仅次于瓦岗寨李密的第二大造反势力。一时间，萧铣行情暴涨，大有一统中国之势。

3. 得江望蜀却自毁长城

人的野心都是被不断增长的实力撑大的。实力迅速膨胀起来的萧铣就开始不安分了，眼睛又瞄上了隔壁的巴蜀地区。

巴蜀地区现在是谁的地盘儿呢？答案是李渊的。巴蜀能归附李唐，要感谢一个人，这个人是李唐一方继李世民之后的第二号牛掰人物，他的名字叫作李孝恭，是李渊的堂侄，李世民的堂兄。

熟知唐史的朋友应该知道，贞观十七年，唐太宗李世民评定凌烟阁二十四功臣，排第二位的就是这个李孝恭，仅次于长孙无忌。李孝恭之所以能有这个排名，主要是因为他在李唐统一天下的战争中立下了盖世奇功。具体说来，北部中国基本上是由李世民平定的，而南部中国则完全是由李孝恭收服的，概括起来就是：南有李孝恭，北有李世民。

而李孝恭在李唐统一战争中的处子秀就是平定巴蜀地区。大业十三年，李渊攻克大兴后，即任命李孝恭为招慰大使，招慰巴蜀。李孝恭为人温和，其人生信条是：能用嘴解决的问题，绝不动手。所以，入蜀之后，他便发布了招降檄文，对各地隋朝官吏晓之以理，动之以情。这么做的好处是显而易见的，史载："檄书所至，降附者三十余州"。

不战而屈人之兵，这才是王道。

好了，现在萧铣瞄上了巴蜀。不过，要想挺进巴蜀，就必须得经过一个地方。这个地方就是李唐控制下的峡州（今湖北宜昌市西）。

武德二年九月，萧铣出手了，派宋王杨道生率军突袭峡州。萧铣和杨道生都觉得峡州是小菜一碟。但后来发生的事实证明，他们忽略了一个人的存在。谁？大唐峡州刺史许绍。

许绍，表字嗣宗，高阳人。一言以蔽之，这是一个相当有德、相当有才的人。大业年间，许绍在夷陵郡担任通守一职。当时，天下群雄峰起，南部中国也陷入了水深火热之中，战乱不休，生灵涂炭。唯独只有夷陵，未经战火蹂躏，俨然成了这乱世当中的一处桃源。

这是为什么呢？因为夷陵有一个别的地方没有的人，就是许绍。许绍宅心仁厚，爱民如子，切实地承担起了好臣子、好父母官的责任。他修缮城池，从严练兵，竟在这动荡的乱世中保得夷陵一方平安。附近的百姓慕名而来，纷纷逃入夷陵，人数竟达数十万之众。许绍来者不拒，一概接纳，开仓赈给，甚得人心。

王世充弑君篡位之后，许绍以夷陵归附了自己的老同学、好朋友李渊。许绍的能力和人品，老李是再清楚也不过了。对于许绍的归降，他竭诚欢迎，并授任其为峡州刺史，封安陆郡公。

峡州正好处于王世充、李渊、萧铣三股势力的交汇地区，其战略重要性自不待言。这个地方没一天不打仗，没一天不死人。无论是伪郑，还是伪梁，抓到了许绍的人，都毫不例外地一概处死。那许绍同志碰到类似情况又是怎么做的呢？很简单，就四个字儿：一律放归。有人可能觉得他有点儿虎，但这么做的好处也很明显：敌方阵营受到了分化，经常有人改投到许绍的旗下。

峡州虽然处于三战之地，但从未被敌人攻破。

这不，杨道生带着满满的自信来了，却被许绍打得落花流水，抱头鼠窜。萧铣不甘心，又派大将陈普环率领水军溯江而上，进攻峡州。结果还不如上次呢，杨道生起码回来了，陈普环直接被生擒了。萧铣无奈，只得退守安蜀、荆门二城，改积极进攻为消极遏制。

老萧的战略调整对许绍没什么影响，却把李靖给难住了。

原来，萧铣的连番挑衅已经把李渊给激怒了，但此时李唐正在集中精力对付王世充和窦建德，短时期内还没有同时与萧铣开战的实力，所以只能采取守势。不过，不打归不打，但必要的战争准备已经可以开始进行了。于是，老李就调李靖去夔州（今四川奉节）担任刺史。

李靖接到命令后，立即启程，赶往夔州。许绍管辖的峡州正是去往夔州的必经之地。走到峡州的时候，李靖遇到了一个让他无比纠结的问题：前路不通。没错，峡州还在大唐的手里，但可恶的萧铣给峡州安了两把锁：安蜀城和荆门城。这两把锁没锁住许绍，倒把远道而来的李靖给锁住了。

李靖急坏了，天天如坐针毡，延误了期限，这可如何是好啊？果然，长安的老李听说李靖迄今还未赶到夔州，气坏了。我们知道，李渊本来就对李靖有所芥蒂，此时见他滞留不前，就以贻误军机为由，密令许绍将他处死。

别人不了解事情的经过，许绍还不了解吗？在李靖羁留峡州的这段日子里，他俩已经处成了好兄弟。许绍看得出，李靖是个能堪大用的人才，怎么能因为这么点儿小事儿，就要了他的性命呢？所以，他极力向老李求情。毕竟是老同学，老李怎么也得给三分薄面不是？李靖已经迈进鬼门关的那条腿这才收了回来。

事后，许绍将事情的经过原原本本地告诉了李靖。李靖听了，惊出一身冷汗，连声称谢。随后，他立即动身，昼夜兼程，绕道赶往夔州。

对李孝恭而言，李靖到得太是时候了，简直就是及时雨。就在三月份（武德三年），巴蜀地区的一个蛮族首领冉肇则兴兵作乱，进犯夔州。这个冉肇则十分生猛，能征惯战的李孝恭竟然连番受挫，被虐得够呛。正当李孝恭愁得脑袋快爆掉的时候，李靖来了。

冉肇则比李孝恭厉害，李靖比冉肇则还要厉害。他率八百精兵，趁着夜色，劫了冉肇则的大营，大破蛮兵，瓦解了其对夔州的攻势。紧接着，他又在蛮军仓皇逃归老巢的路上设伏，一举击杀冉肇则，俘获蛮兵五千人。随后，李孝恭和李靖二人联手收复失地。四川地区的反唐运动至此归于沉寂。

捷报传到京城长安，李渊乐坏了，专门颁布敕书，慰劳李靖：“爱卿你这票干得不错，我很满意。以后好好干，荣华富贵很容易。”通过这次平叛，李靖充分展示了自己过人的能力。这一切，老李都记在了心里。虽然不喜欢李靖，但他也知道公益远胜于私怨，像李靖这样的人才必须得加以笼络重用。这不，老李还给李靖写了一封亲笔信，说了一句很有意思的话：“以前的事儿我都忘了。”

这个老东西，翻脸比翻书都快！

大家都知道，萧铣其实是董景珍、张绣等人捧起来的。所以，大梁政权就必然存在着这么一个问题：真正拥有实权的不是皇帝萧铣，而是董景珍、张绣等异姓王。

在董景珍、张绣等人的眼中，萧铣只不过是他们摆在皇位上的一个傀儡而已。所以呢，他们对萧铣就经常表现得不那么尊重，说话直来直去，有时还越俎代庖，擅自做出决断。他们以为萧铣和他们一样。但萧铣可不这么认为，他一个皇室贵胄跟这班武夫简直就是天上地下，怎能相提并论，同日而语？

为了维护自己的绝对权威，萧铣出手了，推出了一项政策：裁军兴农。从表面上来看，裁军只是手段，兴农才是目的，但实际上，兴农仅仅是幌子，裁军才是目的。谁掌握着军权呢？正是董景珍、张绣等人。萧铣此举，显然是为了削夺诸将的兵权。

董景珍、张绣等人也不是傻子，萧铣此令一出，引发了他们的强烈不满。第一个诉诸行动的是董景珍的弟弟。武德三年十一月，他策划发动政变，推翻萧铣。岂料，事情败露，萧铣毫不留情地杀了他。

当时，董景珍正在镇守长沙呢。萧铣下敕，对他进行特赦，并召他返回江陵。董景珍又气又怕，气的是萧铣忘恩负义，恩将仇报；怕的是遭到萧铣的屠戮。思来想去，董景珍最终做出了一个艰难的决定：于初五率军投降许绍。

萧铣当然难以容忍董景珍的背叛，所以十二月的时候，他派董景珍的好哥们儿张绣去进攻长沙。两军阵前，董景珍无限伤感地对张绣说：“‘去年醢彭越，往年杀韩信’，汉高祖刘邦屠杀功臣的事儿你是知道的。你我兄弟多年，为什么要为了一个昏君而相互残杀呢？”

张绣什么都没有说，但却用实际行动做出了回答，他指挥大军包围了长沙城。利益当头，亲老子都可以杀，何况只是一个结义兄弟呢？梁军攻城甚急，董景珍打算突围，却被部下杀死。长沙城再次落入萧铣手中。

张绣回来后，受到了萧铣的高度褒奖，萧铣还提拔他为尚书令。本来呢，如果他能低调一点的话，或许还能多活几年。但张绣犯了武夫们常犯的错误，他仗着自己有功劳，骄傲蛮横，不把萧铣放在眼里。

打仗，张绣行，萧铣不行；但要说起玩儿政治，张绣在萧铣的面前简直就是幼儿园里面的小孩子。不久之后，张绣就被萧铣给干掉了。这件事情充分说明了一个道理：老大不是你想欺就能欺的。

屠杀功臣这种事儿其实是一把双刃剑，固然能清除威胁统治的内部不稳定因素，但往往会让其他臣子离心离德。不是不能屠杀功臣，但总得先选好时机吧，得狡兔死绝了，才能烹杀走狗啊。像汉高祖刘邦、明太祖朱元璋已经统一了天下，外部并无心腹大患，所以他们清除功臣，才没有引发颠覆性的灾祸。而萧铣面临的情况就不同了，他的梁国只是一个地方性的割据政权而已，四周强敌环伺，此时最最不应该做的就是屠杀功臣，自毁长城，但萧铣偏偏就这么干了。这样做的后果当然非常严重。

李靖虽然人在夔州，但他时时刻刻都在密切关注着梁国的政局变化。萧铣屠杀功臣的消息传来，李靖立刻感到，伪梁的灭亡已经进入了倒计时阶段。此时不出手，更待何时？

武德四年正月，李靖向李孝恭提了一个大计划，整个计划的中心思想十分简单，就是要消灭萧铣，具体的操作方法是十条计策，叫作平梁十策。李孝恭看过后，十分满意，举双手赞成，并立刻将平梁十策上报中央。

在让李渊刮目相看的道路上，李靖的步子是迈得越来越大了。平梁十策到了李渊这里，就是满意的平方了，还等啥，马上就办！二月初三，李渊下敕，任命李孝恭为夔州总管，全权主持讨伐平梁事宜；任命李靖为行军总管，兼任李孝恭的长史，协助李孝恭处理军政事务。不过，老李认为，现在还不是时候，先把兵练好再说。李孝恭、李靖哥俩儿不敢怠慢，立即调动人力和物力，大造舟船，同时组织士兵练习水战。

经过近七个月的认真准备，平梁的条件终于在九月份艰难地成熟了。三十日，老李正式颁布敕书，调集四路大军，会攻萧铣：西路军为主力，以李孝恭为主帅、李靖为副帅，统领十二总管，从夔州沿长江东下；北路军以宗室庐江王李瑗为主帅，出襄州道；东路军以黄州总管周法明为主帅，出夏口道；南路军以黔州刺史田世康为主帅，出辰州道。

四路大军齐头并进，一齐杀向江陵。

4. 蒸发的四十万人

好事向来多磨。李孝恭的西路军刚刚出发，就碰到了问题。十月正值秋季，南方普降大雨，长江水位暴涨，水势十分凶猛。李孝恭的部下大多是北方人，平日里骑马走路惯了，鲜有在水面上活动的机会，长于陆战而短于水战。面对汹涌澎湃的江水，兄弟们怕了，一个劲儿地请求李孝恭，等水势平缓以后再进军吧！

别说他们了，李孝恭这辈子也是头一次看到这种阵势的江水。但他毕竟是主帅，朝廷已经颁发了敕令，停滞不前恐怕是说不过去的。李孝恭犯了难，不知道该如何是好。

只有一个人执意要求进军，他就是李靖："各位，兵贵神速啊！萧铣应该还不知道我军集结的情况。如果我们趁着长江水位暴涨的大好机会，急速行军，突然出现在江陵城下，绝对可以收到奇效。退一步来讲，即便萧铣已经知道了我军出击的情报，但仓促之下，他必定无法组织有力的抵抗。我们就可以一举将其擒拿。"

李靖的话算是说到李孝恭的心坎儿里面去了，他频频点头，是嘞，时间就是生命，效率就是胜利嘛！李孝恭最终采纳了李靖的建议。唐军两千多艘战船沿着长江，浩浩荡荡地东下……

其实，萧铣已经收到了唐军集结的情报。但是，外行的他认为，此时长江水位暴涨，不擅水战的唐军必定不敢冒险进军，所以，江陵短期内并无刀兵之忧。于是，萧铣竟然没做丝毫防备。

与此同时，李孝恭、李靖带着两千艘战舰，出三峡，破骇浪，顺流东进。由于梁军未作应对准备，唐军很快便攻破了荆门、宜都二镇，一路所向披靡，于十月抵达夷陵城下。

消息传来，萧铣傻了眼。

一直到夷陵，唐军才遇到了像样的抵抗。抵抗来自萧铣麾下的骁将文士弘。此时，文士弘的数万精兵就驻扎在离夷陵不远的清江。这一路上，唐军前进得那叫一个快啊，颇有点儿二战中德军闪击波兰的味道。李孝恭可能是已经习惯这种快节奏了，便想着立即进攻文士弘。众将也争着抢着要打头阵。

不料，这个时候，李靖又一次站了出来，一如既往地唱起了反调："不要小觑了这个文士弘，此人是萧铣麾下的猛将，所部士兵也是伪梁最为精锐的百战之士。现在，他率全军屯驻清江，摆明了是要和我们决一死战。我军远道而来，舟船劳顿，而敌人士气正旺，此时交战，恐怕败多胜少。我觉得，咱们应该停靠于长江南岸，避而不战。等到敌人的士气衰落以后，我军再行出击，一定可以击败文士弘。”

停靠南岸，李孝恭听了；但避而不战，他坚决不答应。李孝恭留李靖看守军营，自己率兵出战。果不出李靖所料，双方刚一接触，高下立判，唐军被梁军打得落花流水。李孝恭吃了一个大大的败仗，仓皇逃归南岸，部众损失惨重。

文士弘原以为唐军会很难缠，想不到竟是一群菜鸟，顿生轻敌之意。他料定，唐军新败，气馁胆寒，短期内必定不敢出击，便放心地纵兵四出抢掠。梁军士兵也不是圣人，见主帅默许，便三五一伙儿地到处抢劫，肩扛手提，大包小包，提溜了一大堆。

文士弘犯了一个极其严重的错误。他的眼中只有李孝恭，却忽略了李孝恭身边还有一个亲密的战友——李靖。李靖一直在观察梁军。此时，得意忘形的梁军抢得正欢，将找不到兵，兵寻不着将，乱哄哄地好似一锅粥。李靖当机立断：出击。

文士弘哪想到唐军会去而复返，眼见着唐军渡江而来，他慌忙收拢人员，但人早都跑散了，此时收拢，哪里还来得及？梁军被唐军打了一个措手不及，死伤近万人，舟舰四百余艘全部落入唐军之手。文士弘一败，夷陵城立即沦陷。

梁军一路逃，唐军一路追，一直追到了百里洲。文士弘实在跑不动了，回过头来要和李靖玩命儿，结果又被扁了一顿。文士弘只得再次跑路，往北江而去。夷陵就好比是罩着江陵的裤头，它一丢失，江陵就光溜溜地暴露在唐军的面前了。

此时的萧铣真想狠狠抽自己几个嘴巴子。当初，他盲目乐观，认为唐军断然不敢冒险东进，所以就没有在军事上做任何准备。岂料，唐军是“明知山有虎、偏向虎山行”。等到他觉察的时候，人家已经打到家门口了。

最最无奈的是，眼见着江陵城危在旦夕，他却束手无策。这是因为，萧铣手上可以调动的兵力仅有几千人。唐军有十多万，梁军只有不到一万人，杯水车薪，用起来捉襟见肘，能顶个蛋用？

相信大家一定会问，萧铣手下不是有盛兵四十万人吗，都哪里去了，蒸发了？是啊，兵员众多的萧铣怎么会手下无兵呢？但现实就是如此残酷，萧铣手下确实只有不到一万人马！这究竟是怎么一回事儿呢？谁都不能怨，只能怪萧铣自已。总的来说，原因有二：

首先，大家应该还记得，前段时间，萧铣为了削夺董景珍等人的军权，搞了个什么裁军兴农。结果，大批百战之士脱下铠甲，回老家种地去了。这就少了一批。

其次，萧铣特别注重防守，每攻下一地，他必定会派兵把守。伪梁占据了大半个南部中国，这四十万人（刨去裁掉的，已经不够这个数了）一平摊，在每一地的兵力都不是很多。而且，兵力高度分散，一旦遇到紧急情况，短时期内难以集结优势兵力。

可能萧铣觉得他永远都不会碰到紧急情况吧。但事实是，人家唐军偏偏不按常理出牌。他不去找紧急情况，紧急情况倒来找他了，不傻眼才怪！罢了罢了，死马只能当活马医了！萧铣一面派人搬救兵，一面组织现有人力，做好坚守准备。

唐军来得太快了！攻下夷陵后，李靖没做片刻的停留，马不停蹄地率五千轻骑直奔江陵城下。随后，李孝恭率唐军主力赶到，将江陵城围了个水泄不通。此时，李靖率领的先锋军已经拿下了江陵外城和水城，伪梁江陵水师的战船全部落入唐军之手。

但在如何处理这些战船的问题上，李靖和其他将领又一次发生了分歧。这一次不怪众将，只能怪李靖的建议太雷人。他老人家居然提议将所缴获的伪梁战船统统扔掉，就扔到长江上，任其顺流东下。

众将被雷得死去活来，坚决反对："我们应该把这些战利品有效地利用起来，怎么能随随便便就扔了呢？万一被下游的梁军捡到，他们坐着这些战船来打我们怎么办？""是啊，怎么办"，李孝恭也以为李靖撞猪身上了。

李靖淡淡一笑，娓娓道来："萧铣的地盘儿很大，南到五岭，东至洞庭湖。我们孤军深入，如果不能迅速拿下江陵，敌人的援军就会从四面八方赶来。届时，我军腹背受敌，进退两难，即便有战船又有何用？我之所以提议放弃战船，其实是疑兵之计，下游的敌方援军见到这些顺流而下的本国战船，必然会认为江陵已经被我军攻陷了。这样，他们就不敢贸然进军了。只要他们拖上个十天半个月，我们就可以拿下江陵。"

"哦，原来是这样啊"，李孝恭听得频频点头。任何不通情理的做法经李靖这张嘴一说，都合理得不能再合理了。李孝恭最终同意了李靖的建议，将缴获的梁军战船全部扔到了江上。

果然不出李靖所料，此时萧铣的部下交州刺史丘和、长史高士廉、司马杜之松正在全速向江陵开进。在行进的路上，他们发现了一个奇特的景象：江上到处都是梁军的战船，只是船中空无一人。哥几个合计了一番，最终达成了共识：不好，江陵丢了，皇帝被人家活捉了。老大都被人家逮了，这仗还有什么打头？这哥仨儿的反应连李靖都没有想到，他们居然整军投降了李孝恭。

此时，江陵城中的萧铣正眼巴巴地盼着援军呢。但一连等了十多天，就是不见一兵一卒。一种不祥的预感涌上了萧铣的心头，他满怀感伤地问中书侍郎岑文本："怎么办？"

岑文本的回答让他心碎："眼下只有投降这一条路了。"

萧铣彻底绝望了，他对群臣说："老天爷不保佑咱们梁国啊！我们已经支撑不下去了。再这么耗下去，城中的粮食就要吃光了，到时候老百姓就要遭殃了。我怎么忍心因为个人的缘故让全城生灵涂炭呢？咱们投降吧！"

十月二十一日，萧铣起床吃过最后一顿皇帝早餐，便到太庙向祖先谢罪。这一切都办完后，萧铣下令，打开城门，出城投降，江陵军民哭声震天。唐军大营外，李孝恭看到伪梁君臣身着丧服逶迤而来……

5. 被冲淡的喜悦

萧铣从来都不是一个坏人，面对李孝恭，他只说了一句话："要杀要剐，悉听尊便，但百姓无罪，希望贵军不要屠杀抢掠。"

李孝恭沉吟不语，因为他知道，手下的这帮人可不是白给你卖命的，没点儿好处大家凭啥把脑袋别在裤腰带上跟你干？说实话，大家就指着破城之后，狠狠地抢掠一把呢！现在突然宣布不让抢掠，让他们情何以堪。

萧铣很无奈。这个时候，岑文本站了出来，对李孝恭说了一番话："自隋末以来，江南迭遭灾祸，百姓苦不堪言。他们就盼望着能遇到一位圣明的君主。如果您放纵军队抢掠，恐怕江南的百姓不会有归化之心了！"

这番话深深地触动了李孝恭。是啊，个人利益是小，国家稳定是大，怎可因为小利而忽视了大义呢？他当即下令，严禁抢掠。

此令一出，好似一盆冷水当头浇到了众将的头上，他们决定退而求其次："那些因抗拒我军而战死的梁国将领，实在罪大恶极，请将军抄没他们的家产，用来赏赐将士。"

“讨厌”的李靖又一次出来挡差：“这怎么能行呢？王者之师，应当以仁义为先。这些梁军将领都是为了自己的君主和国家而战死的，是大大的忠义之士，我们怎么能籍没其家呢？”

李孝恭表示赞同。于是，梁国虽然亡了，江陵虽然沦陷了，但城中秩序井然，百姓安居乐业。各地的州县听说唐军秋毫无犯，全都望风归顺。

萧铣投降后没过多久，十多万梁军援军便赶到了江陵。他们听说江陵失守，皇帝被擒，唐军对战俘宽大处理，便纷纷脱下战袍，放下武器，向唐军投降。

李孝恭将萧铣解送长安。李渊将萧铣一顿奚落，说他自不量力，抗拒义师。萧铣却表现的不卑不亢：“隋朝因残暴而失去了江山。天下群雄并起争霸。我萧铣只是因为没有得到上天的照顾，才落到今天这般田地。如果要以此来定罪，我只有死路一条了！”

但老李从来都不是一个宽大的人。萧铣被判斩于闹市。这一年，他年仅三十九岁。

紧接着，李渊下敕褒奖功臣，李孝恭被提拔为荆州总管。但收获最大的还是李靖。在此次攻灭萧铣的战斗当中，李靖杰出的军事才能得到了最为充分的体现。千军易得，一将难求，李渊从此彻底消除了对李靖的成见，他加封李靖为上柱国，封永康县公，赐物二千五百段。

从九月三十日出兵，到十月二十一日入驻江陵，唐军仅用了不到一个月的时间，便一举消灭了仅次于李密的第二大割据势力萧铣。拥有四十万雄兵的萧铣弹指间灰飞烟灭，这既要怪他策略不当，蒸发了四十万人，最终蒸到了自己头上，也要怪李靖太厉害，妙计迭出，神鬼莫测。

消息传来，李唐朝野皆大为欢喜，但这种喜悦很快就被刘黑闼给冲淡了。

饶阳一战，刘黑闼打出了气势，打出了军威，更重要的是打出了民心。十月初六，观州老百姓活捉刺史雷德备，献城投降刘黑闼。紧接着，毛州百姓也发动了暴动，杀死刺史赵元恺，献城响应刘黑闼。由这两件事就可以看出：刘黑闼起兵反唐，深得民心。与此同时，窦建德的旧部纷纷起兵，杀死唐朝官吏，响应刘黑闼。

刘黑闼乘胜前进，于十一月初九攻陷了定州，总管李玄通被俘。这个李玄通打仗很有一套，刘黑闼爱惜他的才华，有心招降。但李玄通不干，找了个机会自杀了。十二月初三，刘黑闼率军攻陷了冀州，杀唐冀州刺史麴稜。九天之后，他又大破李世勣，斩首五千级，李世勣只身逃脱。刘黑闼率军逼近洺州。十四日，城中豪强发动反唐叛乱，刘黑闼顺利进入洺州。十天后，陷相州，擒刺史房晃，右武卫将军张士贵突围逃走。

紧接着，刘黑闼又接连攻陷了黎州、卫州、邢州、赵州、魏州、莘州。至此，刘黑闼仅仅用了不到半年的时间，就恢复了原先窦建德的全部地盘儿。

6. 反唐势力大合流

屋漏偏逢连夜雨，船迟又遇打头风，罗艺现在对这句话是深有感触。藁城一战，一向鲜有败绩的他竟然意外地栽在了刘黑闼的手上，真是丢人到家了。本想着回家好好静养一番，岂料幽州又破天荒地闹起了饥荒。

天灾这玩意儿，比人祸惨烈多了。打了败仗没关系，以后再赢回来就是了。可是，面对满城饿得呼天抢地的军民，罗艺急得抓耳挠腮。有困难，当然是要找政府了，可是政府太远了，等粮食运过来，幽州恐怕早就变成一座鬼城了。思来想去，只有去求他了。

高开道，男，阳信城南（今山东阳信南）人，世代以煮盐为生，出身卑贱。大业九年，格谦在豆子岗（今山东惠民境）起兵反隋，拥众十万，自称燕王。高开道听说这个消息之后，觉得造反这件事儿要比煮盐刺激多了，毅然放弃了家传的手艺，只身一人投奔了格谦。在同隋军的战斗当中，高开道屡立战功，深得格谦赏识，被逐步提拔为二把手。大业十二年年底，格谦在同王世充的战斗中被杀。于是，高开道就变成了起义军的最高领导人，率军活动于幽燕一带。

罗艺第一次和高开道接触，是在武德元年。那时，高开道派人来幽州招降罗艺。罗艺出身世家大族，怎么会看上高开道这个煮盐的穷小子，所以他扭头便归附了李唐。高开道是穷人出身，生平最怕别人看不起自己，岂料罗艺偏偏就是看不上他。高开道很生气，便接连攻陷了北平和渔阳，作为报复。十二月，他定渔阳为都，自称燕王，正式建立起了割据政权。

十九世纪的英国首相帕麦斯顿曾经说过一句话:“政治上没有永恒的敌人，也没有永恒的朋友，只用永恒的利益。”高开道和罗艺的微妙关系就是对这句话的最好注释。那是在武德三年的十月，窦建德率军围攻幽州。罗艺万般无奈，只得厚着脸皮去求高开道。高开道本就担心窦建德夺取幽州后，会继续北上侵犯他的地盘儿，所以便一口答应。不久之后，他亲率两千精锐骑兵救援幽州，成功逼退窦建德的大军。

不过，在这场惨烈的战斗当中，高开道也挂了彩，面颊上中了一箭。中箭咋整啊？得取出来！不一会儿，医生来了，高开道就让他把箭拔掉。医生一瞅高开道，只见他满脸都是鲜血，情形甚是恐怖，这腿啊就开始不停地哆嗦了。他仔细这么一看，箭头深入面骨，想拔出来是不可能的，只得如实回答说："镞深，不可出。"

高开道一听，怒了，啥意思啊，是说我只能等死吗，一刀就把这个可怜的家伙给劈死了。

不一会儿，又来了一位医生，还说不行。高开道挥手又是一刀。

第三个医生战战兢兢地进来了，一进大堂，他就看见了前面两位同行的尸体。这哥们儿索性把心一横，对高开道说："可出。"

高开道说，行，那你就往出取吧！

事实证明，这位医生确实是把命豁出去了。他先是用凿子凿开了高开道的面颊，而后钉入一根楔子，楔子活生生地将高开道的面颊撑开了一道一寸多长的缝儿，想想都瘆人。都到这个地步了，箭头当然能取出来了。

这位医生的胆子确实够大，不过与高开道比起来，他的精彩表现一下子就黯然失色了。在整个手术过程中，高开道一声都没吭，一边欣赏着歌舞，一边还大口吃肉，大碗喝酒。

有人说了，高开道这家伙完全是关二哥再世嘛！小玉曰：扯。为啥呢？关云长刮骨疗伤一事纯属虚构，高开道凿颊取箭却是真事儿。抛开道德观念不说，高开道这家伙确实堪称一代枭雄。

这次救援之后，罗艺就把高开道当哥们儿了。他劝高开道归附大唐，高开道答应了。李渊十分高兴，任命高开道为蔚州总管，封北平郡王。所以，当幽州发生了饥荒之后，罗艺就想到了好哥们儿高开道，一来，他认为他和高开道有患难的交情，有相助的感情基础；二来，高开道现在也是李唐的臣子，有相助的义务。

果然，高开道把胸脯拍得哐哐的，兄弟你就放心吧！

不过话也说回来了，害人之心不可有，防人之心不可无。高开道名义上虽然是唐臣，但实际上就是一打着李唐旗号的割据势力，所以罗艺小心从事，先派城中的老人和孩子去渔阳求食。

高开道果然兑现了诺言，"皆厚遇之"。

这下罗艺就放心了，派了三千百姓，带着几百辆车，赶着一千多匹驴马到渔阳领粮。

谁曾想，高开道突然翻脸不认人，将这些车马人统统扣押了下来。不仅如此，他还公开宣布与罗艺断绝关系，重新称燕王，起兵反唐。

罗艺悔得肠子都青了，他派人去质问高开道。你们猜高开道怎么说？坑的就是你。罗艺对高开道的那个恨啊，犹如滔滔江水，连绵不绝，又如黄河泛滥，一发而不可收拾。他一心想着报复高开道。

哎，机会说来就来，高开道的部将谢棱送信给他，说是不满高开道的所作所为，要重新站到政府和人民的一边，希望他能派兵到怀戎接应。罗艺高兴坏了，立刻如约赶往怀戎。结果，又被高开道摆了一道。原来，谢棱投诚不过是高开道精心布置的一个陷阱而已，罗艺在赶往怀戎的路上，中了谢棱的埋伏，损失惨重。

罗艺十分郁闷，这个高开道怎么突然变了脸？

是啊，高开道这是怎么了？

这个问题有一个人能回答，他就是东突厥的新任大汗。

武德三年十一月，突厥处罗可汗突然去世。处罗的两个儿子奥射设和阿史那社尔年纪尚轻，群众基础薄弱。于是，义成公主便自作主张，改立处罗的弟弟莫贺咄设为新任大汗。这个莫贺咄设就是后来闻名天下的草原枭雄——颉利可汗。

遵照突厥的古老习俗，颉利可汗又娶了自己的后妈兼嫂子义成公主做老婆。义成公主先后嫁于启民可汗、始毕可汗、处罗可汗、颉利可汗父子四人为妻，就此成为中国历史上第一位被父子四人“轮娶”的和亲公主，她的丈夫不仅数量多，而且个个都是最高领袖，真是牛掰到家了。

颉利可汗的上台，可谓是唐突关系发生剧烈转折的标志性事件。在颉利之前，唐突关系的主流是和平，支流是战争；但自颉利开始，唐突关系的主流则变成了战争，一直到东突厥帝国崩溃为止。促成突厥对唐政策转变的因素有三个：

第一个，颉利怀疑是李渊的使者郑元毒死了自己的哥哥处罗。处罗可汗去世前夕，正谋划着攻取晋阳。李渊探得这一消息，便派太常卿郑元出使突厥，劝说处罗回心转意。处罗不干，正要对唐用兵之际，却突然得暴病去世。因为处罗死得太过突然，所以突厥人怀疑是郑元下了毒药，便扣押了他。

第二个，以义成公主为代表的隋朝宗室大肆挑拨唐突关系。义成公主就不用说了，属于骨灰级的反唐分子，立场相当坚定。她还有个堂弟名叫杨善经，也是反唐骨干分子。这个杨善经上蹿下跳，极力劝说颉利对唐强硬："昔启民为兄弟所逼，脱身奔隋，赖文皇帝之力，有此土宇，子孙享之。今唐天子非文皇帝子孙，可汗宜奉杨政道（齐王之子）以伐之，以报文皇帝之德。"

第三个，同时也是最重要的一个因素，明眼人都能看出，李唐统一天下只是时间问题而已，而这正是突厥人最不愿意看到的。这些年来，突厥人一直在品尝着隋末乱世带来的甜头，他们不仅彻底摆脱了隋王朝的控制，而且还成长为东亚和北亚地区最为强悍的势力。中原的各股势力都不敢与突厥作对，像刘武周、梁师都等人干脆直接投靠了突厥。但是，如果李唐统一了天下，这就意味着中原的汉人又有了一个统一的核心。届时，突厥的利益将会受到严重损害。

正是由于以上三条，所以颉利当上大汗之后，便一改之前的对唐温和政策，大兴刀兵。武德四年三月，当时李世民正在与王世充交战，颉利就曾派军入侵汾阴、石州。四月十二日，颉利亲率大军侵犯雁门。二十一日，又侵犯晋阳。六月初一，颉利再次兴兵犯境，李渊的堂弟、长平靖王李叔良率军迎战，结果遭到突厥铁骑的重创，李叔良身中流箭。初二，李叔良就在撤退的途中去世了。八月，突厥再犯代州，行军总管王孝基所部被全歼，王孝基被俘。九月，突厥又接连进犯晋阳、原州、灵州。

高开道的地盘儿紧挨着突厥，早就和颉利眉来眼去，勾搭上了。这次，他之所以突然与罗艺翻脸，向李唐发难，其实就是受了颉利的指使。

颉利的人生信条是：我的敌人的敌人，就是我的朋友。所以，当十二月底刘黑闼提出结盟的请求后，他一口答应下来。为了对付李唐，颉利真可谓是煞费苦心。高开道早年曾经和窦建德交过手，算来也应该是刘黑闼和徐圆朗的仇人，但颉利愣是将刘黑闼、徐圆朗、高开道三股反唐势力成功地拧在了一起。不仅如此，他还派俟斤（即突厥酋长）宋邪那率领突厥骑兵，直接跟随刘黑闼作战。

四股反唐势力合流，一时间巨浪滔滔，逆流滚滚，李唐面临着建国以来的最大危机。

7. 水淹刘黑闼

反唐势力大合流的消息传到长安，引起了朝野上下的强烈"地震"。不用说，在这种关键时刻，大家都把目光锁定在了大唐帝国消防队员——秦王李世民的身上。舆论很快就把李世民推到了历史的潮头浪尖之上，要求秦王带兵东征刘黑闼的呼声空前高涨。

十二月十五日，李渊顺从民意，命秦王李世民、齐王李元吉率军出征；同时，命幽州总管罗艺率军南下，夹击刘黑闼。

刘黑闼方面很快做出了回应：在军事方面，刘黑闼军十七日陷邢州、赵州，十八日陷魏州，十九日陷莘州；在政治方面，武德五年正月初一，刘黑闼于洺州自称汉东王，定年号为天造，正式建立起了与李唐分庭抗礼的割据政权。汉东政权基本上就是大夏政权的2.0版本，其中央领导班子成员，几乎都是原大夏国的老班底儿。

两路唐军均推进极快。李世民方面，十四日，收复相州；月底，攻陷水县；二月十七日，收复邢州；十九日，攻陷井州。罗艺方面，正月三十日，在徐河大破刘黑闼之弟刘什善，擒斩八千人；此后接连攻占定、栾、廉、赵四州，生擒了刘黑闼的尚书刘希道。二月二十四日，李世民与罗艺会师于洺州城下。

刘黑闼的反应大出李世民的意料，他竟然没有回师救援洺州，而是选择了猛攻水县。水县，水县，顾名思义，县城四周全都是水，而且宽度足有五十丈。守卫水县的是唐军王君廓部一千五百人。刘黑闼特意在城东北修建了两条甬道，猛烈攻打。一时间，水县险象环生。饶他王君廓能打，此时也只有连番派人向李世民求救的份儿了。

李世民闻讯，也顾不上洺州了，立即赶往水县，援救王君廓。但刘黑闼这回看来是铁了心要吃定水县了。李世民先后三次救城，都被刘黑闼给挡住了。情势万分严峻，连一向淡定的李世民都有些沉不住气了。

区区一个水县，李世民并没有放在心上，但王君廓是他的心腹爱将，李世民绝不会坐视他被刘黑闼消灭。于是，李世民担连夜召集众将，商议救援之事。李世勣已经详细勘察过地形了，他以确定一定以及肯定的口吻告诉众人："如果刘黑闼将甬道修到城下，水县必定失守。"其余唐将也不傻，大家都知道，现在的水县已经变成了一颗烫手山芋，都恨不得躲得远远的。

谁都没有想到，居然会有人站出来抢这颗烫手山芋，这个二杆子就是罗士信。李世勣说水县守不住，罗士信偏不信，怎么会守不住呢，那得看谁去守了，王君廓不行，不代表我罗士信也不行。于是，他请求李世民让他代替王君廓守城。

罗士信是否一定就比王君廓强呢，说实话，李世民的心中也没谱，但见罗士信一副自信满满的样子，他也只好把怀疑压在了心底。罗士信得令大喜，大步流星地去了。李世勣望着他渐渐远去的身影，无奈地摇了摇头……

是日，李世民登上城南的高山，命人用旗语告诉王君廓，令他率军突围。王君廓早就不想在城里待了，接令立刻率领部下突围。趁着两军混战的机会，罗士信带着两百士兵冲入了城中。

事后，刘黑闼才发现城中的守将已经由胡子拉碴的王君廓变成了无须青年罗士信。然后，刘黑闼笑了，讥笑李唐这种毫无意义的举动，不管谁守城，一定要拿下水县。随即，刘黑闼改变了打法，昼夜猛攻水县。

依着罗士信和李世民的想法，本想搞个里应外合，夹击刘黑闼。结果，人倒是和上了，天时却没对上，恰逢天降大雪，唐军根本无法实施增援，只能眼睁睁地看着汉东军一次次地冲向水城……

八天之后的二十五日，果如李世勣所料，水县陷落了，逞强的罗士信被擒。刘黑闼早就听说罗士信是一员猛降了，便有心招降他。岂料，罗士信态度十分坚决，不仅严词拒绝，反而大骂刘黑闼。刘黑闼从来都不是一个拖泥带水的人，不能为我所用，那就是我的敌人，立刻命人剁掉了他的脑袋。可怜罗士信这一年只有二十岁。

四天后，雪停了，李世民终于率军攻下了水县，但此时罗士信的尸体早已经凉得透透的了。自古英雄出少年，但少年英雄往往年轻气盛，因而鲜有寿终，罗士信就是一个典型的例子。所以啊，有的时候为人处世不必太过执着，因为死撑的结果往往是撑死。

李世民、罗艺联军驻扎于水县城下，刘黑闼几次三番前来挑战，但一心想为爱将报仇的李世民却始终高挂免战牌，避而不战。

头两天，刘黑闼表现得还算谨慎。但这么耗了十多天后，他脑中的这根弦儿就不免有些松了。三月十一日这天，李世勣突然跳了出来，拨了拨这根弦儿。

这日，刘黑闼置酒军中，大宴诸将。说实话，自从起兵以后，大家伙儿已经好久没坐在一起喝酒吃肉了。所以，汉东军诸将都十分兴奋，觥筹交错，喝得不亦乐乎。这其中，最夸张的要数高雅贤，这哥们儿敞开肚子一顿猛灌，喝得烂醉如泥。

在大家喝得正爽的时候，李世勣却突然来叩营了。高雅贤喝得迷迷瞪瞪的，一听说唐军那边来人了，提溜根长枪就冲出了大帐。等刘黑闼发现的时候，他已经单人匹马向唐军冲了过去。

刘黑闼急得直跺脚，坏了，老高只会醉酒，不会醉枪。不一会儿的工夫，高雅贤就被李世勣的部将潘毛一槊刺于马下。等到汉东军将士抢回高雅贤的时候，他已经由醉鬼变成了死鬼。

高雅贤既是窦建德的老部下，也是刘黑闼的老战友，更是拥立刘黑闼的大功臣，他的死亡彻底激怒了刘黑闼。十三日，刘黑闼再次出击，猛攻唐军大营。他特意给麾下第一猛将王小胡一道命令：谁都不要管，只管抓住潘毛就好。王小胡奉令而去，不一会儿就将潘毛的首级提溜了回来。

刘黑闼崇尚斗争哲学，自起兵以来，只重视军事斗争，却忽略了农业生产。所以，他的后勤保障很成问题。而李唐呢，是集全国之力对付一隅，粮食多得是。很快，汉东军粮食告急，刘黑闼只得从各州运粮。结果，李世民又使出了老路数，命人截击了刘黑闼的运粮队，将老刘辛辛苦苦弄来的粮食付之一炬。

这下刘黑闼可坐不住了，再这么耗下去，汉东军必败无疑，唯一的选择就是速战速决了。如何能把李世民一举消灭呢？刘黑闼陷入了深思当中。皇天不负有心人，还终于被他想打了一个好点子。刘黑闼计划先以小股部队伪装主力，猛攻唐军李世勣部。李世勣有难，李世民必定会率军前来救援。届时，他再率领主力一举击杀李世民。这在兵法上就叫作擒贼先擒王。

主意定下，刘黑闼立即率军进攻李世勣。战神李世民果然中计，率军赶来增援，结果被老刘围了个结实。汉东军里三层，外三层。李世民左冲右突，但就是冲不出去。时间一久，李世民也不免有些害怕了，这回真要玩儿完了。

正当他濒临绝望之际，一员唐将突然杀入战阵，槊锋所指，敌人或死或退，好生厉害。李世民定睛一瞧，原来是救主专业户尉迟敬德到了。李世民大喜，吾无忧矣。尉迟敬德接着李世民，一路杀出了重围。望着李世民远去的背影，刘黑闼气得哇哇直叫。他知道，这样的机会以后都不可能再有了。

李世民死里逃生，回到大营之后，高挂免战牌。通过这一次战斗，李世民算是彻底摸清了汉东军的实力。他确定一定以及肯定，汉东军是自他起兵以来所遇到的最为难缠的对手，正面对决的话，唐军恐怕很难打垮他们。但李世民就是李世民，他总是有办法的。

三月二十六日，汉东军粮食将尽，刘黑闼只得率军渡过洺水，要与李世民一决雌雄。这是一场无比惨烈的战斗。双方你来我往，从中午一直杀到黄昏，直杀的是天昏地暗，日月无辉。唐军毕竟人多，渐渐地汉东军便现出了败像。王小胡瞧得清楚，扭头对刘黑闼说："主公，我们顶不住了，快走吧，再不走就来不及了。"刘黑闼无奈地叹了一口气，拨转马头，往北而去。王小胡策马跟了上去。

此时，其余的汉东军将士浑不知情，还在浴血拼杀。正在混战之际，只见突然涌来一股洪流。水深高达一丈，两军全被淹没。哪儿来的水呢？原来，早在数日前，李世民便命人在洺水上游筑坝蓄水了。水淹汉东军，这就是他想到的破敌之法，尽管这么做会牺牲很多自家人马，但为了消灭刘黑闼，李世民在所不惜。

汉东军再厉害，也厉害不过洪水，遭到惨重失败。是役，汉东军阵亡一万余人，淹死几千人。刘黑闼与范愿、王小胡等二百骑北走突厥。

8. 大唐已今非昔比

自大业十三年起兵以来，徐圆朗从没像现在这么压力山大过。本来，他还指望着从刘黑闼的胜利果实中分上一杯羹呢，岂料小黑来得快，去得更快，转瞬之间就被撵到了突厥，李唐的军事压力一下子全都压到了他的头上。徐圆朗很害怕，莫非这次真的要玩完了？

谁都没有想到，在徐圆朗生死存亡的紧要关头，刘黑闼竟然又闪电般地回来了。小黑袋中无钱，手中无人，他之所以能够迅速东山再起，要感谢一个人。谁？东突厥颉利可汗。

作为一个坚定的反唐分子，颉利在支持刘黑闼打内战方面不遗余力。上一次，他派兵打着志愿军的旗号，跟着刘黑闼作战。事实证明，这不过是杯水车薪而已，无济于事。所以，这一次，颉利决定更换打法。

四月二十一日，刘黑闼引着五万突厥骑兵包围了边陲重镇新城（今山西宁武），唐代州总管定襄王李大恩为国英勇捐躯。五月底，进寇忻州。六月初一，入侵山东，李渊下敕命幽州总管、燕郡王罗艺迎敌。十五日，刘黑闼带着突厥大军出现在定州城下。消息传出，刘黑闼的旧将曹湛、董康买等人，纷纷举兵响应。事到如今，光一个罗艺明显是应付不来了，于是李渊又于七月十五日下敕，命堂侄——河北道行军总管、淮阳王李道玄率军迎战刘黑闼。

直到现在，李渊仍然认为，颉利不会大举入侵。但人家颉利偏偏就这么做了，八月初六，他亲率十五万突厥铁骑南下侵唐。这是自晋阳起兵以来，突厥规模最大的一次入侵，战争的阴云再次笼罩在两国人民的头上。初七，突厥大军便突入雁门。初十，进犯晋阳、原州。

李渊接报大惊，连发三道敕书：第一道，命云州总管李子和充当先锋，急速赶赴云中，阻挡突厥大军前进的势头；第二道，命左武卫将军段德操迁回至夏州，从后邀击突厥；第三道，命太子李建成率军出幽州道，秦王李世民率军出泰州道，抵御突厥大军。事到如今，刘黑闼已经是小问题了，颉利才是大麻烦。

深入唐境之后，颉利才逐渐意识到了一个问题：现在的大唐早已不是父兄口中那个一推就倒的大唐了，短短数年，李唐的国力已经有了质的飞跃。二十日，突厥大军竟然在汾州被唐军击败，损失五千余骑。虽然突厥大军紧接着又攻陷了廉州和大震关，但退兵的念头已经悄悄爬上了颉利的心头。

颉利知道，以突厥现有的实力不是没有灭掉大唐的可能，但汉人有句话说得好，叫作“伤敌一万，自损八千”，只怕大唐覆灭之日，就是突厥衰败开始之时了。为了一个刘黑闼，搭上整个部族的前途，犯不着啊！

二十九日，李渊的使者郑元（之前已经被颉利放归）来了。熟人见面，就不需要什么客套话了，所以郑元直接开门见山：“大唐与突厥风俗不同，可汗你就是得到了大唐的土地，也不能居住。俘虏的人口和抢夺的财物都给了普通的突厥百姓，可汗你又得到了什么？”

颉利笑了，问郑元：“那依你之见，该怎么办呢？”

郑元答道：“依我之见，您不如撤军，与大唐和亲。这样，既能免除长途跋涉的辛劳，又能坐享金银财物，比抛弃兄弟之间多年的情谊而给子孙后代留下无穷的仇怨，不知道要好多少呢！”

颉利频频点头，深以为然，当即答应和亲，并立即拔营后撤。

在回军的途中，颉利才发现，自己又被狡猾的汉人给忽悠了，突厥大军刚一收缩，唐军就频频出击。九月十五日，突厥军队在三观山遭到三路唐军的围攻。十八日，又在崇岗镇遭到阻击。二十四日，败于恒山南麓。二十八日，又败于甘州。

有人问了，颉利为什么不带着大军反扑呢？小玉的回答是：谈何容易？退容易，再想进来可就难了。唐军早就趁着这段时间做好了部署，最佳的战机已经丧失。颉利如果再来，回不回得去都是个问题。

颉利毕竟是一代枭雄，虽然被打落了牙齿，但他和着血吞了。不过，明着不计较并不代表暗地里也不计较，颉利怂恿刘黑闼、徐圆朗、高开道继续进军。九月三十日，刘黑闼以攻陷瀛州，杀刺史马匡武的行动向李渊做出了坚定的回答。同日，高开道也南下，进犯李唐控制的蠡州。

别小瞧草原民族，草原民族也会玩政治！

9. 小李世民之死

江湖再起风云，十月初一，李渊下敕，命齐王李元吉率军东进，讨伐刘黑闼。李元吉还没有到，十七日传来噩耗，河北道行军总管、淮阳王李道玄死了。

李道玄，李渊五叔李绘的长子，作战勇敢顽强，是李唐宗室当中继李世民、李孝恭之后的又一将才。你要问李道玄他最崇拜的人是谁，他绝对会不假思索地回答说是堂兄李世民。是滴，李世民正是李道玄心中的偶像。从生活的各个方面，直至用兵打仗，李道玄处处都在模仿李世民。所以，其他兄弟们就给他起了一个外号，叫作“小李世民”。

还记得李世民介休大破宋金刚的那一战吧，第一个登上介休城头的就是这个李道玄。那一年，李道玄只有十六岁。但别看人家年纪小，打起仗来绝对和罗士信有得一拼。据《新唐书》的记载：李道玄“每赴敌，飞矢著身如猬，气益厉”。瞧瞧，都被射成刺猬了，战斗意志反倒越加旺盛，端的生猛。

七月十五日，李渊点名由他和副将史万宝率三万精兵对付刘黑闼。李道玄年轻气盛，初生牛犊不怕虎，一心想和汉东军主力决战。但刘黑闼绕来绕去，就是不和他打。直到十月十七日，双方竟然意外地在下博（今河北深县西南）碰面了。

这次偶然的相遇可把李道玄给兴奋坏了。碰都碰上了，没啥好说的，开打吧。双方排好阵后，李道玄扭头对史万宝说：“老史啊，我先带着轻骑兵上了，你随后跟进就是了。”史万宝连连称是。迫不及待的李道玄领着轻骑，如一阵风似的杀了出去。

史万宝，男，本为长安大侠，晋阳起兵之后，他追随李神通在关中举兵响应李渊。从这个角度来说，史万宝有首义之功，也算是开国元勋了。在李唐统一天下的战争当中，他更是屡立战功，最著名的一次便是听从部下盛彦师的建议，击杀了赫赫有名的李密，因功封原国公。

不管别人怎么想，反正史万宝觉得自己是年高德劭，用兵如神。偏偏和他搭档的李道玄“不解风情”，没把他这个优秀的老人家放在眼里，不仅说话直不楞楞，而且决策时完全不征求他的意见。这让史万宝很不爽，一个乳臭未干的小屁孩儿，拽什么拽？

所以，当李道玄杀入敌阵之后，史万宝并没有随后跟进。区区千人的轻骑兵怎能憾得动骁勇善战的汉东军。眼见着李道玄情势不妙，险象环生，史万宝的亲信便催促他速速进军。史万宝倒不是想借刀杀人，他是另有打算：“出发之前，陛下曾给我一道手敕，说淮阳王不过是个小毛孩子，军队的所有行动由我老史全权做主。现在，淮阳王冒冒失失地出击，我们如果和他一起进攻，肯定会失败。所以我想啊，不如就用他做诱饵。如果他被刘黑闼击败，敌军一定会攻过来。届时，我们守住阵形，以逸待劳，就一定可以打败刘黑闼。”见老史一副自信满满的样子，一干裨将也不好再说些什么了。

就在他闲扯淡的时候，李道玄的轻骑兵基本上已经被汉东军吃光了。李道玄来回奔驰，试了好几回，都没有冲出包围圈。此时，他全身已经多处负伤了。这个年轻人平生第一次感受到了死亡的气息。他频频回头探望，却始终不见自家人马上来增援。汉东军万箭齐发，李道玄无处可躲，身中数矢，口吐鲜血地从马上栽了下来。这一年，他刚十九岁。

得知李道玄被杀的消息后，史万宝才有些慌了。此时，得胜的汉东军已经趁势扑了上来，史万宝无暇多想，赶紧组织人马坚守阵地。但他忽略了一点，全军将士都知道，军中主帅是李道玄，不是他史万宝。主帅一死，军心大乱，谁还听他的招呼啊？一时间，唐军士气全消，阵形大乱。

过程就不说了，结果大家肯定猜到了，唐军惨败，注意是惨败。史万宝倚老卖老，自作聪明，不仅断送了李道玄的性命，也将三万唐军将士送上了奈何桥。人老脸就是厚，他自己一个人毫发无损地逃了回来。

李世民号啕大哭，在一帮兄弟当中，就数李道玄和他关系最好，他也十分喜欢这个小堂弟，孰料长安一别，竟然人鬼殊途。深深的自责涌上了他的心头：“道玄啊道玄，你经常随我出征，见我深入敌阵，心中羡慕想要模仿，才落得今天这个下场，是为兄害了你啊！”

李道玄的死震惊了整个山东地区（崤山以东）。李渊的另一个堂侄——信州总管、庐江王李瑗吓坏了，弃守信州，向西逃窜。他这一跑，相州（今河南安阳）以北的各个州县很快便落入了刘黑闼之手。从六月进入山东到现在，刘黑闼仅仅用了四个月的时间，就完全恢复了大夏国原先的全部地盘，比第一次还快了两个月。这可把东征军总司令李元吉给吓坏了，按兵不动，不敢前进。

此时，唐廷内部，秦王党和太子党的斗争已经摆到了台面上（两党斗智斗勇的全过程参见小王所著《血色玄武门》）。太子党徒王珪、魏征等人纷纷劝诫李建成："秦王早已功盖天下，名满江湖了。而殿下您呢，只是因为年长才得以入主东宫，如果不树立功劳，是无法让天下人信服的。现在，刘黑闼卷土重来，他手下的人马还不到一万，只要您率大军前往征讨，一定可以取胜。而且，我们还可以趁机笼络山东的才俊。殿下，机不可失，失不再来啊！"

李建成大为所动，马上向李渊提出了自己的请求。这一次，李渊没有拒绝。武德五年十一月初七，即公元 622 年 12 月 14 日，大唐皇帝李渊正式下敕，任命太子李建成为陕东道大行台及山东道行军元帅，东征刘黑闼。

李建成能行吗？

10. 世间再无刘黑闼

十二月底，李建成大军赶到的时候，刘黑闼正在率军围攻山东地区唐军的最后一处据点——魏州（今河北大名东北）。

让刘黑闼颇为惊诧的是，李建成居然按兵不动。按理说，这太子李建成让秦王李世民压了这么多年，好不容易逮到了一个出风头的机会，他理应速战速决才是。可是，李建成偏偏不动一兵一卒，如此不按常理出牌的人，刘黑闼还是头一次碰到。

林子大了，果然是什么鸟都有啊！

刘黑闼并不知道，李建成其实根本就没闲着。你别看这几天唐军高挂免战牌，两军阵前风平浪静。实际上，李建成的中军大帐比西单、王府井还要热闹。

有的朋友好奇了，这帮家伙干什么呢？

答案很雷人：他们在开茶话会。

茶话会？

没错，茶话会！

这几日，李建成和魏征等人一直在讨论一个问题，那就是：刘黑闼和他的汉东军为何生命力如此顽强，以至于连强悍的李世民都摆不平他们呢？

讨论来，讨论去，还真被他们给找出了问题的症结。汉东军之所以造反，理由其实很简单：不甘心任人宰割。如果不是因为李渊和李世民血腥地清洗他们，鬼才会喜欢过这种刀口舔血的生活呢？说穿了，还是那句老话：官逼民反。

所谓一把钥匙开一把锁，问题的症结找到了，解决问题的措施也就浮出水面了。魏征及时地贡献了一个金点子："今宜悉解其囚俘，慰谕遣之，则可以坐视离散。"释放已经俘虏的汉东军战俘，只要不再投靠刘黑闼，绝对既往不咎。

过去，李唐对汉东军将士的政策是"妻子系虏，欲降无繇"。就是说，造反者及其家属都是不可宽恕的，不接受他们的投降。现在，李建成采纳了魏征的建议，转而实施宽大为怀的政策：只要造反者的老婆说他们投降了，他们就会被赦免，既往不咎。说实话，这是小玉听过的史上对战犯最为宽容的政策。

这个政策的出台正逢其时。此时，汉东军的粮草已经消耗殆尽了。人是铁，饭是钢，一顿不吃饿得慌。饭都吃不饱了，哪还有力气闹革命啊？何况，大家又听说新来的这个李建成宽大为怀，对于谋反的军士，只要放下武器，就绝对不追究了。于是，汉东军中开始出现了士兵逃逸的现象，今天跑一个，明天跑一双，后天跑一群……

李建成的措施切实起到了"不战而屈人之兵"的效果。

眼见形势对自己日趋不利，刘黑闼担心魏州的守军出兵夹击，几经斟酌，最终痛下决心：连夜撤往馆陶。

李建成率大军紧追不舍，一直追到了永济河边。刘黑闼大军挤在河边无法渡河。老刘只得派王小胡背靠河水列阵，自己亲自督促军士搭桥。好个王小胡，不愧是一代骁将，力敌唐军。与此同时，一座简单的桥迅速地矗立起来，汉东军从容撤退。李建成赶忙派人追击，结果唐军只过去刘弘基部一千人，桥梁就折断了。奶奶的，仓促之间，刘黑闼居然搞了个豆腐渣工程。

刘弘基率骑兵继续追击，刘黑闼且战且退。武德六年正月初五，到达饶阳城下时，刘黑闼回头一看，身边只剩下一百多人了，而且个个儿饿得眼冒绿光。恰在此时，老刘任命的饶阳刺史诸葛德威及时出现，热烈欢迎刘黑闼入住饶阳。

刘黑闼起初不肯答应，但架不住诸葛德威"谬为诚敬，涕泣固请"，只得率残兵进入饶阳。一干人等横躺竖卧地躺了一地，不一会儿，诸葛德威就派人把热腾腾的饭菜端了上来。捧着热乎乎的饭碗，刘黑闼感动得热泪盈眶，自己人就是自己人啊！

突然间，一帮虎贲武士冲了进来，三下五除二就将众人绑了个结实。这一切发生得太快，等刘黑闼缓过神来的时候，早被人家绑成了大粽子。然后，笑眯眯的诸葛德威踱着方步走了出来。刘黑闼长叹一声，无奈地垂下了头……

唐书上说刘黑闼“无赖，嗜酒，好博弈，不治产业”，活脱脱一副小流氓的样子。但是，观刘黑闼后天之所为，足见此人是一个侠肝义胆、义薄云天的大英雄。武德六年正月时分，隋末唐初又一大英雄刘黑闼在洺州迎来了人生的终点。

一个戏剧性的开始，一个戏剧性的戛然而止，这就是刘黑闼起兵反唐的故事。当那一曲落红的挽歌唱罢的时候，世间从此再无刘黑闼。然而，倒下的虽然是肉体，站立起来的却是精神，一种不畏强权、反抗压迫的大无畏精神。所以，闼哥虽然已不在江湖，但江湖上仍然流传着闼哥的传说。

小玉云：“何以成败论英雄？”

刘黑闼一死，汉东军群雄立刻烟消云散。这其中，有一个二十七岁的年轻人心灰意冷，卸甲归田，回到了家乡冀州武邑（今河北省武邑县）。此时的他还不知道，十三年后他将创造历史，并成为大唐历史上最著名的一流将领之一。忘了告诉大家了，这个年轻人是高雅贤的养子，他的名字叫作苏定方。

11. 只剩四家了

话说平梁战事结束后不久，李渊即擢升李靖为检校荆州刺史，命他安抚岭南诸州。武德四年十一月，李靖越过南岭，到达桂州。他派人分道招抚南方各州县，各地皆望风归降，连下九十六州，所得民户六十余万。至此，“岭南悉平”。

萧铣败亡以后，他的散兵大部分投靠了他的老对手林士弘。腰包鼓起来的林士弘就有点儿不甘寂寞了，居然于武德五年十月派兵攻打李唐治下的循州。这可真是蚍蜉撼大树，可笑不自量了，李唐不来找他的晦气，他自己反倒上赶子地往刀口上撞。

人家老李都没动用主力，光是循州刺史杨略就把林士弘的军队打得落花流水。林士弘又惊又气，嘎嘣儿，死了。树倒猢狲散，他的部下全都一哄而散。折腾了六年的林士弘军事集团就此烟消云散。

至此，南部中国全部并入李唐版图。

再看北方。刘黑闼一死，徐圆朗就知道自己快要完蛋了。因为李氏父子决不允许像他这样降而复叛的人存活于世上，朱粲就是一个鲜活的例子。武德六年二月二十日，徐圆朗带着几名贴身侍卫逃出了兖州城。

去哪里，以后该怎么办，这些问题徐圆朗根本没想过，而且也无暇考虑。他现在就是为了逃而逃。但就是这么一个简单的目标，上天都不让它实现。在半路上，老徐被一伙仇恨他的农夫砍掉了脑袋，下地狱找窦建德、孟海公斗地主去了。

徐圆朗一死，他的军事集团顿时土崩瓦解。很快，他的地盘儿全部落入了李世民之手。至此，河北、山东完全并入李唐版图。

隋末乱世，群雄并起。民国大儒蔡东藩曾在其代表作《唐史演义》中做过详细统计："刘武周起马邑。林士弘起豫章。刘元进起晋安。以上均自称帝。朱粲起南阳。自号楚帝。李子通起海陵。自号楚王。邵江海起岐州。自号新平王。薛举起金城。自号西秦霸王。郭子和起榆林。自号永乐王。窦建德起河间。自号长乐王。王须拔起恒定。自号漫天王。汪华起新安。杜伏威起淮南。以上均自号吴王。李密起巩。自号魏公。王德仁起邺。自号太公。左才相起齐郡。自号博山公。罗艺起幽州。左难当起泾。冯盎起高罗。以上均自号总管。梁师都起朔方。自号大丞相。孟海公起曹州。自号录事。周文举起淮阳。自号柳叶军。高开道起北平。张长凭起五原。周洮起上洛。杨士林起山南。徐圆朗起豫州。张善相起伊汝。王要汉起汴州。时德叡起尉氏。李义满起平陵。綦公顺起青莱。淳于难起文登。徐师顺起任城。蒋弘度起东海。王薄起齐郡。蒋善合起郓州。田留安起章邱。张青持起济北。臧君相起海州。殷恭邃起舒州。周法明起永安。苗海潮起永嘉。梅知岩起宣城。邓文进起广州。杨世略起循潮。冉安昌起巴东。宁长真起郁林。李轨起河西。自号凉王。萧铣起巴陵。自号梁王。这数十起草头王，统是史册上留有名目，可以录述。此外尚有许多幺么小丑，东劫西掠，骚扰民间，实属纪不胜纪。"

经过历年的残酷战斗，截至徐圆朗身死之时，群雄幻灭，放眼天下，除李唐外，只剩下杜伏威（辅公祏）、梁师都、高开道、苑君璋四路人马了。

这是黎明前最后的黑暗。和平的曙光即将来临。

第七章

天下归一

【本章提要】：江淮地区，杜伏威、李子通、沈法兴三足鼎立，纵横捭阖，斗智斗勇。经过数年的争斗，沈法兴、李子通先后出局，只有投靠李唐的杜伏威笑到了最后。然而，随着窦建德、王世充等人的覆灭，杜伏威也成了李唐下一个要消灭的目标。杜伏威无奈，只得入朝，剖白心迹。但是，他的结义兄弟辅公祏趁机发动了反唐叛乱。武德七年二月，高开道与杜伏威先后死去。一个月后，李孝恭、李靖、李世勣率大军攻破丹阳，辅公祏随后被杀。贞观元年五月，苑君璋归降。贞观二年四月，梁洛仁杀梁师都，献城投降。至此，群雄幻灭，隋末乱世宣告终结。贞观的长歌就此拉开了序幕。

1. 屁孩儿杜伏威

作为一个现代地理学概念，江淮地区是指长江以北、淮河以南、大别山以东、黄海以西的广大地区。再说得具体一点，就是今天江苏、安徽两省境内从长江到淮河的这一片地区。隋朝末年，群雄纷争，天下大乱，江淮自然也不会成为乱世当中的一方净土。

在这片肥沃富庶的土地上，曾先后活动着大大小小数十支武装力量，但其中实力最为强悍的则是李子通、沈法兴以及杜伏威、辅公祏哥俩儿等三路人马。这三大军事集团在江淮这个广袤的舞台上纵横捭阖，斗智斗勇，联袂为我们奉献了一幕幕精彩纷呈的大戏。

在隋末群雄当中，杜伏威、辅公祏哥俩儿起兵的时间算是比较早的，大业九年（具体月份不详），仅次于翟让和窦建德。这一年，年仅十六岁的杜伏威跟着结拜义兄辅公祏偷了一个女人的羊，结果被人家给发现了。这个老娘们儿一个冲动之下，就将二人告到了官府。官老爷可不含糊，立刻派人缉拿二人归案。大辅和小杜见上天无路，入地无门，索性把心一横，落草为寇了。对了，忘了说了，那个女人是辅公祏的姑姑，亲的。

刚入伙的时候，他俩都只是小喽啰，连个小钻风都不是。尤其是杜伏威，小屁孩儿一个，属于首长口中“小鬼”的那种角色。但别看人家年纪小，打起仗来老猛了，而且为人特仗义。每次大家出去“做买卖”的时候，小杜总是冲在最前；撤退的时候，他又总是留在最后。时间一久，他的威信与日俱增，山寨里面的兄弟提起他来，没有一个不竖大拇哥的。最后，大家伙儿干脆推选他当了大哥大。

小杜也没有客气，接过头把交椅，有声有色地干了起来。当时，隋王朝在江淮地区的根基还是比较扎实的，力量也比较强大。小杜意识到自己的队伍实力太弱，如果不尽快把蛋糕做大，根本生存不下去。于是，他就努力寻找各种机会，图谋兼并附近的其他起义军。

第一个被他盯上的是下邳地区的苗海潮义军。小杜派人给苗海潮送去了一封信。信的内容相当简单，一个抬头——老苗，一个落款——小杜，正文就一句话：如果老苗你认为你的实力比我强，那我就投靠你；反之，你就得来投靠我。苗海潮收到信后，立刻就被杜伏威强大的气场给镇住了，得，怕你了，我的队伍归你了。

接下来，海陵的赵破阵又上了杜伏威的黑名单。但人家赵破阵的实力要远远强于小杜，所以写信这招肯定就不好使了。招降苗海潮的时候，小杜是充爷爷，面对赵破阵，他决定装孙子。

这不，他带着十几个人来见赵破阵，金银珠宝带了一大堆，说是将来归降的见面礼。当官的不打送礼的，当贼的就更不打送礼的了，所以赵破阵很高兴，还设宴款待杜伏威。谁曾想小杜在酒席上突然发难，赵破阵还没明白怎么回事儿呢，就去向阎王爷报到了。老大被杀，当小弟的可不干了，嚷嚷着要剁了杜伏威。正在这时，辅公祏率领大队人马及时赶到。赵破阵的部下群龙无首，只好投降。

这件事告诉我们两个道理：第一，人在江湖漂，怎能不装样子，现在装爷爷，是为了将来当爷爷；现在装孙子，还是为了将来当爷爷。第二，在资本原始积累的过程当中，暴力和流血是不可避免的。

连续兼并了几支人马后，杜伏威的实力大增，他的部队已经成长为江淮地区一支谁都无法小觑的军事力量了。

拉山头这事儿和经营公司差不多，公司实力越强，市场地位越高，知名度越大，就越是能招来人才；同理，山头实力越强，在造反届地位越高，知名度越大，就越是能招来亡命之徒。这不，大业十一年的十一月，就来了一个亡命之徒。

2. 好渔民李子通

来人名叫李子通，大隋东海丞县（山东省枣庄市峄城）人，渔民一枚。

这个人可不简单，不仅智勇双全，而且为人正直，乐善好施，是个义薄云天的英雄豪杰。每次打鱼归来，只要遇到穷苦的乡亲，他必定会把打的鱼送给他们。见到谁家缺粮，只要家里还有，他一定会送过去。只要有恶霸地痞欺压穷人，他一定会上前打抱不平。也正因为如此，所以李子通在他们那疙瘩享有崇高的威望和极强的号召力。

大业十一年，博山人左才相在长白山起义的消息传到了东海丞县，李子通那颗不安分的心开始躁动了。在几个哥们儿的撺掇怂恿之下，他带着百十来个小弟在一个月黑风高的夜晚，跑上了长白山。

见到左才相之后，李子通终于明白了一个道理，理想和现实是有差距的。谁能想到众人口中坦荡磊落的义军领袖竟然是个白衣秀才王伦式的人物，小家子气也就算了，关键是嫉贤妒能，这就让人有些吃不消了。不过，话又说回来了，吃不消又能怎么地，人在屋檐下，不消也得消。

和王伦一样，左才相有意刁难李子通，给他出了一道难题，说是山寨有规定，但凡前来投靠者，必须先送一份见面礼，而后才能入伙儿。这个坏东东的心思和王伦是一样一样的，希望李子通知难而退。但他眼中的难题在李子通这儿根本就不算事儿，人家竟然接受了。李子通明显要比林冲有本事多了，一出手就打了一个大户，掳得白银数千两，粮食、衣物更是数不胜数。事实胜于雄辩，还有啥可说的，左才相虽然心不甘情不愿，但也只能接纳了李子通。

真正融入了长白山之后，李子通才发现，自己其实是进了一座围城，起义军远没有世人所说的那么好。就拿左才相的部队来说吧，纯粹就是一帮毫无正义观念的活土匪，不分官家私家，不论穷人富人，见人就抢，见东西就拿，即便是掳得了穷人做人质，只要其家人不按时送来赎金，照样撕票没商量。正直的李子通可就有点儿受不了，反感之余，他向左才相提出了一条基本原则——“三不掠”：一不掠穷人；二不掠贤人；三不掠弱者。

这也不准抢，那也不许掠，你想想，左才相他能同意吗？不过，虽然左才相不同意，但在每次打劫的过程当中，只要有上述三种人被捉，李子通都会全力营救。时间一久，圈里圈外的人都知道李子通是个好人，他的名气越来越大，前来投靠的人越来越多。

结果，不到半年的时间，李子通的部下就发展至一万多人。左才相十分羡慕嫉妒恨，不满之情溢于言表。但李子通并没有学林冲当激情犯罪人，而是选择离开长白山。你不待见爷，爷还不待见你呢，拜拜了您呐。

大业十一年十一月，李子通带着一万多小弟，渡过淮河，来投杜伏威。他想得挺好，以为杜伏威会很重视他。岂料，人家根本就不待见他，原因有二：一是因为李子通得罪了杜伏威的好哥们儿左才相；二是因为李子通这个人的能力实在是太强了，人缘实在是太好了，杜伏威压力山大。

李子通的状态正应了那句歌词：“我现在很受伤，很受伤……”一个想不开之下，他干了生平第一件出格的事儿：率军突袭杜伏威。杜伏威虎是虎了点儿，但他行事向来光明磊落，哪想到李子通会出这样的阴招，结果当然是吃了大亏。在这场战斗当中，杜伏威身负重伤，跌落马上，要不是养子王雄诞背着他躲入芦苇丛中，他九成九要被李子通生擒活捉。

《亮剑》里面的李云龙曾经说过：“人要是倒霉，放屁都能砸到脚后跟。”杜伏威就是这么倒霉，刚被李子通扁完，紧接着，江都隋军落井下石，派来了来护儿他们家小六子来整。来整是个相当厉害的角色，有诗为证：“长白山头百战场，十十五五把长枪。不畏官军千万众，只怕荣公（来护儿封荣国公）第六郎。”可怜杜伏威元气尚未恢复，又在来整这儿吃了一顿“刀削面”。

这一仗，杜伏威败得更惨，同样是身负重伤，同样是跌落马下，同样是有人相救。唯一不同的是，这次救他的是部将西门君仪的老婆王氏，一个女人。这个老娘们儿力气忒大，把杜伏威往肩膀上一放，转眼就消失得无影无踪。后世的神行太保戴宗怕是和她有几分渊源。

杜伏威又羞又气，他恨来整，但更恨李子通。从此，杜伏威与李子通势不两立，江淮注定要热闹喽！

3. 三足鼎立

进入大业十二年后，杜伏威终于恢复了元气，李子通也恢复了元气（也被来整打败了）。这两人一个占据六合（今江苏省南京市六合区），一个屯驻海陵（今江苏省泰州市），手下都有小十万人马，严重威胁着江淮地区政府的统治秩序和官民正常的生产生活秩序。所以，七月份的时候，隋炀帝在南下江都的龙船上发布了一道命令，调右御卫将军陈棱剿灭江淮义军。

陈棱，晚隋时期最为杰出的军事将领之一。他有多杰出呢？大家记住两件事就好了：第一，琉球是他摆平的；第二，杨玄感也是他摆平的。陈棱倒是看得挺准，一眼就瞄上了杜伏威。大业十三年正月，陈棱抢先对杜伏威下手了，但很快他就发现，这块骨头它不好啃。

为啥不好啃呢？这就要从杜伏威发明创造的具有自主知识产权的治军方法讲起了。其实，小杜的治军方法很简单，来来去去就是三条：第一条，每次战后都要检查将士们的后背，但凡有伤的，一律处死，理由很简单，肯定是逃跑时候受的伤；第二条，每次作战缴获的军资财物，杜伏威不留一针一线，全部赏赐给将士们，这一点很像李密和窦建德；第三条，将士们如果有战死的，杜伏威就将他们的妻妾杀死殉葬。就这三条，简单，粗暴，但是很有效，史官都说了，“所向无敌”。

摊上了这么个难缠的对手，陈棱的艰难可想而知，所以他只好窝在营垒中不出来，任你杜伏威喊破嗓子，我自岿然不动，不出不出就不出，气死你。但杜伏威有办法，他派人给陈棱送了一套服装。高档不高档小玉不知道，只知道这是一套女人的衣服。

陈棱起先挺高兴，还以为是送给他老婆的呢。但来使只说了两个字儿，“陈姥”，就把陈棱给惹毛了，你才是姥姥呢！于是，冲动占领了理智的高地，陈棱率军出战了。结果是无比悲催的，“棱仅以身免”，逃归江都。

战后，杜伏威乘胜破高邮（今江苏高邮北），占历阳（今安徽和县），自称总管，任命辅公祏为长史，分派各位将领攻取江都郡所属各县。大军一路所向披靡，江都郡各县相继沦陷。江淮地区的小股势力争相归附，杜伏威的军队很快成长为该地区最大的武装力量。

不过，武德元年又有一个人登上了江淮这块舞台，也想在乱世当中分上一杯羹，他的名字叫作沈法兴，本是大隋的吴兴（今浙江省湖州市）太守。咱已经知道了，这一年的三月，宇文化及在江都发动了政变。消息传出以后，吴兴太守沈法兴就以讨伐宇文化及为名起兵，向江都进军，打算勤王救驾。但是，走到乌程（今湖北湖州）这个地方的时候，他改主意了，原因有两条：第一，隋炀帝已经确认死亡，去江都的意义已经丧失，再说宇文化及的骁果军可不是吃素的，搞不好的话，有命去江都，没命回吴兴；第二，沈法兴意外地发现，麾下竟然已经有六万精兵了，足够他啸聚一方了。

于是，吴兴太守沈法兴沈大人动了私心，干脆指挥大军，相继攻占余杭（今浙江省杭州市余杭区）、毗陵（今江苏省常州市）、丹阳（今江苏省丹阳市）等十余郡，自称江南道大总管。九月，沈法兴在毗陵建都，自称梁王，从此成为一方诸侯。

至此，江淮地区形成了杜伏威、李子通、沈法兴三足鼎立的格局，你方唱罢，我方登场，好不热闹。

4. 李郎妙计取江都

九月初，李子通率先出手了，攻打江都。

消息传来，新任江都太守陈棱愁坏了。三月，宇文化及在率军北返之前，给陈棱升了官，由左武卫将军调整为江都太守，总管一切留守事宜。听听，总管留守事宜，还一切，多给力啊！不知道内情的人还以为宇文化及是陈棱的大舅哥呢，其实啊，宇文化及这个坏种完全是把一个烂摊子丢给了陈棱。

江都太守这位置搁在三年前绝对是个美差，搁在去年也不算是坏事，但时过境迁，今非昔比，陈棱这个太守严重缩水，只能管到江都城，除此之外的其他州县基本上都被李子通、杜伏威、沈法兴三人瓜分了。陈棱整天挂着张苦瓜脸，奶奶的，命苦不能怨政府啊！

果然，宇文化及前脚刚走，李子通后脚就把江都给围住了。可怜陈棱急得像热锅上的小蚂蚁，一边大骂宇文化及十八代祖宗，一边派人向沈法兴和杜伏威求救。有人不明白了，陈棱是不是撞猪身上了，怎么会向这两人求援呢？尤其是杜伏威，前不久还打得难分难解，现在向人家求援，人家能来吗？

当然能来，因为沈法兴和杜伏威现在的身份都是大隋的臣子。没错，杜伏威是跟朝廷作对过，但是皇泰主在洛阳登基称帝后，人家上表称臣了，现在的身份是大隋东道大总管、楚王。沈法兴这个不要脸的也学杜伏威向皇泰主上表，皇泰主还没说啥，他就自称大司马了。既然都是大隋的臣子，陈棱就有向他俩求援的权利，他俩也有出兵救援的义务。

所以，沈法兴派出了自己的儿子沈纶，杜伏威则亲自率军，一起来救援江都了。杜军驻扎在清流，沈军驻扎在扬子，相隔数十里。说实话，你要说沈纶和杜伏威对陈棱有多深的感情，那纯属扯淡。这两人为了保存实力，谁都不愿意先上。沈纶说了，杜哥啊，你是大哥，这救援的大功我怎么能和您抢呢，你先上吧。杜伏威说了，弟弟啊，都说初生牛犊不怕虎，世界是属于我们的，也是属于你们的，但归根结底，还是属于你们的，你先上吧。结果，双方十多万人马光扯皮了，一点儿正事儿都没干。

他们不干正事儿，人家李子通可不学他们。要说李子通这人也真够坏的，他招募了一批江南渔民，伪装成沈纶的军队，半夜到杜伏威的大营里面溜达了几圈。杜伏威借着火光一看，我勒个去，到处都是书着“沈”字的大旗，入耳尽是浙江腔，不是沈纶，还能有谁？劫营事件之后，杜伏威立刻还以颜色，攻击沈纶。

沈纶也不含糊，叫你几声哥，你还真喘上了，立刻组织人马还击。看见杜伏威和沈纶干仗干得热火朝天，李子通就甭提有多开心了，他集中全力，很快就拿下了江都。光杆司令陈棱只得仓皇投奔杜伏威。鹬蚌相争，最终还是渔翁得了利。

陈棱来了之后，杜伏威才明白是怎么一回事儿了，但一切都为时已晚了。李子通乘胜出击，沈纶被揍得哭爹喊娘。杜伏威看情形不对，立刻抬脚走人。李子通他得意儿地笑，得意儿地笑。随即，李子通在江都即皇帝位，建立吴国，改年号为明政。

说实话，要说三人当中谁的眼光最为长远，那还得属杜伏威。就在李子通称帝的当月，杜伏威做了一件充分彰显他长远眼光的事儿：改旗易帜，投到了大唐的门下。要知道，这一年是大唐武德元年，李密、窦建德、薛举、刘武周、宇文化及、王世充等猛人都在，且都处在相当生猛的阶段，杜伏威怎么就偏偏看上了刚刚起步的李唐呢？小玉估摸，他肯定不会用摇色子、抽签等低级方式来决定这件事情。所以，唯一合理的解释就是眼光。

对于杜伏威的归附，李渊热烈欢迎，他于十二日下敕，任命杜伏威为淮南安抚大使，兼和州总管。杜伏威就此投入了李渊的怀抱。他不知道，这一投竟然再也没有出来，连小命儿都投了进去。

5. 双双 OUT

转眼之间，一年半的时间过去了。过去的一年半是翻天覆地的一年半，薛举、李密、宇文化及、李轨先后出局，李唐行情日渐看涨。杜伏威有事儿没事儿偷着乐，庆幸自己跟对了人。

李渊对这个小弟也很满意，这一年（武德三年）六月初一，他再次下敕，任命杜伏威为扬州刺史、东南道行台尚书令、淮南道安抚使，总管江淮以南诸军事，晋封为吴王，赐姓李氏；任命辅公祏为东南道行台左仆射，进封舒国公。

行情看涨的可不止杜伏威一个，李子通现在发展得也不错。唯一混得不好的就是沈法兴了。这一年，李子通派军渡过长江，攻打沈法兴。沈法兴接二连三地遭到痛扁，丢完了京口丢丹阳，丢完了丹阳丢毗陵，最后干脆躲到吴郡去了。

眼看着，沈法兴就要 Game Over 了，江淮三足鼎立的格局就要成为历史了。这个时候，杜伏威就坐不住了，赶忙派辅公祏率将军阚棱、王雄诞等八千人马渡过长江，进攻李子通。辅公祏渡江之后，开局还算不错，一下子就打下了丹阳。这可把李子通给惹毛了，亲率八万人马逼近溧水，要和辅公祏拼命。

八千人 PK 八万人，一比十，这仗可不好打。辅公祏压力山大，不过，压力虽然大，但动力更大。他将这八千人马分为左、中、右三军，阚棱领左军两千，王雄诞领右军两千，他自领中军三千。要说老辅这个人真够心细的，他又将自己的三千中军分为了三队，每队一千人马。辅公祏对第二队的一千人说了，如果交战的时候，第一队的人撤下来，你们就直接干掉他们。第二队的人答应完之后，就发现辅公祏领着剩下的一千人站到了他们的后面，那个汗啊……

领导下了死命令了，只许胜不许败，所以开打之后，这帮中军拼命地往前招呼，个个如下山猛虎一般，没一个后退的。但双方的实力对比毕竟是太过悬殊了，区区三千人马能与李子通的大军战个旗鼓相当，已经是奇迹中的奇迹了。战斗进行至艰难时刻，辅公祏这才下令左右两军出击。刹那间，阚棱领左军两千，王雄诞领右军两千，犹如两把利刃般，猛插敌军两肋。李子通军顿时崩溃。

辅公祏一高兴，理智的防线松了，带着全军奋力追赶。八千人追八万人，这是相当不靠谱的一件事情，因为李子通的军队虽然败了，但没有兵败如山倒，与其说溃败，倒不如说是有序撤退更为妥帖。辅公祏可没看出这一点，拼命地追，追着追着，就把李子通给惹毛了。没完了？

于是，李子通就在半道上设了一个埋伏。辅公祏一头扎入了包围圈，结果被一顿痛扁。辅公祏挺有意思，又从一个极端走向了另一个极端，干脆收兵回营，坚守不出了。王雄诞挺懵懂，他认为李子通没有安营扎寨，且又满足于刚才的小胜，应该趁机突袭才对。但辅公祏脑袋摇得跟拨浪鼓似的，就是不听。

王雄诞是杜伏威的养子，平日里就没把辅公祏放在眼里，当天夜里他便率本部人马去突袭李子通了。正如他所料，敌军根本就没想到他会来。李子通又吃了一个大大的败仗，便放弃江都，退守京口去了。辅公祏火速进军，江西一省全部归附。杜伏威索性将都城迁到了丹阳。

李子通打不过杜伏威，就去捡沈法兴这个软柿子捏。可怜沈法兴在吴郡才待了几天，实力根本没有恢复，被李子通撵得到处跑。这时，他的同乡、活动在吴郡的义军领袖闻人遂安向他伸出了橄榄枝，派人来接他。老沈走了一半，后悔了，打算干掉前来迎接的使者，结果被人家发觉了。一个想不开之下，沈法兴投江自杀了。三角戏变成了对口相声。

沈法兴一死，李子通乐了，接收了沈法兴的全部地盘。北从太湖，南到五岭，东包会稽，西至宣城，这么大的一块地方落入了手中，李子通甭提有多高兴了，东山再起，鹿死谁手，犹未可知啊！李子通不知道，他的东山再起不过是覆亡前的回光返照而已。

李子通重新崛起的消息传来，杜伏威气得哇哇叫，真是个打不死的李子通。武德四年十一月初一，杜伏威再次派王雄诞率军攻打李子通。

李子通选了个好地方，叫作独松岭，作为屯兵之所。这独松岭地势极其险要，端的是一夫当关，万夫莫开。但这个王雄诞是属藕的，粗中有细，他命人在山上山下插满旗帜，到了晚上则将火把绑在树上。

他这边一点火，可把李子通给吓坏了，好家伙，漫山遍野都是敌人的旗帜，这还打个屁啊，撤吧。李子通立即率军退守杭州，王雄诞一路猛追。跑到杭州城下，两军终于打了一仗，李子通大败，逃入城中。

十一月初七，穷途末路的李子通不得已献城投降。此时，王世充、窦建德、朱粲三股势力已经于五月败亡，江南的萧铣也于十月投降李唐。杜伏威不敢含糊，立即将李子通解送长安。

在回军的路上，王雄诞顺手收拾掉了占据黟、歙二州的汪华和占据昆山的闻人遂安两股小势力。至此，杜伏威完全占有了江淮和江东地区。

杜伏威笑了，纷纷扰扰这么多年，终究还是他笑到了最后。但他似乎忽略了一个问题：刚刚上演的这幕独角戏，他还能一直唱下去吗？或者说，别人会允许他继续唱下去吗？

6. 他来了，他乐了！

武德五年七月，李世民在击败刘黑闼之后，乘胜进攻徐圆朗，并取得了一系列胜利。得胜的李世民干了一件李渊一直想做却始终没有做到的事情：陈兵杜伏威境上，耀武扬威。李唐的声威第一次传入淮泗地区。

要知道，杜伏威认李渊当老大虽然已经四年了，但他的地盘儿和李唐并不接壤，李唐的实力到底有多强，他只有一个极其朦胧的概念。但现在情形不同了，王世充、窦建德、李密等牛人全都化作了尘土，梁师都、高开道、徐圆朗之辈或僻处边疆，或灭亡在即，也就是说，唯一还能对李唐构成威胁的就是杜伏威了。杜伏威很担心，很害怕，担心江淮会成为李唐的下一个进军目标，害怕自己走上王世充、窦建德的老路。思来想去，他最终做出了一个艰难的决定：入朝，向李渊表忠心。

此举正中李渊下怀，他对杜伏威的使者表了态：好啊，欢迎，欢迎，热烈欢迎，早就想让你家主公来了。

武德六年七月初八，杜伏威带着阚棱，怀着忐忑不安的心情，抵达长安。

初次见面，李渊对杜伏威别提有多热心了，拉着杜伏威的手，张口老弟，闭口老弟，三天一小宴，五天一大宴，美女、金银、绸缎……逮着啥，就赏赐啥。不仅如此，老李还任命杜伏威为太子太保，每次上朝的位置甚至都在齐王李元吉的前面，排在太子李建成和秦王李世民的后面。

杜伏威感动得稀里哗啦地，终于遇到圣主明君了。

不过，俗话说得好，金窝银窝不如自己的狗窝，长安虽好，毕竟是别人的，时间一久，杜伏威就想回自己的狗窝丹阳了。然而，当他向李渊提出这个想法的时候，李渊便露出了自己的真实嘴脸。别啊，弟弟，丹阳不过是一个地级市而已，哪能跟帝都比呢？长安可是全国的政治中心、文化中心，发达得很，房价涨得特别快，你完全可以在这边炒房赚钱啊！别回去了，干好你的太子太保吧！

杜伏威只得打落牙齿活血吞，完了，完了，这下真回不去了。

杜伏威来长安的消息可把一个人给乐坏了，这个人就是杜伏威的老对手李子通。去年杭州一战，李子通大败，献城投降，随即被杜伏威解送长安。李渊器重他是个英雄豪杰，所以并没有为难他，还给了他一个有职无权的位子。老李以为，有吃有喝有钱花的日子就可以羁縻住李子通了。殊不知，李子通已经野惯了，如此安逸的生活他消受不了。

杜伏威来了之后，李子通觉得自己东山再起的机会终于又来了。他难掩兴奋之情，偷偷地对部将乐伯通说："好啊，杜伏威现在长安，江淮必定群龙无首。咱们只要能回去收拾旧部，必定可以再战江湖了！"乐伯通完全就是王伯当第二，对李子通的提议表示严重支持。于是，这哥俩儿就找了个机会偷跑了，跑到蓝田关的时候，跑不下去了，被当地的官吏抓住，就地灭了。

真是奇了怪了，这姓李的人为什么不愿意消停啊？

7. 伯父他反了

除了李子通，还有一个人对杜伏威幸灾乐祸，他就是杜伏威的结拜义兄辅公祏。好啊，杜伏威你小子也有今天啊，回不来了吧，该！

咦，这辅公祏和杜伏威不是号称刎颈之交嘛，杜伏威被软禁了，他怎么这么高兴啊？没错，他俩确实是拜把子的结义兄弟，只不过还需要在前面加一个时间状语，几年前。才不过三五年的时间，这份兄弟之情便名存实亡了，这正印证了那句老话：可以共患难，不可同富贵。

起初，杜伏威对辅公祏确实不错，天老大，他老二，辅公祏就是老三。所以，辅公祏在军中享有与杜伏威相同的地位，又因为他年龄要稍长一些，所以将士们都亲切地称呼他为伯父。然而，渐渐地，杜伏威越听越觉得伯父这个字眼儿太刺耳。于是，他就任命阚棱为左将军，王雄诞为右将军，暗中逐步削夺辅公祏的兵权。

辅公祏吃得盐毕竟要比杜伏威多，他岂能看不出来？两人心知肚明，交情就此断绝，只不过表面上还装出一副情深义重的样子而已。辅公祏恨杜伏威恨得牙根儿都痒痒了，但人家杜伏威毕竟是军队的头儿，他要是跟人家叫板儿，绝对没有好下场。于是，老辅干脆辞掉军职，整日里跟着老朋友——

道士左游仙厮混，名为学道辟谷，实为明哲保身。

但杜伏威还是不放心，所以他在入朝之前，虽然点名由辅公祏守卫丹阳，但却把军权完全交给了王雄诞。也就是说，辅公祏仍然是一个有名无实的光杆儿司令。临行之前，杜伏威对王雄诞是千叮咛万嘱咐："你一定要看住辅公祏。我到了长安之后，如果没有丢掉权位，你千万不能让他闹事。"王雄诞一口应允。

杜伏威的担忧是对的，果然，他前脚刚走，左游仙就劝辅公祏起兵造反。辅公祏等这一天已经很久了，当即点头答应。没兵权？没关系！王雄诞？小意思！

辅公祏对外声称收到了杜伏威的亲笔信，并"无意中泄露"给王雄诞，说杜伏威对他不放心，怀疑他有二心。王雄诞这个傻狍子居然信了，伤心得要死，我王雄诞忠心耿耿，你居然怀疑我？或许是伤心难禁，或许是主动避嫌，反正从此以后，王雄诞声称身体有病，再也不来办公了。

辅公祏心中暗喜，王雄诞有病，总得有人干活不是。于是，他顺理成章地将军权夺了过来。兵权到手之后，辅公祏就派部将西门君仪向王雄诞摊了牌，伯父要起兵反唐了，你干不干？

王雄诞这才恍然大悟，无限的悔恨填满心胸，但他拒绝参与反叛。辅公祏大怒，没你地球还不转了，就命人勒死了王雄诞。王雄诞这个人卡是卡了点儿，但人缘很好，特别体恤部下，而且从不扰民，口碑贼好。他死的那一天，军中将士及民间百姓无不放声痛哭。

王雄诞一死，辅公祏再无顾忌。八月初九，他集合臣民，宣称杜伏威被李唐软禁，暗中派人捎来亲笔信（伪造的），命他起兵救驾。上上下下没有一个人怀疑的。辅公祏正式宣布起兵反唐。

江淮将士就这样被一个自私的人绑上了战车……

8. 李大亮智擒张善安

起兵后不久，辅公祏便迫不及待地称了帝，定国号为宋。消息传到长安，老李暴怒，老大不是你想当，想当就能当。二十二日，李渊下敕，调李孝恭率李靖、李世勣等讨伐叛军。

唐军刚刚出击，便折了一员大将，黄州总管周法明。这个周法明本是前隋的真定县县令。武德四年五月，周法明起兵，接连攻克黄梅、蕲春、安陆、沔阳四郡，随后于当月十三日投降李唐。五天后，李渊下敕，任命他为黄州总管。之后，周法明就参加了平定萧铣的战斗，并以其杰出的战场表现赢得了李渊的认可。照这种形势发展下去，周法明迟早会百尺竿头更进一步。但谁都没有想到，周法明美好的前途和人生会在十一月初十这天戛然而止。

周法明的终结者名叫张善安。说起来，这个张善安原本也是唐臣，官拜洪州总管。但他改不了自己的匪性，降而复叛。辅公祏起兵后，把他拉入了队伍。既然是匪，心中就不会有什么道德观念，所以初十这天，张善安派遣几名刺客，伪装成渔民，来到了周法明驻扎的荆口镇，并悄悄摸上了周法明的战船。要说唐军哨兵也真够松懈的，等他们发觉情形不对的时候，周法明的尸体都已经凉透了。

周法明的死可把他的战友李大亮给气坏了。李大亮决心抓住张善安，为周法明报仇。机会说来就来，十二月初二，李大亮与张善安会战于洪州。李大亮不仅会打仗，而且口才贼好，极力劝说张善安投诚，重新站到人民的一边，那嘴儿叭叭的，直说得天花乱坠，海枯石烂。

张善安被忽悠得一愣一愣的："大哥，你知道吗，我本来没有反叛的意思，都是我手下的那帮人怂恿我。"

李大亮一拍大腿："是吗，那你怎么不早说啊！既然你有心归附政府，那咱们就是一家人了。"说罢，他拍马进入张善安的大营。两人别提有多亲热了，感觉跟多少年的老朋友似的。

张善安觉得，李大亮既然敢一个人来，说明他充分信任咱，既然如此，咱也能完全信任他。于是，他答应向唐军投降。

李大亮说，行啊，热烈欢迎啊，不过你得到我们那边，咱们好好商量商量。于是，张善安就带着数十骑来到了李大亮的营地。然而，李大亮只放张善安一个人进来。当时，张善安就觉得有点儿不对劲，但还是硬着头皮进去了。坐下来一谈，张善安的心变得拔凉拔凉的，完全是在忽悠老子嘛！于是，他就找了个借口，说要告辞了。张善安刚刚站起身，李大亮就开骂了，爷的大营是你想来就来、想走就走的地方吗？来人啊，给我拿下。

唐军营门外，张善安的小弟们瞧见情形不对，立马开溜了。不一会儿，张善安的大军就全来了，呜呜咋咋地，要求李大亮释放他们老大，否则就踏平唐营。李大亮一脸苦相地出来了："兄弟们呐，不是我留住了张总管，是张总管打算归附朝廷，自己留下来的，与我没关系啊！"

张善安的部下一听，当时就怒了，张善安把咱们都出卖了，还打个屁啊，回高老庄过日子去，顿时作鸟兽散。李大亮乐屁了，指挥大军出击，俘虏了许多敌人。事后，他将张善安解往长安。张善安人品虽然不咋地，但打仗很有一套，自从他被李大亮捉了以后，辅公祏方面便屡战屡败。

9. 七世纪的博尔特

武德七年二月，发生了两件大事儿，死了两个人。

第一个，高开道。

刘黑闼、徐圆朗一死，反唐铁三角就只剩下高开道一个人了。这个人比较有意思，严重不按常理出牌。按理说只剩下他一个人了，他应该低调低调再低调才对，但高开道偏不，竟然接二连三地兴兵犯唐。武德六年三月初七，他主动出击，攻掠文安、鲁城。五月二十八日，他又引奚族骑兵侵犯幽州。七月，他又在灵寿、九门、行唐一带劫掠。八月，他再次引奚族骑兵侵犯幽州。一个月后，高开道带二万突厥骑兵三犯幽州。

有人问了，高开道这么得瑟，李渊为什么不办他？原因当然有很多，最主要的一条，打狗还得看主人，李渊并不想因为高开道而与突厥全面开战。所以，尽管高开道可劲儿地折腾，但李渊始终没有出手。

天欲令其亡，必先令其狂，这句话似乎是专为高开道量身定做的。武德七年二月，狂妄至极的高开道终于自尝苦果，被部将张金树干掉了。

张金树为什么要干掉高开道呢？原因很简单：他想回家。高开道这一支势力虽然活动于幽州地区，但基本上由山东人组成。时间久了，将士们都十分思念故乡，但慑于高开道的淫威，又不敢逃跑。最后实在是受不了了，大家就来找张金树，希望他能带他们回山东老家。张金树答应了。

高开道再厉害，毕竟只是一个人，做掉他没什么难的，难的是如何对付他身边的义子们。高开道有个特殊的习惯，见到勇士，就将他们收为义士，作为自己的贴身护卫。这几年下来，他身边的义子已经有好几百人了。

这帮人可不怎么好对付，但这难不倒张金树。这日，张金树带着几名同党进入阁内，和高开道的义子们玩耍。义子们光顾着玩儿了，丝毫没注意到自己的弓弦早已被人偷偷切断，刀枪也不见了影踪。

到了就寝的时候，张金树开始行动了，带着同党们猛攻高开道的阁房。

义子们这才醒悟过来，纷纷寻找兵器，却发现弓弦早断了，刀枪也不见了影踪，顿时乱作一团。这个时候，阁外的张金树同党也攻了进来。义子们只好纷纷投降。

高开道明白，今天这道坎儿他是过不去了，索性身披铠甲，手持兵器，坐在堂上，照旧和妻妾们奏乐畅饮。众人都害怕他的英勇，不敢靠近。高开道和自己的女人们就这么喝了一夜的酒。

时间似乎过得特别快，转眼之间，东方已经现出了鱼肚白。高开道哈哈大笑，勒死了妻妾和儿子们，然后自杀身亡。张金树一不做二不休，索性将五百多义子全部杀死。随后，他派人向李唐投降。

二十二日，李唐在高开道故地设置妫州，并任命张金树为北燕州都督。

紧接着，吴王杜伏威也死了。小玉查阅了一下资料，杜伏威生于公元597年，武德七年是公元624年，也就是说，他死的时候只有二十七岁，相当之年轻。这里面就有蹊跷了，一个二十七岁的青年人，突然暴毙，那年代能有什么绝症啊？《新唐书》是这么解释的，说杜伏威是误服云母，中毒而死。中毒估计是真的，但怎么中的毒可就不好说了。你们懂的。

杜伏威是不幸的，英年早逝；杜伏威又是幸运的，起码他不用眼睁睁地看着自己的部队被彻底消灭了。

此时，李孝恭正统率大军，步步紧逼。辅公祏一面派大将冯慧亮、陈当世率领三万水兵，驻扎在博望山（安徽当涂县西南江畔），一面派大将陈正通、徐绍宗率领三万步兵骑兵，驻扎在青林山（当涂县东南），又用铁索切断了梁山以下的长江航道，还在两岸修筑了大量城堡壁垒，绵延近二十里，搞得铜墙铁壁一般。

李孝恭远道而来，冯慧亮请他吃饭，闭门羹，高挂免战牌，坚决不肯出战。李孝恭那个无奈啊，就别提有多深了，只得派兵截断了冯慧亮的粮道。这下，冯慧亮坐不住了，他连第二天都不愿意等，当天晚上就来了，要和李孝恭决一雌雄。这次可轮到李孝恭拽了，不打不打就不打，你请我吃闭门羹，我也请你吃闭门羹。

不过，这么拖下去毕竟不是个事儿。所以，第二天一大早，李孝恭就召集诸将开会，商量下步该怎么办。绝大多数将领都认为，硬碰硬是占不到便宜的，主张绕过冯慧亮等人，直取丹阳，丹阳一下，冯慧亮等人自然就会投降了。

李孝恭觉得大家说得很有道理，正要拍板儿的时候，李靖又跳了出来，坚决反对。他的理由是：辅公祏的精兵固然都在这里，但他本人统率的军队也不少。如果我们十天半个月都拿不下丹阳，冯慧亮等人就会抄了我军的后路，那可就危险了。李靖觉得，不应该这么冒险，所以他主张先击溃冯慧亮等人。冯慧亮一败，辅公祏必定肝胆俱裂。

他这么一掺和，李孝恭的态度就发生了一百八十度的大转变。为啥啊，上次打萧铣的时候，也是李靖这小子力排众议。事实证明，听他的就对了，仗真得打胜了。所以，李孝恭就说了，好，听你的。

战略定好之后，李孝恭便用老弱残兵进攻冯慧亮、陈当世。老弱残兵哪能打得了胜仗，不一会儿就退了下来。冯慧亮、陈当世一个冲动，追了出来，追出了好几里地，然后傻眼了，妈呀，碰见李孝恭大军了。

这哥俩儿在唐军的队伍当中意外地发现了一个老同事——阚棱。武德六年七月，阚棱跟着杜伏威一起入朝，杜伏威捞了个太子太保的虚衔，阚棱则捞了个左领军将军。这人是员猛将，相当能打，李渊寻思不用白不用，所以就把他派到李孝恭手下了。

阚棱果然发挥了作用，他摘下头盔向宋军喊话："你们都不认识我了吗？居然敢与我交战？"宋军将士仔细一瞅，哎呀妈呀，这不是阚棱阚大将军吗，纷纷下马行礼。李孝恭大喜，趁机麾军进攻，冯慧亮、陈当世拦不住败军，只好撤退。李孝恭、李靖乘胜追击逃敌，转战竟达一百多里，青林山、博望山两处敌军均告溃败，冯慧亮、陈正通等人仓皇逃回丹阳。

唐军各路人马当中，李靖的部队是最先到达丹阳的。他说得没错，辅公祏已经吓破了胆子，干脆放弃了丹阳城，带着几万人马向会稽方向逃跑了。李靖欢天喜地进了丹阳城。

不一会儿，李世勣的部队也上来了，见李靖已经取了丹阳，寻思该干点儿啥。正好有人告诉他辅公祏跑了，李世勣便率军顺路追赶。李世勣越是追，辅公祏的心就越慌，跑得就越快。等到了句容的时候，辅公祏一扭头，发现身边只剩下不到五百个小弟了，其余那几万人根本撵不上他老人家的步伐。那年头没有奥运会，要有的话，辅公祏绝对是七世纪的博尔特。

当天晚上，辅公祏就在常州宿营了。你想他能睡着吗，郁闷的辅公祏就在营地里面溜达，这一溜达不要紧，竟然有意外收获。他在无意当中听到了吴骚等人的对话，这几个小子正琢磨着挟持他投降李唐呢！辅公祏吓出了一身冷汗，连老婆孩子都顾不上了，仅带了几十名心腹，连夜跑了。

人要是倒霉起来，喝凉水都塞牙缝。唐军没捉住他，叛徒没抓住他，竟然被一帮农民给抓住了。原来，辅公祏一路狂奔，跑到武康（浙江德清县西）的时候，竟然被当地的农民打了埋伏，西门君仪被当场打死，辅公祏则让人家给活捉了。这帮农民可不含糊，立刻将他解往丹阳。

要说辅公祏这家伙也够缺德的，临死之前还拉了一死一活两个人垫背。一个死人就是杜伏威，辅公祏说了，我是根据杜伏威的指示才起兵的。李孝恭可不管侦查，辅公祏怎么说，他就怎么上报。李渊大怒，下敕追免杜伏威的一切官职，并将他的妻儿没为官奴。

辅公祏又说了，阚棱其实是我的同党。说实话，这一点李孝恭根本不相信，因为阚棱的表现在那儿摆着呢。但是，阚棱仗着自己立了大功，态度十分傲慢，完全不把李孝恭放在眼里。于是，李孝恭就借着收缴杜伏威、辅公祏、王雄诞等人田产的机会，把阚棱的土地也收了。阚棱当然不干了，就来找李孝恭闹。这下李孝恭可逮着机会了，你大爷的，还反了你了，老子不仅要你的田产，还要你的小命儿，于是就以通敌谋反的罪名将阚棱给做了。

随后，李孝恭处死了辅公祏，传首长安。唐军分兵搜捕辅公祏余党，自左游仙以下，全部被处决。至此，江淮地区完全并入了李唐版图。杜伏威要是还在，见到这个情景，不病死，也得气死，辛辛苦苦十多年，原来都是在为李渊做嫁衣。在江淮乃至全国这个广阔的舞台上，杜伏威、辅公祏、李子通、沈法兴其实都只是配角而已，真正的主角只有一个，那就是李唐。

10. 天下归一

辅公祏的败亡终于使乱世的终结现出了黎明的曙光。隋末乱世，群雄竞起，逐鹿中原，称王称帝者多达数百人，但其中有实力问鼎江山的不外乎薛举、李渊、刘武周、王世充、李密、窦建德、辅公祏（杜伏威）、萧铣等八路人马。现在，经过十多年的残酷角逐，八路人马中仅李氏父子一枝独存。李唐一统华夏已是板上钉钉，剩下的只是时间问题而已。

放眼神州大地，此时只有两股小的势力仍在负隅顽抗，垂死挣扎。这两股势力，一是刘武周的妹夫苑君璋，一是活动于朔方地区（今陕西省横山县西）的梁师都。

武德三年四月，刘武周在逃归马邑的路上被自己昔日的主子突厥人干掉了。处罗可汗随即扶植苑君璋为大行台，统率刘武周残部，继续与李唐对抗。

此后的数年间，苑君璋以马邑为前沿跳板，不断地袭扰李唐，双方互有胜负。一直到贞观元年，突厥现出衰败迹象，苑君璋这才下定决心，于五月率兵归降。唐太宗李世民随即册封他为隰州都督、芮国公。在隋末群雄当中，苑君璋是为数不多的得以善终的人之一。

如果非要用一句话来概括梁师都这个人的话，小玉想，就是这一句了：他是隋末群雄当中唯一的一个真汉奸。

隋朝末年，突厥实力强大，各路诸侯在起事之初，比如李渊，都曾向突厥称臣纳贡，以换取突厥的不干涉甚至军事支持。但绝大多数人投靠突厥只是权宜之计，双方是相互利用的关系。唯有这个梁师都对突厥是死心塌地，置国家民族利益于不顾，全心全意地为突厥主子卖命，充当了突厥人奴役华夏百姓的鹰犬。

梁师都干得最出格的事情有两件：

第一，他一手挑起了突厥和大唐之间的冲突。

处罗可汗上任伊始，本想奉行对唐友好政策。如果唐突友好真能实现，那后来的中国历史乃至世界历史将会被全部改写。但梁师都一手把这个局搅黄了。

武德三年十一月，在唐军接连不断的有力打击下，梁师都内忧外困，处境艰难。这个坏东东便派人去游说处罗可汗，说什么“比者中原丧乱，分为数国，势均力弱，故皆北面归附突厥。今定杨可汗（刘武周）既亡，天下将悉为唐有。师都不辞灰灭，亦恐次及可汗，不若及其未定，南取中原，如魏道武所为，师都请为乡导。”

处罗可汗听了他的鬼话，怦然心动，从此一改初衷，积极对大唐用兵。继任的颉利可汗继承了处罗的衣钵。大唐与东突厥连年交战，直到贞观四年东突厥被消灭。延续多年的唐突战争不仅压制了新生李唐政权的发展崛起，也给华夏百姓和突厥人民带来了深重的灾难。究其始作俑者，正是梁师都。

第二，他一手造就了华夏历史上屈辱的“渭水之盟”。

武德九年玄武门事变后，再度陷入困境的梁师都又去游说颉利可汗，劝说他趁李唐最高权力更迭的有利时机，入侵大唐。颉利可汗闻言大喜，即刻发兵二十万，南下中原。八月二十四日，也就是李世民登基称帝后的第十五天，突厥铁骑便出现在了长安近郊的渭水河畔。此时，长安兵力极为空虚，李世民被迫于三十日订立城下之盟，将国库全部财物拱手送给颉利，这才换来了突厥的撤兵。这就是历史上著名的“渭水之盟”。

唐太宗李世民从此便在心中给梁师都重重地记了一笔。此后，李唐发动了对梁师都军事集团的持续打击。贞观二年四月，唐太宗调右卫大将军柴绍统兵进攻梁师都的老巢朔方。内忧外困的颉利可汗虽然派出了援军，但很快就被唐军击溃。二十六日，梁师都的堂弟梁洛仁杀了他，献城投降。

从义宁元年（公元 617 年）二月初一起兵，到贞观二年（公元 628 年）四月二十六日被杀，梁师都坚持了十二年之久，是隋末群雄当中最后一个被消灭的割据势力。他的败亡标志着隋末乱世的彻底终结，也意味着李唐终于完成了统一中国的宏图伟业。

饱受战乱之苦的华夏百姓终于迎来了阔别已久的和平。

诗曰：

天下风云出我辈，一入江湖岁月催。

皇图霸业谈笑间，不胜人生一场醉。

提剑跨骐挥尾雨，白骨如山鸟惊飞。

尘世如潮人如水，只叹江湖几人回。

是啊，尘世如潮，细数古今江湖，又有几人能回啊？

一个旧的时代终结了，一个新的时代开启了，贞观的长歌就在梁师都的挽歌声中拉开了序幕……

（全书完）